디지털시대의 옥외광고론

Outdoor Advertising in the Digital Era

안대천 · 주호일

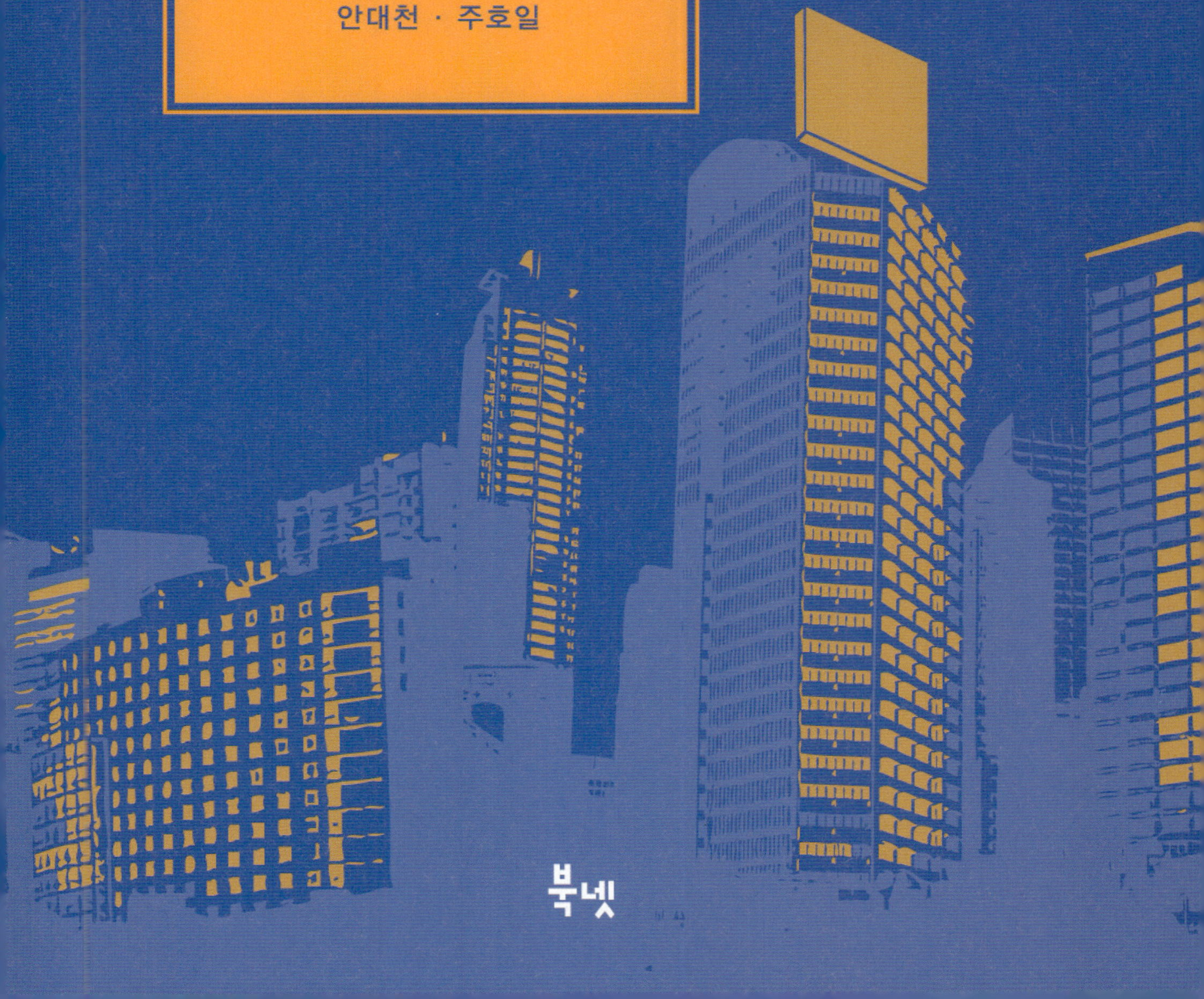

북넷

머리말

1986년 아시안게임과 1988년 서울올림픽을 계기로 비약적인 발전을 거듭하고 있는 옥외광고는 광고비 규모에서 TV와 신문, 온라인과 케이블에 이어 다섯 번째로 성장하였다. 외형적인 규모의 성장과 함께 질적인 수준에서도 많은 변화와 발전이 있었다. 광고업계에서 차지하는 비중과 역할에 비하여 옥외광고는 다른 매체에 비하여 상대적으로 소홀히 다루어진 분야라고 생각된다. 기획, 집행, 계약 등에서 다른 매체와 비교하여 체계화가 덜 되었고, 객관적이고 과학적인 광고효과 측정의 방법의 부재로 인하여 광고주와 대행사를 비롯한 관련 종사자들의 아쉬움이 더 클 것으로 생각된다. 특히 요즘처럼 전통매체의 영향력이 감소하며 다양한 새로운 매체가 등장하면서 더욱 관심에서 멀어지는 듯하다. 그러나 최근 몇 년간 광고비 통계자료에서 알 수 있듯이 실제로 옥외광고는 꾸준히 10% 내외의 비중을 차지하는 매체로서 제 역할을 수행하고 있고 매체믹스의 중요한 메뉴로 입지를 구축하고 있다. 소비자들의 라이프스타일 변화에 따라 야외활동이 증가하고 있고, 소비자와의 상호작용을 가능하게 하는 네트워크 연결과 인터페이스 기술이 적용되면서 앞으로도 마케팅 커뮤니케이션의 중요한 한 축으로서 그 역할을 유지, 강화해갈 것으로 전망된다.

이에 따라 이 책을 통하여 다양한 종류의 전통적 옥외광고 매체는 물론 요즈음 새롭게 각광받고 있는 디지털 옥외광고의 종류와 특징은 물론 옥외광고를 둘러 싼 법적, 제도적 규제 환경, 광고효과, 최근 트렌드 및 향후 발전방향에 대하여 포괄적으로 다루고자 하였다. 1장에서 3장까지는 옥외광고의 구체적인 개념 및 종류, 특징을 살펴보았고, 4장부터 6장까지는 전통적 옥외광고를 교통매체, 옥상 및 도로, 시설물 및 특수매체로 구분하여 유형, 특징, 사례 등을 살펴보았다. 이와 함께 7장에서는 효과적 매체집행에 필수적인 옥외광고의 효과와 측정, 관련 개념, 기존 연구들을 종합적으로 다루었으며, 8장에서는 국내외 옥외광고 관련 제도와 법규를 소개하였다. 향후 옥외광고의 발전을 이끌어 나갈 것으로 전망되는 디지털 사이니지 매체와 이를 활용한 마케팅커뮤니케이션 활동에 대한 기본적인 개념과 관련 이론, 활용사례 등은 9장과 10장에서 살펴보았다.

광고를 전공하는 대학생과 대학원생은 물론 업계에 종사하는 실무자들에게 옥외광고에 대한 기본적인 이해를 돕고 학술적, 실무적으로 의미 있는 정보를 전달하는데 도움을 주고자 저자들의 부족한 지식과 경험에도 불구하고 이 책을 완성하였고, 전반적인 옥외광고 입문의 바이블로써 뼈대를 만드는 초석이 되기에는 충분할 것으로 생각된다. 그러나 옥외광고업계에서 비중이 높은 사인(제작)과 과학적 계기를 마련하게 될 광고효과 분석 등에 대한 발전적인 내용은 앞으로 지속적인 보완이 이루어져야 할 분야이다. 아무쪼록 이 책을 통하여 학계 및 업계에서 옥외광고에 관심을 갖고 있는 분들과 활발한 교류의 장이 되기를 바라며, 현업에서 옥외광고의 기획 및 집행과 관련하여 고민하시는 분들에겐 가이드로서, 학업 중에 있는 학생들에게는 입문서로 활용되기를 바란다.

이 책을 내기까지 준비하고 결심하게 좋은 경험과 기회를 주신 동료 및 광고주, 그리고 업계 관계자 분들께 감사의 말씀을 전하며, 본서의 출판을 기꺼이 허락해 주신 북넷의 류재식 사장님과 조성옥 이사님께 진심으로 감사한다, 또한 사례수집과 원고정리에 도움을 준 인하대 경영대학의 이재홍박사와 언론정보학과 임수현 조교에게 고마움을 전하고 싶다. 늘 포기하고 싶을 때마다 용기를 주신 울솔컴의 안성필 대표, 그리고 이 책의 전반적인 사전 디자인 작업에 도움을 준 나인투파이브의 주호성 실장에게도 감사의 인사를 전한다.

2013년 6월

저자들 씀

차 례

제 1 장 옥외광고의 이해

제 2 장 옥외광고의 특성

제 3 장 옥외광고의 가치

제 4 장 교통매체

제 5 장 옥상 및 도로 매체

제 6 장 시설물 및 특수매체

제 7 장 옥외광고의 효과

제 8 장 옥외광고 관련 법규

제 9 장 디지털사이니지

제 10 장 디지털사이니지를 활용한 IMC

부 록

제1장 옥외광고의 이해

01 옥외광고의 개념

2011년 국내 광고 시장규모는 9조원을 조금 넘어섰다. TV와 신문을 중심으로 한 4대 매체가 4조원, 1조원 대의 규모를 형성했고 그 뒤를 이어 온라인과 케이블 등 뉴미디어가 2조원 대의 규모를 형성했다. 그리고 옥외광고가 8천억 대를 형성하며 그 뒤를 이었다. 누군가는 옥외광고를 5대 매체라고 일컫기도 하지만 매출로만 보면 뉴미디어 등장 이전에는 TV와 신문을 잇는 제3의 매체였었다. 다양한 매체가 지속적으로 등장하고 있음에도 불구하고, 옥외광고가 광고매체로서 이러한 영향력을 지속하고 있는 것은 인터넷을 기반으로 하는 기술과 제작기법의 발전, 그리고 무엇보다 소비자의 다양한 욕구가 바탕이 되었다고 할 수 있다. 또한 소비자들의 경제적 풍요와 주 5일 근무의 확산 등 라이프스타일 변화 역시 옥외광고의 발달에 한 몫을 차지했다. 전통적 4대매체로는 소비자들의 다양한 라이프스타일을 커버할 수 없으며, 자연스럽게 소비자들의 라이프사이클에 부합되는 매체의 등장이 절실히 필요한 시기가 된 것이다. 바로 이러한 노력들이 하나 둘 결실을 맺으며 옥외광고 매체의 다양성으로 나타나기 시작했다.

광고를 이루는 요소 중의 하나인 매체는 광고주의 메시지를 담아내는 그릇 역할을 한다. 비유하자면 맛깔스럽고 정성스럽게 준비한 음식을 어디에 담아내느냐에 따라 맛과 품격이 결정되는 것처럼, 정성스럽게 준비한 메시지를 어느 매체에 담아 소비자들에게 보여 주느냐에 따라서 광고 메시지는 달라지게 된다. 따라서 점점 더 까다로워지는 소비자들의 입맛을 공략하기 위한 대행사와 담아 낼 그릇을 만드는 매체사간의 노력은 지금도 계속되고 있으며, 이를 통해 다양한 매체가 개발되고 있다. 옥외광고는 기존의 교통광고 및 옥상광고에서 현재에는 놀라울 만큼 다양한 광고매체들이 개발되어 활용되고 있다. 그렇다면 이처럼 다양하게 변화하고 있는 옥외광고는 어떻게 정의될 수 있을까?

광고환경이 변화함에 따라 옥외광고 매체는 많은 변화를 겪고 있으며, 옥외광고에 대한 정의도 그에 맞게 변화하고 있다. 옥외광고는 일반적으로 '옥외에 설치 및 게시하는 광고물'이라고 간단하게 정의 할 수 있으며, 'Out of Home Media' 또는 'Outdoor Media' 등으로 불리기도 한다. 그러나 단순히 '옥외에 설치 및 게시하는 광고물'이라는 표현으로 옥외광고를 정의하기에는 많은 부족함이 있으며, 법적인 측면, 업계의 측면, 학술적인 측면 등에서 다양하게 정의되고 있다.

먼저 법적인 측면에서 옥외광고의 정의는 '옥외광고물등관리법'에서 찾아 볼 수 있다. '옥외광고물등관리법' 제2조에서는 옥외광고에 대한 정의를 '공중에게 항상 또는 일정 기간 계속 노출되어 공중이 자유로이 통행하는 장소에서 볼 수 있는 것(대통령령으로 정하는 교통시설 또는 교통수단에 표시되는 것을 포함한다)으로서 간판 · 입간판 · 현수막 · 벽보 · 전단과 그 밖에 유사한 것을 말한다'라고 명시하고 있다('옥외광고물등관리법' [법률 제10466호, 2011년 3월 29일 일부개정]). 국내 '옥외광고물등관리법'에서는 옥외광고에 대한 정의에서 옥외광고를 게시할 수 있는 장소와 옥외광고에 대한 유형을 분류해서 열거하고 있다. 한편, 일본의 '옥외광고물법'에서는 '상시 또는 일정한 기간 계속해서 옥외에서 공중에게 표시된 것으로 간판, 입간판, 벽보 및 전단 또는 광고탑, 광고판, 건물의 기타 공작물 등에 부착되거나 또는 표시되는 것과 그에 준하는 종류의 것'을 의미하고 있다. 일본의 '옥외광고물법' 정의 역시 국내의 '옥외광고물등관리법'과 크게 다르지는 않으며 옥외광고를 게시할 수 있는 장소 및 유형에 대한 분류를 중심으로 옥외광고에 대한 정의를 내리고 있다.

두 번째로 업계의 측면에서 정의하는 옥외광고물은 '미국옥외광고협회(OAAAA)'의 개념 정의를 통해서 볼 수 있다. '미국옥외광고협회'에서는 옥외광고에 대해서 '가정 외부에서 소비자에게 광고 메시지를 전달하는 모든 형태의 매체를 말한다'라고 정의하고 있다. 이와 유사하게 '호주옥외광고협회(OAAA)'에서는 옥외광고를 '소비자들이 살거나 일하거나, 생활을 영위하는 등, 가정 외부까지 광범위하게 포함하는 매체'라고 옥외광고를 정의하고 있다. 업계에서는 법적인 측면의 정의에서 더 나아가 보다 광범위한 범위의 옥외광고물을 모두 옥외광고의 개념적 정의에 포함하고 있는 것으로 볼 수 있다.

세 번째로 학술적 측면에서의 옥외광고 정의는 다양한 학자들에 의해서 정리되어 왔다. 먼저 서범석(2001)은 '가정 이외의 오프라인 상에서 상업적 목적으로 일정 기간 소비자에게 시각적 메시지를 전달하는 광고매체로서 옥외광고, 교통광고, 스포츠광고, 특수광고, 기타 광고 등을 포함한다'라고 정의하였다. 이정교 외(2004)는 '상업경제의 영리목적을 달성하기 위한 옥외광고는 상점 및 기업의 마케팅 커뮤니케이션 활동으로써 실외 공간에서 발생되는 정보전달을 위한 시각, 청각 등의 감각 표현전략으로써 불특정다수의 공중을 대상으로 옥외의 특정한 장소에서 일정기간 계속해서 시각적 자극을 주는 광고물'이라고 세부적으로 정의한 바 있다. 한편 차유철(2007)은 학계와 업계의 정의를 종합하여 '옥외광고란 가정 이외의 공간에서 지각 가능한 광고 메시지를 전달하는 매체 중 기 분류된 광고매체를 제외한 모든 매체를 말한다'라고 보다 광범위한 정의를 내리기도 하였다. 최근에는 '상점 및 기업의 마케팅 커뮤니케이션 활동으로써 옥외공간에서 발생되는 정보전달을 위한 시각, 청각 등의 감각 표현전략으로써 불특정 다수의 공중을 대상으로 옥외의 특정한 장소에서 일정기간 계속해서 시각적 자극을 주는 광고물을 총칭한다'라고 보다 체계적이고 구체화되어 옥외광고의 개념이 정리되기도 하였다. 이와 같이 다양한 측면에서 내려진 옥외광고의 정의를 정리하면 〈표 1-1〉과 같다.

디지털환경이 도래함에 따라 광고매체는 많은 변화를 겪고 있는데, 옥외광고는 그 중에

표 1-1 옥외광고의 다양한 정의

분 류	문헌 및 법	정 의
법적인 정의	국내 '옥외광고물등관리법'	공중에게 항상 또는 일정 기간 계속 노출되어 공중이 자유로이 통행하는 장소에서 볼 수 있는 것(대통령령으로 정하는 교통시설 또는 교통수단에 표시되는 것을 포함한다)으로서 간판 · 입간판 · 현수막 · 벽보 · 전단과 그 밖에 유사한 것을 말함
	일본 '옥외광고물법'	상시 또는 일정한 기간 계속해서 옥외에서 공중에게 표시된 것으로 간판, 입간판, 벽보 및 전단 또는 광고탑, 광고판, 건물의 기타 공작물 등에 부착되거나 또는 표시되는 것과 그에 준하는 종류의 것
업계의 정의	미국 옥외광고협회	가정 외부에서 소비자에게 광고 메시지를 전달하는 모든 형태의 매체
	호주 옥외광고협회	소비자들이 살거나 일하거나, 생활을 영위하는 등, 가정 외부까지 광범위하게 포함하는 매체
학술적 정의	서범석(2001)	가정 이외의 오프라인 상에서 상업적 목적으로 일정 기간 소비자에게 시각적 메시지를 전달하는 광고매체로서 옥외광고, 교통광고, 스포츠광고, 특수광고, 기타 광고 등을 포함
	이정교 외(2004)	상업경제의 영리목적을 달성하기 위한 옥외광고는 상점 및 기업의 마케팅 커뮤니케이션 활동으로써 실외 공간에서 발생되는 정보전달을 위한 시각, 청각 등의 감각 표현전략으로써 불특정다수의 공중을 대상으로 옥외의 특정한 장소에서 일정기간 계속해서 시각적 자극을 주는 광고물
	차유철(2007)	옥외광고란 가정 이외의 공간에서 지각 가능한 광고 메시지를 전달하는 매체 중 기 분류된 광고 매체를 제외한 모든 매체를 말함
	김현애(2010)	상점 및 기업의 마케팅 커뮤니케이션 활동으로써 옥외공간에서 발생되는 정보전달을 위한 시각, 청각 등의 감각 표현전략으로써 불특정 다수의 공중을 대상으로 옥외의 특정한 장소에서 일정기간 계속해서 시각적 자극을 주는 광고물을 총칭

서도 매우 빠른 변화를 보이고 있다고 할 수 있다. 따라서 기존의 옥외광고에 대한 정의만으로는 현재의 옥외광고를 제대로 표현해 줄 수 없다. 그러므로 광고매체의 변화 및 소비자의 라이프스타일의 변화 등, 마케팅환경의 변화에 따라 옥외광고에 대한 정의 역시 이러한 변화를 적극적으로 반영하여 점차 구체화 될 필요가 있다.

02 옥외광고의 분류

옥외광고에 대한 분류는 옥외광고의 설치목적이나 장소, 매체의 형태나 재질 등에 따라 다르게 분류되며, 각 연구자들의 관점이나 업계의 옥외광고 집행의 관점 등에 따라서 다양하게 존재한다. 더 나아가 각 국가별로 옥외광고를 둘러싼 환경 및 현황 등에 따라서 더욱 상이하며, 최근에는 옥외광고의 매체가 발달함에 따라 더욱 다양해지고 있어 옥외광고에 대한 분류가 더욱 복잡해지고 있는 실정이다.

2.1 국내 옥외광고의 분류

옥외광고는 과거에는 크게 일반 옥외광고와 교통광고의 두 가지로 구분되었다. 그러나 최근에는 소비자의 동선이 넓어졌으며, 광고매체의 다양성 등의 이유로 옥외광고의 유형 역시 늘어나게 되면서 그 분류 역시 점차 다양해지고 세분화되었다. 실제로 과거의 연구에서 보면 옥외광고는 설치장소, 기능 및 목적, 소재 등에 따라서 크게 옥외사인과 옥내사인의 두 가지로 구분되기도 하였으며, 옥외광고, 옥외간판, 옥외사인의 세 가지 범주로 구분되기도 하였다. 이처럼 과거에는 옥외광고를 단순하고 광범위하게 분류하여 구분 지어왔다. 그러나 시간이 지남에 따라 옥외광고의 표현방식과 적용범위는 점차 넓어졌으며, 옥외광고를 사용목적에 따라 빌보드광고 및 네온광고와 같은 옥상광고, 시내버스 및 지하철과 같은 교통광고, 현수막 및 애드벌룬과 같이 단기간 동안 행사를 보조하거나 특정상품 소구를 목적으로 하는 특수광고, 스포츠 경기장에 집행되는 스포츠광고 등으로 점차 세분화시켜 분류하는 연구들이 진행되었다(최민욱, 2006). 특히 스포츠 경기장에 집행되는 스포츠광고를 하나의 특수한 옥외광고 유형으로 분류하는 작업이 이루어졌다.

한편, 최근에는 다양하고 새로운 기준에 따른 옥외광고의 분류작업이 이루어진 바 있다

표 1-2 전통적 방식, 설치장소, 조명방식, 광고형태에 의한 옥외광고 분류의 예

분 류	문헌 및 법		정 의
전통적 방식	옥상광고		네온광고, 옥상빌보드, 전광판광고
	교통 광고	지하철	지하철차량, 내/외부 부착광고물, 지하철시설이용광고물 (행선안내기, W/C 등)
		고속도로	야립광고, 휴게소 내 광고, 톨게이트 이용광고 등
		공항	공항내부 시설물 광고(TV전시대광고, L/B, 캐노피광고 등)
		기타	버스, 택시 내/외부광고, 승강장 광고 등
	스포츠 광고		경기장 펜스광고, 경기장 전광판 광고, 선수 유니폼 광고 등
	기타 광고		극장광고, 아파트 내 시설물 광고(시계탑 등), 자판기 광고 등
설치장소에 의한 분류	건물이나 시설을 이용한 광고		옥상광고/벽면광고/가로형, 세로형 간판/지주간판 등
	교통시설을 이용한 광고		지하철, 공항, 철도시설이용광고, 버스(택시) 승강장 광고, 터미널, 고속도로휴게소 광고 등
	교통수단을 이용한 광고		버스, 택시 내/외부광고, 지하철 차내 광고 등
	쇼핑몰 등 다중시설을 이용한 광고		전자현수막, 운전면허시험장 시설활용 광고, 관광안내도 활용광고 등
	공공시설을 이용한 광고		상가, 쇼핑몰/호텔/대학구내 등 내/외부 시설이용 광고, 스포츠 광고
	스포츠 광고		경기장 펜스광고, 경기장 전광판 광고, 선수 유니폼광고 등
	기타		극장광고, 아파트 내 시설물 광고(시계탑 등), 자판기 광고, 상가 및 쇼핑몰/호텔/대학구내 등 내/외부 시설 이용 광고
조명 방식	내부조명		내부의 광원을 투과시켜 광고내용을 표출하는 조명광고
	외부조명		광고면 외부에 조명기구를 설치해 광고면을 비추는 방식
	혼합방식		내부조명과 외부조명을 혼합하여 사용하는 방식
광고 형태	LED 등을 활용한 영상광고		
	플렉스/프린팅을 활용한 정지(스틸) 광고		
	통신과 연결되는 인터랙티브 광고		

자료 : 송기수, 2010

(송기수, 2010). 해당 연구에서는 옥외광고를 그 특성에 따라 전통적 방식, 설치장소, 조명방식, 광고형태 등의 네 가지 기준으로 구체화시켜 분류하였다. 전통적 방식에 의한 분류는 옥상광고, 교통광고, 스포츠광고, 기타광고의 네 가지로 구분되며, 설치장소에 의한 분류는 건물이나 시설을 이용한 광고, 교통시설을 이용한 광고, 교통수단을 이용한 광고, 공공시설을 이용한 광고, 쇼핑몰 등의 다중시설을 이용한 광고, 스포츠광고, 기타광고 형태의 7가지로 다시 분류될 수 있다. 또한 옥외광고에 다양한 조명기술이 사용됨에 따라 조명에 의한 분류 역시 가능해졌는데, 조명 활용정도에 따라 옥외광고를 내부, 외부, 그리고 혼방방식의 세 가지로 분류하기도 하였다. 마지막으로 광고형태에 의한 분류는 영상광고, 정지광고, 인터랙티브광고로 분류하였으며, 이와 같은 분류의 세부적인 내용은 〈표 1-2〉와 같다.

옥외광고에 대한 분류는 이처럼 전통적인 분류에서 점차 새로운 광고유형이 나타남에 따라 새로운 기준의 광고유형분류로 넓어지고 있다. 한편 이러한 학계의 분류와 더불어 법적 측면에서의 분류와 관공서 및 정부 관계부처에 의한 분류, 업계측면에서의 분류 역시 이루어지고 있는데, 이러한 네 가지 측면의 옥외광고 분류는 모두 그 관점에 따라 다르게 구분되고 있다. 이러한 네 가지 영역에 의한 옥외광고 분류를 더 자세히 알아보고자 한다.

(1) 법적 측면에서의 분류

한국의 옥외광고물은 '옥외광고물등관리법시행령(대통령령 제 23939호, 2012.07.09. 일부개정)'의 제3조에서 총 16가지로 분류되고 있다. '옥외광고물등관리법시행령'은 1991년 제정될 당시에는 17가지로 분류가 되었으나, 1993년 개정에서 16가지로 재편되었다. 이후 2011년까지 총 8차례([1991.12.17], [1993.2.24], [1997.2.6], [1999.2.26], [2001.11.22], [2002.5.27], [2011.4.4], [2011.10.10] 〈총 8차례〉)에 걸쳐 개정되었으며, 가장 최근에 개정된 2011년 10월 10일 기준의 '옥외광고물등관리법시행령'에 근거한 법적인 분류는 〈표 1-3〉과 같다.

'옥외광고물등관리법시행령'에서 제시하고 있는 16가지의 옥외광고 분류는 다양한 옥외광고물을 총망라하고 있지만, 최근에 나타나고 있는 옥외광고 매체(디지털사이니지 등)나 조명을 이용한 다양한 옥외광고 매체 등을 포함하지 못하고 있는 한계점이 있다. 또한 어떠한 기준에 의한 분류라기보다 각 옥외광고물의 형태 및 용도, 위치 등에 의해서 종류를 단순히 열거하고 있는 것이라는 비판도 있다. 따라서 향후 개정되는 '옥외광고물등관리법시행령'에서는 지속적으로 변화하고 있는 옥외광고의 특성을 반영하여 새로운 매체를 포함할 수

표 1-3 옥외광고물의 법적인 분류(옥외광고물등관리법시행령)

분 류	내 용
1. 가로형 간판	가. 문자 · 도형 등을 목재 · 아크릴 · 금속재 등의 판에 표시하거나 입체형으로 제작하여 건물의 벽면에 가로로 길게 붙이거나 벽면 등에 직접 도료(색상이 표시된 천 · 종이 · 비닐 · 테이프 등을 포함한다. 이하 같다)로 표시 하는 옥외광고물 나. 주유소 또는 가스충전소의 주유기 또는 충전기시설의 차양면(遮陽面)에 상호 · 정유사 등의 명칭을 표시하거나 상호를 현수식(懸垂式)으로 표시하는 광고물
2. 세로형 간판	문자 · 도형 등을 목재 · 아크릴 · 금속재 등의 판에 표시하거나 입체형으로 제작하여 건물의 벽면 또는 기둥에 세로로 길게 붙이거나 벽면 등에 직접 도료로 표시하는 광고물
3. 돌출 간판	문자 · 도형 등을 표시한 목재 · 아크릴 · 금속재 등의 판이나 이용업소 · 미용업소의 표지등(標識燈)을 건물의 벽면에 튀어나오게 붙이는 광고물
4. 공연 간판	공연 · 영화를 알리기 위한 문자 · 그림 등을 목재 · 아크릴 · 금속재 등의 판에 표시하거나 실물의 모형 등을 제작하여 해당 공연 건물의 벽면에 표시하는 광고물
5. 옥상 간판	건물의 옥상에 따로 삼각형 · 사각형 또는 원형 등의 게시시설을 설치하여 문자 · 도형 등을 표시하거나 승강기탑 · 계단탑 · 망루 · 장식탑 · 옥탑 등 건물의 옥상구조물에 문자 · 도형 등을 직접 표시하는 광고물
6. 지주이용 간판	가. 문자 · 도형 등을 표시한 목재 · 아크릴 · 금속재 등의 판을 지면에 따로 설치한 지주에 붙이는 광고물 나. 문자 · 도형 등을 따로 설치한 삼각기둥 · 사각기둥 · 원기둥 등의 게시시설 기둥면에 직접 표시하는 광고물 다. 군사시설, 철도의 주요 경계시설, 공사 현장 등을 가리기 위하여 지주 형태로 설치한 시설물에 문자 · 도형 등을 표시하는 광고물
7. 현수막	천 · 종이 · 비닐 등에 문자 · 도형 등을 표시하여 건물 등의 벽면, 지주, 게시시설 또는 그 밖의 시설물 등에 매달아 표시하는 광고물
8. 애드벌룬	비닐 등을 사용한 기구에 문자 · 도형 등을 표시하여 건물의 옥상 또는 지면에 설치하거나 공중에 띄우는 광고물
9. 벽보	종이 · 비닐 등에 문자 · 그림 등을 표시하여 지정게시판 · 지정벽보판 또는 그 밖의 시설물 등에 붙이는 광고물
10. 전단	종이 · 비닐 등에 문자 · 그림 등을 표시하여 옥외에서 배부하는 광고물
11. 공공시설물 이용 광고물	공공의 목적을 위하여 설치하는 인공구조물 또는 편익시설물에 표시하는 광고물
12. 교통시설 이용 광고물	제2조 제1호 각 목의 교통시설에 문자 · 도형 등을 표시하거나 목재 · 아크릴 · 금속재 등의 게시시설을 설치하여 표시하는 광고물 〈제2조 제1호〉 가. 지하도 나. 철도역 다. 지하철역 라. 공항 마. 항만 바. 고속국도

분 류	내 용
13. 교통수단 이용 광고물	제2조 제2호 각 목의 교통수단 외부에 문자 · 도형 등을 아크릴 · 금속재 등의 판에 표시하여 붙이거나 직접 도료로 표시하는 광고물 〈제2조 제2호〉 가. 「철도산업발전기본법」 제3조제4호에 따른 철도차량(이하 "철도차량"이라 한다) 및 「도시철도법」에 따른 도시철도차량(이하 "도시철도차량"이라 한다) 나. 「자동차관리법」 제2조제1호에 따른 자동차 다. 「선박법」 제1조의2제1항제1호 및 제2호에 따른 기선 및 범선(이하 "선박"이라 한다) 라. 「항공법」 제2조제1호 및 제28호에 따른 항공기 및 초경량비행장치(이하 "항공기등"이라 한다)
14. 선전탑	도로 등의 일정한 장소에 광고탑을 설치하여 탑면에 문자 · 도형 등을 표시하는 광고물
15. 아치광고물	도로 등의 일정한 장소에 문틀형 또는 반원형 등의 게시시설을 설치하여 문자 · 도형 등을 표시하는 광고물
16. 창문이용 광고물	천 · 종이 · 비닐 등에 문자 · 도형 등을 표시하여 창문 또는 출입문에 직접 붙이거나 문자 · 도형 등을 목재 · 아크릴 · 금속재 등의 판이나 입체형으로 제작하여 창문 또는 출입문을 이용하여 표시하는 광고물

있는 분류체계가 만들어져야 하며, 다양한 광고를 아우를 수 있는 구체적이고 실용적인 분류기준이 제시되어야 할 것이다.

(2) 관공서 및 정부 관계부처에 의한 분류

국내의 옥외광고에 대한 관공서 및 정부 관계부처에 의한 분류는 대표적으로 한국방송광고공사(현, 한국방송광고진흥공사)(1993)와 서울시정개발연구원(1995)에서 분류한 체계를 대표적으로 볼 수 있다. 먼저, 한국방송광고공사(1993)에서 제시한 옥외광고의 분류체계는 옥외광고물의 설치위치를 기준으로 분류를 하였다. 옥외광고물의 형태가 점점 다양화되고 있으므로, 건물벽면, 건물옥상, 창문, 대지, 기타 등의 설치위치를 기준으로 옥외광고물등관리법시행령에서의 분류방식을 적용하여 분류하였다. 광고물의 분류 범위를 설치위치에 따라 대분류로 설정하고 이를 기준으로 유형별로 세 분류체계를 도입한 것이 특징이라고 할 수 있다.

한편, 서울시정개발연구원(1995)에서 제시한 분류체계는 '옥외광고물등관리법시행령'에서 제시한 분류체계가 옥외광고 유형의 체계적인 분류기준을 제시하지 못하였다는 점을 지

표 1-4 설치위치를 기준으로 분류한 옥외광고물

설치위치	광고물 유형
1. 건물 벽면	가로형 광고물
	세로형 광고물
	현수막
2. 건물 옥상	벽보
	옥상광고물
3. 창　문	돌출광고물
	창문부착 광고물
4. 대　지	지주이용 광고물
	플랜카드
5. 기　타	공공시설물 이용 광고물
	공공시설이용 광고물(선전탑/아치)
	전단

자료 : 한국방송광고공사, 1993

적하면서 이를 보완할 수 있는 기준을 제시하였다. 서울시정개발연구원에서 제시한 옥외광고의 분류는 공공광고물, 업소광고물, 선전광고물, 임시광고물, 전기이용에 따른 분류 등의 다섯 가지 기준으로 유형화되었다.

또한 서울시정개발연구원에서는 이러한 옥외광고의 분류와 함께 옥외광고의 분류기준도 함께 제시하였다. 광고내용, 게시기간, 게시방식, 전기이용, 새로운 유형의 광고물 포함여부 등의 새로운 기준을 제시하였다는 부분에서 기존의 광고유형분류를 보완하였다고 할 수 있으며, 세부적인 내용은 〈표 1-6〉과 같다.

이러한 분류체계는 새롭게 등장하는 광고물의 유형을 고려하여 분류할 수 있는 범주를 설정하였다는 점에서 긍정적으로 평가할 수 있다. 그러나 분류기준이 내용, 게시기간, 게시방식, 소재 등 지나치게 많은 구분기준으로 나뉘어져 있기 때문에 그 활용도에는 다소 의문이 들며, 실용적이지 못하다는 한계점도 있다. 이처럼 한국방송광고공사와 서울시정개발원에서 제시하고 있는 옥외광고의 분류체계는 '옥외광고물등관리법시행령'에서 제시하고 있는 기존 옥외광고의 분류를 각각의 기준으로 범주화하여 제시하였다는 점에서 높게 평가할 수

표 1-5 서울시정개발연구원에서 제시한 옥외광고의 분류

분 류	광고물 유형		
공공광고물	—		
업소광고물	1) 벽면부착 광고물 4) 옥상이용 광고물	2) 벽면돌출 광고물 5) 지주이용 광고물	3) 창문이용 광고물 6) 교통수단 광고물
선전 광고물	1) 벽면부착 광고물 4) 공공시설물 이용 광고물	2) 옥상이용 광고물 5) 교통수단 광고물	3) 지주이용 광고물
임시 광고물	1) 벽보 4) 아치	2) 현수막 5) 애드벌룬	3) 선전탑 6) 깃발류
전기이용에 따른 분류	1) 일반조명 광고물 4) 동화상 광고물	2) 네온광고물(비점멸)	3) 점멸광고물

자료 : 서울시정개발연구원, 1995

표 1-6 서울시정개발연구원에서 제시한 옥외광고의 분류기준

분류기준	내 용
광고내용	· 업소광고물(on site business sign)과 선전광고물(off site advertising sign)로 구분 · 공공광고물을 국가, 지자체 광고물로 국한/ 공공단체 광고물은 제외
게시기간	· 임시광고물(temporary sign)을 구분하고 법으로 규제
게시방식	· 벽면부착광고물 등을 비롯한 총 7개 유형으로 구분
전기이용	· 점멸광고물(flashing sign)과 동영상광고물(animating sign)을 구분
새로운 유형의 광고물 포함	· 전광판, 차양막, 캐노피 광고물 등은 벽면부착광고물로 포함 · 깃발 등 바람을 이용하는 광고물은 임시광고물 중 깃발류에 포함

자료 : 서울시정개발연구원, 1995

있으나, 그 분류기준이 적절한가에 대해서는 몇 가지 한계점을 가지고 있다고 할 수 있다.

(3) 광고업계에 의한 분류

제일기획의 광고비 분석자료에서는 2003년부터 옥외광고비를 별도의 항목으로 분류하여 제시하고 있다. 제일기획에서 제시하고 있는 옥외광고의 분류는 크게 빌보드광고, 교통광고, 엔터테인먼트광고의 세 가지로 구분하고 있으며, 각각의 대분류에 따라 하위광고를

분류하고 있다. 이를 자세히 살펴보면 첫째, 빌보드광고의 경우 야립광고, 옥상광고, 전광판 광고 등이 포함된 전통적인 옥외광고의 형태로 나눠볼 수 있다. 두 번째, 교통광고는 교통관련 시설물에 부착되는 광고를 총칭하며, 버스 및 지하철 등의 교통수단의 내·외부광고와 공항, 역, 버스 정류장 등의 교통시설 장소를 총칭한다고 할 수 있다. 세 번째, 엔터테인먼트광고는 극장, 쇼핑몰, 경기장 등의 기타 엔터테인먼트시설에서 집행되는 광고를 지칭하는 것이다.

제일기획과 더불어 LG애드에서도 2006년 내부보고서를 통해 옥외광고를 분류한 바 있다. LG애드 역시 제일기획처럼 옥외광고가 집행되는 장소를 기준으로 크게 일반 옥외광고, 교통광고, 스포츠광고, 엔터테인먼트광고의 네 가지로 분류하였다. LG애드의 옥외광고 분류체계를 자세히 살펴보면 〈표 1-7〉과 같다.

이후 LG애드에서는 2007년에 실무적인 측면을 보완하여, 보다 더 세분화된 옥외광고 분류체계를 제시하였다. 이 분류에서는 공적 부분이나 상업적 부분을 특별히 구분하지 않았으며, 7가지로 더 세분화된 분류기준을 제시하였다. 자세히 살펴보면 도심광고, 고속도로 광고, 쇼핑공간 광고, 스포츠 레저공간 광고, 기타 생활공간 광고 등으로 옥외광고물이 집행되는 장소적 측면으로 분류기준을 제시하였음을 볼 수 있다. 특히 백화점, 할인점, 복합쇼핑몰, 멀티플레스의 쇼핑공간과 학교, 아파트 등의 기타 생활공간 광고 등은 기존의 분류체계에서는 볼 수없었던 기준으로 옥외광고물의 집행 장소를 매우 세분화하여 제시하였다.

제일기획과 LG애드에 의한 업계측면의 분류를 살펴보면 대부분 옥외광고를 집행하는 장소를 기준으로 분류를 한 것을 볼 수 있다. 이는 업계에서 옥외광고를 실행하는데 보다 더 실용적일 수 있는 기준을 적용한 것으로 보여 지며, 이러한 기준에 의한 분류는 새롭게 등장하는 옥외광고를 포함하여 재 분류를 하는데도 효율적이다. 다만 옥외광고의 내용 및 게시기간, 재질 등 다양한 기준을 포함하고 있지 않으므로, 체계화된 분류기준이라고 평가하기에는 다소 무리가 있어 보인다.

(4) 학계에 의한 분류

학계에 의한 분류는 앞서 살펴본 법률적 측면의 분류와 관공서 및 정부 관계부처의 분류, 그리고 업계에 의한 분류를 모두 포함하여 보다 더 세분화된 기준을 제시하고 있다고 할 수 있다. 학계에서 제시하고 있는 옥외광고의 분류기준을 살펴보면 먼저, 부착유형에 따라 분류한 연구를 볼 수 있는데, 해당 연구에서는 건물에 부착하는 유형, 구조물에 부착하는 유

표 1-7 LG애드의 옥외광고 분류체계(2006)

구분	장 소		매 체
일반 옥외광고	도심	건물옥상, 벽면	빌보드, 네온사인, 전광판, 트라이비전, 래핑, 현수막
		도로변	야립, 홍보탑, 차량탑재형 광고, Street Furniture
	고속도로, 기타	국도	야립, 교통정보판, 홍보안내판, 아취비행선, 애드벌룬, 열기구, 기타
교통광고	지하철	역사내	W/C, 래핑, 스크린도어, 동영상, 키오스크 등
		차량	액자형, 천정걸이, 천정모서리, 조명액자, 외부광고 등
	철도	역사내	W/C, 래핑, 동영상, 입간판, 의자, TV, 전시대 등
		차량	LCD, 액자형 광고 등
	버스, 택시	차량	버스 외부광고, 버스 내부광고, 차량래핑, 택시 외부 등
		시설물	버스 쉘터, 택시 쉘터
	항공	공항	W/C, 배너, 전시대, 조형물, 동영상, 푸시카트 등
		비행기	LCD, 동영상
스포츠 광고	경기장	야구장	펜스, A-Board, 전광판, 조명탑 등
		축구장	A-Board, 펜스, 전광판 등
		농구장	A-Board
		배구장	A-Board, 플로어광고, 유니폼
	레저, 기타	골프장	시계탑, 홀안내 표시판, 골프공 세척기, 파이론 탑 등
		스키장	리프트, 야립, 시계탑, 전광판 등
		경륜, 경마장	전광판, 시계탑, 펜스 등
		휘트니스 센터	W/C, 래핑 등
엔터테인먼트 광고	극장		스크린 광고, W/C, 동영상, 래핑, 포토존 등
	복합쇼핑몰		W/C, 래핑, 전광판, 의자, 조형물, 키오스크 등
	지하상가, 집단상가		W/C. 래핑, 키오스크 등
	할인마트, 백화점		W/C, 래핑, 동영상, 푸쉬카트 등
	아파트		시계탑, 게시판, 엘리베이터 LCD 등
	학교		대학교 PDP, 게시판, 거울 등
	편의점, 병원, 은행 등		동영상, 포스터, W/C 등

자료 : LGAD(2006) 김현애, 2010 재인용

표 1-8 LG애드의 옥외광고 분류체계(2007)

종류		주요매체
도심광고	옥상	FLEX사인, 네온사인
	전광판	풀칼라, 2칼라
	래핑	현수막, 위도그래픽 등
교통수단 광고	지하철, 철도	차내 광고, 동영상, 외부래핑
	버스, 택시, 자가용	내부과고, 외부광고, 차량래핑
	비행기	동영상, 기타
교통시설물 광고	지하철, 철도역사	L/B(Light Box), 래핑, 스크린도어 등
	터미널	L/B, 래핑 등
	공항	L/B, 배너, 제품전시 등
	쉘터	가로변, 중앙차로쉘터, 택시쉘터
고속도로 광고	야립	조명야립, 비조명야립
	휴게소	관광안내도, 입간판 등
쇼핑공간 광고	백화점, 할인점	L/B, 카트 등
	복합쇼핑몰	L/B, 래핑, 조형물, 동영상 등
	멀티플렉스	동영상, L/B 등
스포츠 레저공간 광고	야구, 축구, 농구장	A-Board, Fence, 전광판 등
	스키, 골프, 리조트	시설물이용광고, 야립 등
	휘트니스 센터	L/B, 래핑 등
기타 생활공간 광고	학교	동영상, 안내판, 현수막 등
	아파트	엘리베이터, 시계탑 등

자료 : LGAD(2007) 염성원, 신동진, 2010 재인용

형, 토지에 설치하는 유형, 허공에 게시하는 유형 등의 네 가지로 옥외광고를 분류하였다. 또한 이 연구에서는 특수한 경우로 한 장소에 고정되지 않는 차량이나 비행물체를 이용한 유형도 제시하고 있다(서범석 외, 2004). 한편, 서범석 외(2004)는 광고산업 측면에서 옥외광고를 크게 다섯 가지로 분류하여 제시하기도 하였다. 옥상광고, 교통광고, 스포츠경기장 광고, 특수/기타광고, 극장광고의 다섯 가지로 구분된 서범석 외(2004)의 분류체계는 앞서 살펴본 LG애드의 분류와 비슷하다고 볼 수 있으며, 광고물의 게시장소를 기준으로 제시된 분

류라고 볼 수 있다. 광고물의 집행 장소를 기준으로 분류된 서범석 외(2004)의 분류를 살펴보면 〈표 1-9〉와 같다.

이정교 외(2004)의 연구에서는 옥외광고를 목적과 역할에 부합하는 합리적 일반기준을 적용하여 내용적, 형식적 범위에 따른 영역 구분 및 그 하위개념으로서 유형분류를 체계화하였다. 대분류인 내용에 따른 분류에서는 광고의 내용과 목적에 따라 상업광고물과 공공광고물로 구분하고, 중분류인 장소(영역)에 따른 분류에서는 건물이용 광고물, 가로(街路)광고물, 교통광고물, 별도광고물(대안광고물, 특수 광고물, 임시 광고물)로 구체화하였다. 마지막으로 세분류는 각 장소와 기능에 따라 다시 세부적이고 다양한 유형으로 구분하였다. 본 연구에서는 '옥외광고물등관리법시행령'에 있는 항목을 모두 포함하는 분류체계 1안과 함께, 엄격히 구분하자면 옥외광고물의 범주에 적용되지 않는 광고물(벽보, 전단)을 제외한 분류체계 2안을 제시하였다. 이정교 외(2004)가 제시한 옥외광고물 분류체계 [1안]과 [2안]은

표 1-9 내용분석을 바탕으로 한 광고 산업측면의 옥외광고 분류체계

분 류	광고물 유형
옥상광고	빌보드광고(옥상간판, 야립간판)
교통광고	차량광고
	철도광고
스포츠 경기장 광고	야구장 광고
	축구장 광고
	실내경기장 광고
	골프장 광고
	기타 경기장 광고
특수/기타광고	비행선 광고
	열기구 광고
	점보트론 광고
	애드벌룬 광고
	각종 시설물 광고
극장광고	극장광고

자료 : 서범석 외, 2004

표 1-10 옥외광고물의 분류체계(1안)

<table>
<tr><th>내 용</th><th colspan="2">영 역</th><th>유 형</th></tr>
<tr><td rowspan="6">상업 광고물</td><td colspan="2">1. 건물이용 광고물</td><td>벽면이용 광고물
벽면돌출 광고물
옥상 광고물
창문이용 광고물</td></tr>
<tr><td colspan="2">2. 가로 광고물</td><td>지주이용 광고물
시설물이용 광고물</td></tr>
<tr><td colspan="2">3. 교통 광고물</td><td>교통시설이용 광고물
교통수단이용 광고물</td></tr>
<tr><td rowspan="3">4. 별도 광고물</td><td>특수광고물</td><td>미디어보드</td></tr>
<tr><td>임시광고물</td><td>벽보전단
현수막
애드벌룬</td></tr>
<tr><td>대안광고물</td><td>기타</td></tr>
<tr><td rowspan="4">공공 광고물</td><td colspan="2">1. 건물이용 광고물</td><td rowspan="4">상업광고물의 유형 및 선전탑, 아치광고물, 현수막 게시대, 벽보게시판 이용 광고물 등</td></tr>
<tr><td colspan="2">2. 가로이용 광고물</td></tr>
<tr><td colspan="2">3. 교통 광고물</td></tr>
<tr><td colspan="2">4. 별도 광고물</td></tr>
</table>

자료 : 이정교 외, 2004

〈표 1-10〉, 〈표 1-11〉과 같다.

이처럼 분류주체가 누구인가에 따라서 옥외광고의 분류체계가 다양하고 기준이 상이한 것은 새로운 매체들과 광고기법의 지속적인 증가로 옥외광고를 한 가지 기준으로 분류하는 것이 어렵다는 것을 반증하는 것이다. 현존하는 옥외광고 분류들은 정확한 분류기준을 바탕으로 한 것이 아니며, 옥외광고를 실행하는데 있어 편리성의 필요에 의해 분류되거나 종류가 포함된 경우가 많다. 따라서 형태, 내용, 위치, 소재 등의 분류가 혼재되어 사용되고 있어 관계자들(광고주, 제작자, 소비자)간의 명확한 의사소통에 혼선을 유발하게 되는 문제점이 양산될 수 있다(차유철, 2007).

최근에는 광고소재의 발달 및 다양화, 그리고 디지털기술의 발전으로 영상디스플레이와 통신이 결합된 형태의 미디어가 등장하게 되었으며, 이러한 새로운 매체를 활용한 옥외광고 역시 등장하게 되었다. 특히 기존의 광고형태와 달리 LCD와 LED를 접목시킨 새로운 형

표 1-11 옥외광고물의 분류체계(2안)

내 용	영 역	유 형
상업 광고물	1. 건물이용 광고물	벽면이용 광고물 벽면돌출 광고물 옥상 광고물 창문이용 광고물
	2. 가로 광고물	지주이용 광고물 시설물 이용 광고물
	3. 교통 광고물	교통시설이용 광고물 교통수단이용 광고물
	4. 특수 광고물 (미디어보드 이용 광고물)	미디어보드
	5. 대안 광고물	기타
공공 광고물	1. 건물이용 광고물	상업광고물의 유형 및 선전탑, 아치광고물, 현수막 게시대, 벽보게시판 이용 광고물 등
	2. 가로 광고물	
	3. 교통 광고물	
	4. 특수광고물 (미디어보드 이용 광고물)	
	5. 대안 광고물	

자료 : 이정교 외, 2004

태의 옥외광고를 선보이는 등 많은 변화가 나타나고 있다(송기수, 2010). 향후에는 이러한 변화는 더욱 가속화 될 것으로 보이며, 옥외광고는 기존에는 실현할 수 없었던 다양한 기능들이 가능해지므로, 옥외광고의 종류는 더욱 다양해질 것으로 예상된다. 또한 이러한 변화로 인해 그 분류체계는 더욱 복잡해지고 어려워질 것이며, 이에 대비하여 새롭게 등장하는 옥외광고의 유형들을 포함하여 설명할 수 있는 체계화된 분류기준이 만들어져야 할 것이다.

2.2 해외 옥외광고의 분류

(1) 미 국

미국의 옥외광고는 미국옥외광고협회(OAAA : Outdoor Advertising Association of America)에서 옥외광고를 분류하고 있으며 대표적으로 빌보드(Billboards), 거리시설물

표 1-12 미국의 옥외광고 분류

대분류	소분류	
빌보드 (Billboard)	· Bulletins · 30-Sheet Posters · Square Wrapped Posters · Wall Murals	· 8-Sheet Posters · Wrapped 30-Sheet Posters · Spectaculars
거리 시설물 (Street Furniture)	· Bicycle Rack Displays · Convenience Store Displays · Kiosks : Information · Newsstands and News racks · Urban Panels · Shopping Mall Displays	· Bus Bench Advertising · In-Store Displays · Kiosks : Telephone · One-Sheet Posters · Pedestrian Panels · Sun Shelter Displays & Bench Panels
교통광고 (Transit)	· Airport Terminal Display · Overhead Signs · King Size Bus Posters · Headlight Displays · Taillight Displays · Fully Wrapped Buses · Interior Bus Cards · On-Board Media · Taxicabs	· Spectaculars · Exterior Bus Posters · Queen Size Bus Psters · Traveling Displays · High Impact Taillight Displays · Subway & Rapid Transit Rail Systems · In-Station Midea · Truckside Advertising
대안광고 (Alternative)	· 공중디스플레이 · 만화 및 컵 광고 · 세탁물 봉투 · 골프 카트 광고 · 주차장 광고 · 위치기반 디스플레이 · 휴게소 패널 광고 · 스키장 디스플레이광고 · 비디오 스크린 광고	· 소형 비행선 및 공기주입물 · 사탕포장 · 주유기 광고 · 선박 디스플레이 광고 · 주차미터 광고 · 우편엽서 광고 · 경기장 디스플레이 광고 · 휴지통 패널 광고

자료 : 이정교 외, 2004; 김현애, 2010

(Street Furniture), 교통광고(Transit), 대안광고(Alternative)의 네 가지 유형으로 분류할 수 있다. 먼저, 빌보드는 가장 전통적인 형태의 옥외광고이며, 일반적으로 50피트 이상의 먼 거리로부터 노출되도록 제작되고, 미국에서는 크기를 기준으로 빌보드를 분류하고 있다. 두 번째, 거리시설물(Street Furniture)은 대부분 소비자들의 눈높이에 맞추어져 있으며, 교통에 영향을 줄 수 있는 거리에 설치된다. 예를 들면 자전거 선반 표시물, 버스 벤치광고, 버스 정류장 판넬, 키오스크(전화 등), 신문 가판대 표시물, 주차장 구조 표시물 등을 들 수 있다. 세 번째, Transit은 움직이는 운송수단에 부착되어있거나 역, 터미널과 같은 교통시설 영역에 위치되어 있는 광고를 말한다. 예를 들면 공항 및 버스터미널, 지하철과 철도의 내 · 외부광고, 택시 및 운송수단을 활용하는 광고를 말한다. 마지막 네 번째, 대안광고는 가장 주목할만한 광고로서 '전문화된 활동에 참여하고 있는 동안 소비자들에게 전달되는 완전히 새로운 분야의 광고형식'을 말한다. 다시 말해 빌보드, 거리시설물, 교통광고 등에 포함되지 않는 새로운 형태의 옥외광고를 총칭하는 단어라고 할 수 있다. 미국 옥외광고협회에서는 대안광고에 대해서 '우리가 상상할 수 있는 모든 매체를 말하는 것으로, 새로운 매체가 지속적으로 개발되고 있다'라고 설명하였다.

(2) 일 본

일본은 지방자치단체의 조례를 기준으로 옥외광고에 관한 시행규칙이 정해져 실행되고 있다. 따라서 각 지자체별로 다른 옥외광고 법률을 가지고 있으며, 이에 따라서 옥외광고의 분류 역시 다르게 나타난다. 먼저 도쿄도의 경우 건축물, 도로변, 교통수단, 광고탑 등 옥외광고물의 설치장소를 중심으로 옥외광고물을 분류하고 있으며, 세부적인 광고물의 분류는 〈표 1-13〉과 같다.

한편 교토시에서는 도쿄도보다 더 큰 범위를 기준으로 삼고있으며, 하위체계에서 다양한 유형들로 세분화하고 있다. 교토시의 옥외광고물 분류를 자세히 살펴보면 〈표 1-14〉와 같다.

표 1-13 일본 도쿄도의 옥외광고물 종류

1. 광고탑과 광고판
- (1) 토지에 직접 설치하는 광고탑과 광고판
- (2) 건축물의 옥상을 이용하는 광고탑 등

2. 건축물의 벽면을 이용하는 광고물 등

3. 건축물에서 돌출하는 형식의 광고물 등

4. 전신주 또는 가로등을 이용하는 광고물 등
- (1) 전신주를 이용하는 광고물
- (2) 가로등의 기둥을 이용하는 광고물

5. 도로변 및 철도의 궤도 변에 설치하는 광고물 등
- (1) 도쿄 국제 공항내의 노선용지에서 전망되는 광고탑 등 이것들과 유사한 것
- (2) 철도 및 궤도의 노선 용지에서 전망되는 야립 광고물 및 이것과 유사한 것

6. 전차 또는 자동차의 바깥 면을 이용하는 광고물 등
- (1) 전차 또는 자동차 바깥 면을 이용하는 광고물
- (2) 승용차, 화물자동차, 또는 버스의 바깥 면을 이용하는 광고물 등
- (3) 전차, 렌터카 혹은 택시 또는 고속도로를 주행하지 않는 노선버스 등의 바깥 면을 이용하는 광고물
- (4) 선전차의 바깥 면을 이용하는 광고물 등

7. 표식을 이용하는 광고물 등
- (1) 버스정류소 표식을 이용하는 것
- (2) 소화전 표식을 이용하는 것
- (3) 피난표식 또는 안내도판 등을 이용하는 것

자료 : 이정교 외, 2004

표 1-14 교토시 광고물의 종류

1. 건물 등에 표시되는 광고물(건축물 등 정착형 옥외광고물)
: 옥상형, 벽면에 평면으로 붙인 형식, 돌출형, 건물 앞의 텐트형식, 현수막 등

2. 부지 등에 독립해서 표시되는 광고물(독립형 옥외광고물)
: 아치형식, 광고탑, 광고 스탠드, 하나의 기둥형식, 여러 기둥형식 등

3. 그 외
: 애드벌룬, 차량광고, 랩핑광고 등

자료 : 이정교 외, 2004

(3) 영 국

영국은 영국 옥외광고협회(OAA)에서 옥외광고를 분류하여 제시한 바 있으며, 가로변, 교통, 소매, 비전통유형의 네 가지로 옥외광고를 분류하였다. 분류의 기준은 옥외광고의 크

표 1-15 영국 옥외광고물의 영역과 종류

1. Roadside
   · 전화부스부터 6시트, 48시트, 98시트, 특수제작 대형 광고물 및 배너 등
2. Transport
   · 철도와 지하철, 공항, 버스, 택시, 트럭 등
3. Retail
   · 헬스, 레저 센터와 쇼핑몰, 슈퍼마켓, 주유소에서 눈에 띄는 장소 및 극장, 트롤리 포스터 등
4. Non Traditional Formats & Ambient
   · 가게 간판, 티켓 미디어, 학생 연합, 샌드위치 백 등

자료 : 이정교 외, 2004; 김현애, 2010

기, 다양성, 가변성 등으로 인해 구분되었으며, 보다 자세한 영국 옥외광고물의 영역과 종류를 살펴보면 〈표 1-15〉와 같다.

영국에서는 옥외광고물을 도로변의 광고물, 교통광고물, 상업광고물, 비전통유형 및 기타광고물로 구분하여 유형분류를 체계화하였다. 특히 비전통유형 및 기타광고물의 범위를 매우 포괄적으로 분류함으로써 새로운 광고유형이 등장할 경우 현재의 옥외광고체계에 포함하여 분류할 수 있도록 하였다.

(4) 프랑스

프랑스는 1979년에 제정된 '옥외광고물 규제에 관한 법률'에서 옥외광고를 광고물, 간판, 유도간판의 세 가지 유형으로 분류하고 각각의 유형에 적합한 규제를 적용하고 있다(김현애, 2010).

표 1-16 프랑스의 옥외광고 분류

구분	내용
광고물(Publicité)	공중에 정보를 제공하는 것이나 그 관심을 끄는 것을 목적으로 하는 모든 게시, 도형이나 이미지 또는 그 주된 목적이 게시, 도형이나 이미지를 수용하는 것인 설비로 광고물과 동등하다고 인정되는 것으로, 간판 및 유도간판 이외의 것
간판(Enseigne)	건물 위에 설치되어 그 곳에서 행해지고 있는 활동에 관련하는 모든 게시. 도형이나 이미지
유도간판(Préeseigne)	특정의 활동이 행해지는, 해당 지점이 가까이 있다는 것을 알려 주는 모든 게시. 도형이나 이미지

자료 : 김현애, 2010

표 1-17 4개국(미국·영국·일본·프랑스)의 옥외광고 분류

미 국	· Billboard · Street Furniture · Transit · Alternative	
영 국	· Roadside · Transport · Retail · Non-traditional Formats & Ambient	
일 본	· 광고탑과 광고판 · 건축물에서 돌출하는 형식의 광고물 등 · 도로변 또는 철도 및 궤도 변에 설치하는 광고물 등 · 전차 또는 자동차의 바깥 면을 이용하는 광고물 등	· 건축물의 벽면을 이용하는 광고물 등 · 전신주 또는 가로등을 이용하는 광고물 등 · 표식을 이용하는 광고물 등
프랑스	· Publicité · Enseigne · Préenseigne	

지금까지 살펴본 4개국(미국, 영국, 일본, 프랑스) 각국의 옥외광고 분류체계를 비교하면 〈표 1-17〉과 같다.

이와 같은 각국의 옥외광고물 분류체계를 살펴보면 기존의 전통적인 옥외광고물 분류형식에서 더 나아가 최근들어 발달된 옥외광고물의 유형을 첨가한 경우가 많다. 미국의 'Alternative'와 영국의 'Non-traditional Formats & Ambient' 광고 유형이 대표적인 것으로 새롭게 등장하는 옥외광고의 유형을 포함하여 재분류를 하기 편리하도록 분류체계를 형성하였다. 일본의 경우에도 광고물을 건물을 이용하거나 도로를 이용하는 광고물, 그리고 그 외의 광고물로 옥외광고를 분류하여 보다 실용적으로 활용할 수 있는 옥외광고 분류체계를 만드는 노력을 하고 있는 것으로 보여 진다. 옥외광고는 지속적으로 발달하고 있으며, 매우 빠른 변화를 보이고 있으므로 이러한 변화를 능동적으로 받아들일 수 있도록 옥외광고의 유형분류체계를 구체화하는 작업이 중요하며, 우리 역시 이렇게 실용적이고 구체화된 기준을 만드는 과정이 필요할 것이다.

2.3 옥외광고의 유형 제시

지금까지 옥외광고의 유형을 국내와 국외로 나누어 살펴보았다. 국내의 경우 법령에서 적용하고 있는 유형분류를 가장 먼저 살펴보았으며, 법령에서 제시하고 있는 옥외광고의 유형은 분류기준이 제시되어 있지 않으므로 단순히 옥외광고 유형을 열거하고 있다는 부분

이 한계점으로 지적되었다. 두 번째로 관공서 및 정부 관계부처에 의한 분류를 살펴보았으며, 한국방송광고공사의 분류와 서울시정개발연구원에서 제시한 두 가지의 옥외광고 유형 분류를 예로 살펴보았다. 그러나 이들의 분류에서는 다소 분류기준이 난해하거나 지나치게 많아 실용적으로 적용하기에는 어려움이 있다는 한계점이 제기되었다. 세 번째로는 광고업계에서 제시하고 있는 옥외광고 유형분류를 살펴보았다. LG애드의 유형분류를 대표적으로 살펴본 결과 옥외광고를 집행하고 있는 장소를 기준으로 유형화를 시도한 것으로 볼 수 있으며, 옥외광고를 집행하는데 보다 실용적으로 적용할 수 있는 기준을 제시한 것으로 보여진다. 네 번째로 학계에 의한 기준에서는 옥외광고를 목적과 역할을 기준으로 삼아 상업광고물과 공공광고물로 구분하기도 하였으며, 업계의 유형분류처럼 광고물의 게시장소를 기준으로 분류하기도 하였다.

이후 해외의 옥외광고 유형분류를 살펴보았으며, 미국과 영국, 일본 등의 국가에서는 옥외광고 유형분류를 광고물이 게시되는 장소를 기준으로 유형화하고 있는 것을 알 수 있었다. 특히 미국과 영국의 광고 유형분류에서는 'Alternative'와 'Non-Traditional Formats & Ambient'라는 새로운 유형을 제시하여, 기존광고 분류체계에서 포함하기 어려운 새로운 옥외광고유형을 쉽게 분류할 수 있도록 하였다는 점에서 주목할 만하다. 지속적으로 발달하고 있는 옥외광고는 새로운 광고유형들의 등장과 변화에 적극 적응할 수 있는 광고유형 분류체계가 필요하기 때문이다.

이처럼 다양한 옥외광고 분류체계를 살펴본 결과 옥외광고를 집행하는데 있어 쉽고 실용적으로 적용할 수 있는 옥외광고 분류체계가 적합하다고 판단되며, 새롭게 등장하는 옥외광고물도 포함하여 설명할 수 있는 새로운 옥외광고 분류기준이 필요하다고 생각된다. 따라서 이러한 점을 고려하고 위에서 살펴본 광고유형들을 참고하여 다음과 같이 옥외광고 유형분류를 제시하고자 한다.

본고에서 분류하고 있는 옥외광고의 분류는 옥외광고가 집행되는 장소를 대분류기준으로 적용하여, 실제로 옥외광고를 집행하는데 있어 실용적으로 광고를 분류할 수 있도록 하였다. 또한 새롭게 등장하는 광고유형을 포함할 수 있도록 '특수매체'의 분류를 추가하였다. 물론 옥외광고의 표현방법에 대한 분류나 내용 혹은 조명 사용여부에 대한 추가적인 기준이 적용되어 보다 체계적인 분류를 하는 것도 의미가 있을 것으로 생각되나, 너무 많은 기준을 적용할 경우 실용적으로 활용하는데 어려움이 있거나, 새로운 광고유형을 포함하는데 복잡함이 따를 것으로 생각되어 단순한 유형분류를 시도한 것이다. 물론 옥외광고를 바라

표 1-18 옥외광고 매체의 종류

구 분	매체명	내 용	비 고	예 시
교통광고	지하철	전동차 차내 및 외부광고		
		지하철 시설물을 이용한 광고		
	버스	버스 차내 및 외부광고		
		버스 시설물을 이용한 광고		

<table>
<tr><th>구 분</th><th>매체명</th><th>내 용</th><th>비 고</th><th>예 시</th></tr>
<tr><td rowspan="3">교통
광고</td><td rowspan="2">택시</td><td>택시 차내 및 외부광고</td><td></td><td></td></tr>
<tr><td>택시 시설물을 이용한 광고</td><td></td><td></td></tr>
<tr><td>기타</td><td>공항 및 철도 중심의 시설물 이용광고</td><td></td><td></td></tr>
</table>

구 분	매체명	내 용	비 고	예 시
옥상광고	전광판	옥상 및 실내 전광판 광고	실내/외	
	빌보드	제작 및 표출 방식에 따른 구분	네온, 플렉스, 화공	
	야립 外	야립을 중심으로 한 매체 소개		
특수매체	이벤트성 매체	워킹비전, 비행선 등 이벤트 연계 매체		
	Space Develop Media	특정 Zone개발 및 연계 매체		

구 분	매체명	내 용	비 고	예 시
특수 매체	경기장 광고	축구, 농구의 A보드 중심 매체		
극장 광고	스크린광고	본 영화 상영 전 표출되는 동영상 매체		
	시설물 광고	극장 시설물을 활용한 매체		

보는 시점에 따라서 다양한 유형 분류기준이 적용될 수 있으며, 그런 다양한 관점의 기준을 포함하지 못했다는 한계점은 있을 수 있다. 그러나 보다 많은 새로운 유형의 옥외광고를 능동적으로 포함하기 위해서는 관대한 기준을 적용하는 것이 적합하다고 생각되었으며, 또한 현업에서 활용하는데 편리성과 실용성을 최대한 살릴 수 있는 방향으로 본 기준을 제시하였음을 참고해 주길 바란다.

03 옥외광고의 역사

3.1 해외 옥외광고의 역사

옥외광고는 광고라는 판매촉진 수단 중에 가장 오래된 매체 유형이다. 광고의 특성이 자신이 판매하고자 하는 제품이나 서비스를 많은 사람들에게 알리기 위한 수단이므로 초기의 옥외광고는 그림이나 문자를 사용하지 않고 판매하고자 하는 상품을 밖에 내놓는 것으로부터 시작되었다고 할 수 있다. 예를 들어 농기구를 파는 경우에는 농기구를 내놓고, 장신구를 파는 경우에는 해당 장신구를 내놓아 간판으로 활용하는 것이다. 따라서 초기의 옥외광고는 어떠한 그림이나 문양을 사용하지 않은 형태에서부터 시작되었으며, 광고의 유형 역시 단순하였다고 볼 수 있다. 그러나 이후 인류가 그림과 문자를 활용하게 되면서 옥외광고 역시 그림과 문자를 활용한 광고가 가능하게 되었으며, 광고의 유형 역시 다양해졌다. 돌(Stone)은 고대에 포스터라는 말로 표현되었으며, 이것이 서양의 옥외광고의 시작이라고 한다. 역사상 가장 오래된 형태의 옥외광고는 고대 이집트(BC 100)에서 노예판매를 위한 목적으로 옥외광고를 사용한 것을 예로 들 수 있으며, 고대 로마의 벽화에서도 옥외광고의 형태를 찾아볼 수 있다. 고대시대의 옥외광고는 이처럼 돌(Stone)에 간단한 문양이나 그림을 새겨 넣는 방법으로 광고물을 표현하였다. 또한 이외에도 로마에서는 송악나무가지를 엮어 걸어 놓은 형태로 주점에서 간판으로 활용한 경우도 발견되었다. 이러한 형태의 간판은 이후 17세기경까지 유럽에서 활용되기도 하였다.

이 후 기원전 300년경에는 바벨론에서 간판으로 추정되는 유물이 발견되기도 하였으며, 이탈리아 봄베이에서도 간판으로 추측되는 유물이 발굴되었다고 전해진다. 한편 일본의 '전통보'에 의하면 현존하는 세계최초의 옥외광고물은 터키 에페소스 항에서 발견되었다고 한다. 이 광고는 "이 도시에서 가장 아름다운 여자가 좌측 모가에 있습니다"라는 광고문구로 구성된 매춘광고였으며, 대리석으로 만들어진 간판 형태의 광고였다(서범석, 2001). 과거의 옥외광고물은 이처럼 간판형태의 광고로서 주점의 처마 밑에 나무나 천을 매달아 놓는 등의 형태로 활용되어왔다.

그림 1-1 문장의 예

중세의 유럽에서는 길드(guild)제도가 도입이 되면서 상공업자의 동업자조직이 생겨났으며, 기사(騎士)의 문장(紋章)이 간판으로 사용되기 시작하였다. 길드제도는 도제제도(徒弟制度)에 의해 발생되어 동업자들 간 경제적 공존과 보호를 목적으로 하는 경우가 많았지만, 이러한 상업적 목적뿐만 아니라, 사회·종교적 성격의 길드도 존재하였다. 그러나 이처럼 다양한 길드 중, 특히 중세도시경제에서 매우 중요한 역할을 했던 것은 상인들에 의해서 결성된 상인길드 및 수공업자들의 동직길드(craft guild) 등을 대표적으로 들 수 있다. 이들은 동업자들 사이 공통된 문장을 사용함으로써 경쟁자들과 차별화할 수 있었다. 문장은 본래 왕·영주·귀족·기사 등의 계층에서 사용해왔으나, 이후 성직자 및 대학, 상공업자의 길드 등도 왕의 칙허를 얻어 사용할 수 있게 되었다. 상공업자들로 형성된 길드에서 문장을 쓰기 시작한 것은 15세기경으로 추정되며, 상인이나 장인(匠人)에게는 독자적인 마크(대개 자신의 머리글자로 된 모노그램)가 있었다. 그러나 개인이 아닌 동업자에 의한 길드에는 국왕이나 기사와 같은 형식의 문장을 사용할 수 있도록 허락되었다. 벨기에의 브루게 등의 도시에는 이러한 길드의 문장이 보존되어 있으며, '코트 오브 암스(coat of arms)', '헤럴드리(heraldry)' 등으로 일컬어진다. 이처럼 문장은 가문이나 특별한 단체(길드)의 권위 등을 상징하고 다른 이들과 차별화할 수 있는 수단으로 활용되어왔으며, 특히 영국은 다양한 문장을 사용한 것으로 유명하다.

한편 미국의 옥외광고 역사를 살펴보면 상당히 빠른 시기에 빌보드 형태의 옥외광고가 활

그림 1-2 초창기 미국의 규격화된 빌보드 형태

성화되었음을 볼 수 있다. 미국에서는 1830년 경 처음으로 빌보드가 등장하였으며, 초창기 빌보드는 서커스를 알리기 위한 포스터(옥외포스터)가 그 시작이라 할 수 있다. 이 시기를 미국 빌보드의 초창기 형태로 볼 수 있는데 당시 옥외광고물들은 대부분 철도역이나 철로주변에 세워졌었다. 이는 상인들이 자신들이 판매하고자 하는 제품을 보행자들의 주목을 끌기 쉬운 도로나 벽면 등에 붙이거나 페인트로 광고내용을 표기하였기 때문이다. 이후 미국에서 빌보드는 지속적으로 성장을 해왔으며 특히 1872년에는 세인트루이스에서 '북아메리카 빌보드협회'가 설립되어 체계를 갖춘 옥외광고의 이익단체가 최초로 설립되었다. 이후 1900년경에는 규격화된 빌보드가 등장하였고, 이 시기에 다국적 브랜드인 '코카콜라'나 '켈로그' 등이 미국 전역을 대상으로 하는 국가적인 빌보드 캠페인을 실행하기도 하였다.

한편 동양에서는 중국 북송시대(기원후 960~1127)의 풍경에서 벽에 걸거나 처마 밑에 매달아 놓은 형태의 간판을 활용하였음을 확인할 수 있으며, 이러한 형태의 간판은 특히 주점의 표시로서 주로 활용되었다. 중국에서는 크게 두 가지 형태의 옥외광고가 활용되었는데, 위에서 설명한 것처럼 벽이나 처마에 매달아 문자를 새긴 형태의 광고는 주로 문화수준이 높은 남쪽지방에서 주로 쓰였던 형태이며 '자오파이'라고 불리웠다. 반면 이와 다른 형태의 옥외광고는 상품을 그대로 밖에 내어놓거나 모형 또는 업종을 상징하는 물품을 내걸어 놓는 유형으로 '왕쯔'라고 일컬어지며, 일반적으로 문화수준이 낮아 문자 해독율이 떨어지는 북쪽지방에서 주로 사용하였다.

일본에서는 에도시대(1603~1867)에 다양한 옥외광고물이 처음 만들어졌으며 옥외광고의 전성시대를 이루었다고 평가된다. 당시 옥외광고물은 다양한 크기와 아이디어를 활용하여 재미있는 형태의 옥외광고물이 가능하였다. 이후 일본에서는 더욱 다양한 옥외광고물이 개발되고 활용되었으며, 1930년에는 네온사인을 활용한 옥외광고물을 사용하기에 이르렀다. 이처럼 동서양을 막론하고 옥외광고는 광고의 가장 초기형태로서 활용되고 진화되어 왔으며, 19세기에 이르러 광고와 장식적 요소가 혼합되어 도시의 미관적인 요소로서 활용되었다. 이후 20세기에 들어서며 네온사인이 개발되어 더욱 화려하게 변화하며 오늘날에 이르게 되었다.

3.2 국내 옥외광고의 역사

우리 나라의 옥외광고 초기형태는 중국에서 활용했던 것처럼 주로 주점이나 상회에서 추녀 끝에 등이나 천을 달아 '주(酒)'자를 써넣어 간판처럼 활용하였던 것과, 이와 함께 천 조각을 이용하여 출입문에 드리워 주막이라는 표시를 했었던 것을 그 시작으로 볼 수 있을 것이다. 우리 나라에서는 옥외광고가 사용되었던 시점은 1894년 갑오경장때에 이르러 본격

그림 1-3 옥외광고 초기형태

적으로 근대적 상업주의가 시작되면서부터로 볼 수 있다. 그러나 본격적으로 옥외광고가 활성화되기 시작한 시점은 일제강점기로 볼 수 있으며, 이 시기에는 기관 및 단체들이 입간판 형태의 옥외광고물을 사용하기 시작하였다. 1910년 일제강점기시대의 서울의 거리모습을 보면 쌀집, 이발소, 한의원을 비롯하여 찻집 등에서 페인트를 사용하여 제작된 간판의 모습을 볼 수 있다. 이 시점을 시작으로 우리 나라의 옥외광고물의 종류와 형태는 매우 다양해졌으며, 현대 옥외광고물의 모습을 갖춰가기 시작하였다고 할 수 있다.

1. 옥외광고 초기(일제강점기~1950)

일제강점기시대의 옥외광고물은 간판부터 신문광고, 입간판 등 다양한 모습을 갖추기 시작하였다. 이때부터 페인트로 제작한 형태의 생활형 간판이 보편화되었으며, 당시 서울의 사진을 보면 이러한 간판이 매우 일반화되어 있었음을 확인할 수 있다.

한국최초의 사진관 간판은 '천연당사진관'의 간판이다. 사진관 자리는 지금 서울의 단성사 부근이었으며 김규진과 박주진이 운영한 최초의 사진관이었다. 당시 '천연당사진관'은 간판의 이용과 함께 신문광고도 활용하였는데(대한매일신보 1907년 9월 26일) '특별염가 불변(不變)색'이라는 헤드라인과 함께, "부인(婦人)은 내당(內堂)에서 부인(婦人)이 촬(撮)하고 출입(出入)이 심편(甚便)"이라는 바디카피를 함께 활용하고 있다.

이처럼 일제강점기에 들어와서 간판사용이 일반화되고 활성화되면서 1925년에는 '조선상공안내'라는 책에서 '간판제작업'에 대한 부분을 특별히 명시하고 있으며, 1927년 '별건

그림 1-4 일제강점기 시대의 서울 간판의 모습

곤'에는 간판품평회에 대한 기사가 등장하게 되었다. 이는 간판이 일반화되던 시기에 간판에 대한 관심이 급증하게 되면서, 간판제작업이 하나의 전문적인 직종으로서 많은 관심을 받게 되었음을 의미한다고 할 수 있다.

이후 1910년 프랑스 파리에서 '제 1회 만국박람회(새로운 공산품을 전시하는 행사로서 국가간에는 산업화 경쟁의 장이었음)'에서 네온사인이 처음 소개된 후, 일본은 1930년 미국 '클라우드네온사'로부터 네온사인의 기술을 전수받아 활용하기 시작하였으며, 이 시기에 우리나라에도 네온사인 기술을 보급하였다. 1938년 2월 26일 신문에 '상점, 상품광고의 새 경향 광(光), 음(音), 동(動) 장식'이라는 기사가 등장하였다. 기사의 내용은 "상점의 광고, 상품광고, 모든 수단을 강구하여 판매 능률을 향상시키지 않으면 안된다. 중소도시에 있는 중정도의 상점, 도매점으로써 가장 수많은 상점을 위하여 동과 광과 음에 대한 광고에 대해 설명하고자 한다 ……(중략)…… 간판과 색채 다음은 광(光)인데 이것도 일반적으로 되어는 있으나 간판으로도 단지 점포명만으로는 재미없다. 이에 동과 광을 가미하기 바란다……."였으며, 간판이 사람들의 이목을 끌기 위한 방법으로서 네온과 소리, 그리고 점등을 반복하게 하여 움직이는 것처럼 보이게 하는 것이 효과적이라는 내용이라 볼 수 있다(서범석, 2001). 이처럼 1930년대 이후의 우리 나라 광고는 네온사인을 활용하게 되면서 더욱 화려해지고 다양해졌다. 또한 광고물을 활용하는 업체 역시 다양해졌으며, 비단 간판 유형의 옥외광고물뿐만 아니라 도심 내 전차 이동선 주변의 대형 지주사인과 옥상광고판에도 설치되어 운영되었다.

간판과 더불어 이 시기의 중요한 광고물로서 극장의 간판광고와 영화 포스터의 등장을 들

그림 1-5 천연당사진관의 간판과 신문광고

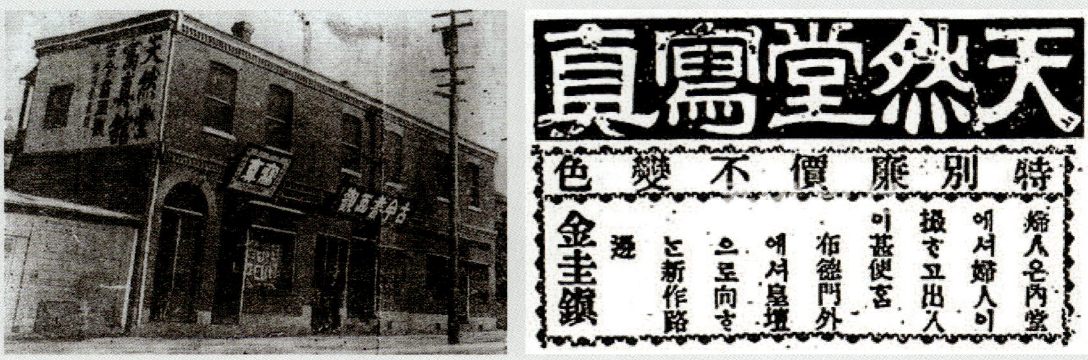

그림 1-6 일제강점기 시대의 네온사인의 모습(대구 북성로의 야간 거리 모습)

수 있다. 극장에서 상영중인 공연의 흥행을 높이기 위해서 극장 앞에 간판형식의 광고물을 설치하였으며 거리에는 더 많은 사람들이 볼 수 있도록 포스터를 붙였다. 극장간판에서도 점차 시간이 지나면서 네온사인을 활용한 간판이 등장하였으며, 과거의 화공간판이 네온사인으로 바뀌는 것을 보면서 사람들은 네온사인이 주목률도 높고 효과도 높은 고급스러운 광고물이라고 인식하게 되었다(심성욱 외, 2012). 이후 해방과 6.25를 겪으면서 혼란스러운 시기를 겪게 되었고 옥외광고 시장은 위축될 수밖에 없었다. 그러나 1953년 휴전으로 도시와 경제가 복구되기 시작하면서 소매상인들을 중심으로 간판의 수요가 급증하게 되면서 다시 옥외광고가 활성화 되었다. 물론 전쟁 직후라는 점에서 열악한 기술과 영세성을 벗어나지 못하였으며, 주변 미관과 기능을 고려하지 못한 단순한 형태의 간판형태가 주를 이루게 되었다. 그러나 1960년대에 들어서면서 경제의 활성화가 본격화되자, 일제강점기에 들여왔었던 네온사인기술과 간판제작기술을 바탕으로 우리 나라의 옥외광고 역사는 이후 빠른 속도로 발전하게 되었다.

그림 1-7 해방 직후 간판의 모습

2. 옥외광고 도입기(1960년~1979년)

우리 나라에서 옥외광고가 본격적으로 등장한 시기는 1960년대를 그 시작이라 할 수 있겠다. 우리 나라는 해방과 6.25를 겪으면서 혼란의 시기를 보냈으며 따라서 1960년대는 아직까지 우리의 기술수준이 미약하였다고 평가할 수 있다. 그러나 1960년대에 들어서면서 산업경제의 부흥이 중요해지고, 자신들의 제품을 판매하고자 하는 기업들이 옥외광고를 집행하기 시작하면서 옥외광고는 빠르게 성장할 수 있었다. 광고는 당시에 가장 호황인 업계가 주도적으로 시장을 이끌어내듯이 이 시기의 옥외광고는 의약품광고가 양적인 면에서 광고계를 주도하고 있었다.

제약회사를 중심으로 한 대형 옥외광고가 종로와 을지로 등 서울 중심가에 설치되기 시작한 것도 이 시기였다. 대표적으로 한강철교변에 설치되었던 유한양행의 광고와, 종로와 을지로 등지에 설치되었던 동아제약 광고 등, 다양한 제약회사의 광고가 설치되었다. 제약회사의 주도로 옥외광고시장은 활기를 띄게 되었으며, 전광판 광고 및 네온사인 광고 등이 활성화되면서 더욱 화려한 형태의 옥외광고가 가능하게 되었다. 특히 기존의 형태와는 다른 선형 네온사인의 등장은 옥외광고가 다양화되었음을 보여주는 한 가지 사례라고 할 수 있다.

표 1-19 1969년 10대 국내 광고주

1	동아제약
2	한일약품
3	한독약품
4	유한양행
5	종근당
6	해태제과
7	럭키화학
8	영진약품
9	일동제약
10	한국화이자

일제강점기시대에 도입되었던 네온사인 광고는 1960년 대 이후 우리 기술로 제작이 가능해졌고, 이를 바탕으로 건물전체를 화려하게 네온사인으로 장식하는 것이 유행처럼 번지기도 하였다. 특히 거대한 면을 전체 네온사인으로 표현하는 면형 네온사인 형태가 보편적인 형태로 활성화되었다. 이러한 면형 네온사인 형태는 당시 일본에서 유행하고 있던 것으로서 하나의 랜드마크로 도시의 미관을 형성하는데 중요한 역할을 한다. 특히 '제일광고네온사'는 65년부터 일본의 '구로도 네온'사와의 기술제휴로 우리 나라에 네온사인의 선진기술

그림 1-8 다양해진 옥외광고의 유형

그림 1-9 네온사인의 활성화

을 도입하여 네온사인의 활성화에 도움을 주었다. 이와 같은 기술제휴를 통해 1969년 부산 시청 앞의 '오리엔트 시계의 회전시계 네온탑'과 1969년 12월 서울 '뉴코리아 호텔' 옥상의 네온탑 등을 비롯한 다양한 네온탑과 옥상간판이 설치되었다.

우리 나라는 5.16 이후 경제부흥이 확산되면서 옥외광고의 형태 역시 소형간판에서 대형 간판으로 점차 변화하였으며, 특히 네온사인을 활용하여 동적인 느낌을 주는 화려한 간판 형태가 다수 등장하였다. 이 시기에 옥외광고물이 다양해지고 많아지면서 옥외광고물을 관리하는 '옥외광고물등단속법'이 제정 · 시행되어 옥외광고물에 대한 법적인 규제가 나타나게 되었다.

이처럼 점점 커지고 화려해진 옥외광고물은 1973년 오일쇼크를 겪게되면서 새로운 국면을 맞이하게 되었다. 오일쇼크로 전력수급에 차질이 생기면서 에너지문제, 자원문제가 하나의 이슈로 떠오르게 되었고 그에 따른 소비절약운동이 시작되었다. 이러한 운동의 일환으로 네온사인을 비롯한 조명광고에 대한 규제가 엄격해지면서 옥외광고는 활기를 잃게 되었다. 또한 오일쇼크를 통해 기업들 역시 불황의 여파가 불어 닥치면서 옥외광고에 대한 회생 또한 어려워지게 되었다. 그러나 이러한 불황속에서도 1974년 제일기획이 SP전담부서를 광고회사 최초로 설립하면서 옥외광고가 광고주로부터 주요 매체로 인정받게 되는 등, 옥외광고에 대한 인식을 제고하게 된 시기였다. 또한 1974년에는 서울시에 지하철 1호선이 개통되면서 처음으로 지하철에도 옥외광고를 실행할 수 있게 되었으며, 당시에는 (주)전홍

그림 1-10 지하철 개통과 교통 옥외광고의 시작

이 지하철공사의 광고를 담당하는 대행사로 선정되었다. 네온사인을 포함한 대형광고들의 규제로 축소되었지만, 지하철과 고속도로 등이 개통되면서 새로운 옥외광고유형이 가능해진 시기였다.

이후 1977년 10월부터 도시미관과 자연보호차원에서 고속도로변의 야립광고와 옥상광고물의 설치가 전면 금지되면서 옥외광고의 활성화에 빨간불이 켜지게 되었다. 1978년에는 도시미관을 해친다는 이유로 많은 옥외광고물이 철거가 되었으며, 1979년에는 옥상 및 야립광고 중 10년 이상된 불법광고물의 단계적인 철거를 시작하여, 1979년 후반에는 야립광고 및 옥상광고가 전국적으로 1,580개만 남게 되었다(서범석, 2001). 이처럼 에너지 절약과 도시미관이라는 두 가지 목적으로 인해 옥외광고는 당분간 정부의 규제를 받아 활력을 잃게 되었다.

3. 옥외광고 성장기(1980년~1997년)

옥외광고에 대한 규제와 철거가 반복되었던 1970년대 이후 1980년대를 맞이하면서 우리나라는 '86아시안게임'과 '88서울올림픽' 등의 대규모 국제행사를 치르게 되었다. 특히 국가적인 각종 지원책이 마련되면서 옥외광고업계는 발전의 새로운 국면을 맞이하게 되었다. 1980년 '옥외광고물관리법'이 제정되고, 옥외광고물에 대한 관할 관청이 경찰에서 내무부

그림 1-11 트라이비전의 예

로 변경되면서 옥외광고에 대한 규제가 관리라는 차원으로 변화하게 되었다. 한편 서울시의 경우 '광고물등관리법시행규칙'이 서울특별시 규칙으로 공포되었으며, 설치 금지령으로 묶여있던 네온 및 조명광고가 관광진흥 차원에서 부분적으로 허용되기도 하였다. 또한 86년 아시안게임, 88서울올림픽 등의 국제적인 이벤트를 준비하는 과정에서 옥외매체가 기금광고라는 이름으로 한시적으로 허용되었다. 1982년에는 네온규제가 관광진흥차원의 단순네온에 한해 부분적으로 해제되어 병원, 약국, 호텔, 역, 터미널 등의 공공건물에 한해서 설치가 허용되었다. 1984년에는 삼각기둥이 연달아 설치되어 1개의 화면을 구성하는 형태인 트라이비전 광고가 새롭게 등장하게 되었다. 기둥의 화면을 회전함에 따라 3개의 화면을 1개의 옥외광고 구조물을 통해 노출할 수 있는 형식의 광고로서 당시에는 새로운 유형의 옥외광고로 주목을 받았다. 1986년 아시안게임을 치르고 난 이후, 1987년에는 고시로 네온광고의 금지가 해제되었으며, 이후 1989년에는 부분적으로 허용되었던 네온 및 옥상광고가 상업지역에서는 전면적으로 허용됨에 따라 옥외광고의 성장과 활성화가 빠르게 이루어졌다.

이후 1993년 대전엑스포, 1995년 광주 비엔날레, 1997년 무주 동계유니버시아드 등의 대규모 국제행사를 치르기 위한 기금광고가 허용되어 한시적으로 활용되었다. 특히 1993년 대전엑스포를 지원하기 위해 네온사인, 애드벌룬광고, 차량탑재 영상광고, 레이저광고, 서치비전 등의 다섯 종류 엑스포기금조성 광고가 허가되었다. 이 당시 국제적인 관심이 고조되는 행사에 광고를 집행하기를 원하는 광고주가 많아짐에 따라 한정된 수량이었던 고속도로 광고물량이 부족해지는 현상이 나타나기도 하였다. 또한 유연성 원단 소재(Flex)와 대형 실사출력기가 개발됨에 따라 실사 비주얼시대가 도래하게 된 것도 이 시기의 특징이라 할 수 있다. 실사연출기법의 등장은 옥외광고에 대한 광고주들의 관심과 인식을 높이는 기회가 되었으며, 단순한 노출에서 메시지 및 이미지를 전달할 수 있는 하나의 광고매체로 전환하는 계기가 되었다. 한편 이 시기에 조선일보 사옥 벽면에 전광판이 설치되면서 언론사들의 전광판 광고가 서울 곳곳에 등장하게 되었다.

또한 이와 더불어 풀컬러 전광판이 등장하기도 하였다. 전광판 광고는 1995년 본격화되기 시작한 이후 만 2년이 채 못 되어 전국에 100개 이상 설치되면서 활성화되었다. 풀컬러 전광판이 급성장하게 된 바탕은 LED 소재의 개발이라는 기술적인 바탕도 있으며, 네트워크의 발전으로 인해 초대형 동영상을 제공하는 것이 가능해졌기 때문이다.

한편 교통광고시장의 성장 역시 집중되었다. 버스 및 택시, 지하철광고는 날로 커져갔고, 특히 지하철은 5호선까지 개통되면서 매우 많은 양의 광고물량을 수용할 수 있는 매체로 인식되었다. 특히 많은 유동인구를 자랑하는 지하철의 특성과 저렴한 광고비는 광고주에게 매우 매력적인 광고수단이 되었으며, 이러한 이유를 바탕으로 교통광고는 날로 성장할 수 있었다. 지하철과 택시, 버스의 광고는 지하철 역사와 버스쉘터 등 교통수단을 이용할 수 있는 장소에서도 활성화되었다. 또한 아시안게임 및 올림픽, 그리고 프로야구의 개막 등 다양

그림 1-12 1982년 프로야구 개막과 A보드 광고

한 스포츠가 활성화됨에 따라 스포츠 경기장 내에도 옥외광고가 등장하게 되었다. 지금도 쉽게 볼 수 있는 경기장 A보드 광고 및 전광판 광고 등은 스포츠 경기의 인기가 높아져감에 따라 광고주의 관심도 높아지게 되었다.

이처럼 성장기의 옥외광고는 그 유형의 다양화와 함께 양적으로도 큰 성장을 보이게 되었다. 또한 다양한 소재의 개발로 인해 옥외광고의 주목률이나 효율성 면에서도 질적 성장을 보였다고 평가할 수 있다. 국내 옥외광고 역사상 가장 많은 성장률을 보이며, 활발한 매체개발과 참여가 이루어졌던 시기이다. 이 시기에는 이러한 양적 질적 성장과 함께 옥외광고가 하나의 광고매체이며 산업으로 정착이 되는 계기가 되었다. 또한 광고대행사에서도 옥외광고에 대한 전문성이 필요하다는 인식이 높아졌으며, 광고주 역시 기존 옥외광고에 대해 가지고 있던 이미지를 변화하게 되는 시기였다. 그러나 이러한 성장 이후 1997년 IMF가 시작됨에 따라 전 업종의 불황으로 인해 옥외광고 역시 성장이 주춤하게 되었다.

4. 옥외광고 성숙기 및 디지털사이니지 도입(1998년~현재)

1997년 외환위기는 국내 산업전반에 많은 영향을 끼쳤으며, 국내 대부분의 산업이 위축됨에 따라 옥외광고 회사들이 경영상의 어려움을 겪게 되었다. 이로써 옥외광고시장은 크게 위축되었는데, 그러한 어려움 중에서도 난립하던 시장구조가 재편되고 옥외광고 매체의 효과를 높이는 등의 긍정적인 결과도 있었다고 평가된다. IMF 이후 1999년, 국내 산업전반에 다시 경기가 회복되면서 옥외광고가 다시 활성화되기 시작하였다. 그러나 기존의 옥외광고와 달리 여러 외국광고대행사가 국내로 진출하기 시작하면서 옥외광고도 합리적이고 체계적으로 집행되어야 한다는 인식이 확산되기 시작하였다. 이로써 옥외광고는 획기적인 아이디어로 매체를 개발하고 가격대비 효율성을 높일 수 있는 방향으로 진화하기 시작하였다. 기존에는 네온 옥상광고 등, 화려하고 규모가 큰 옥외광고에 대한 관심이 집중되었다면 이 시기부터는 효율적인 메시지를 전달할 수 있는 버스, 지하철, 공항, 고속도로 등 단기캠페인에 효과적인 장소를 활용하고, 자신의 메인타겟에게 집중할 수 있는 옥외광고 매체에 대한 관심이 높아졌다.

2000년부터 정부의 벤처기업 육성정책과 IT산업이 활성화되면서 옥외광고시장이 다시 활기를 찾게 되었으며, 다양한 형태의 옥외광고들이 시도되었다. 특히 2001년부터는 지하철과 공항 등의 교통광고가 호황기를 맞게 되었다. 2001년 인천국제공항이 개항되었으며,

그림 1-13 지하철과 건물의 래핑광고

2기 지하철의 완전개통 등 교통시설물이 확대되면서 교통 옥외광고의 활성화에 도움을 주었다.

2002년에는 한일월드컵이라는 국제적 스포츠이벤트를 개최함으로써 옥외광고 시장뿐만 아니라 광고시장 전반의 성장에 좋은 기회가 되었다. 특히 건물 외벽전체를 이용한 래핑광고나 다양한 크리에이티브가 시도되었던 옥외광고의 등장은 옥외광고 다양성 측면에서 긍정적인 영향을 미쳤다고 볼 수 있다.

한편 옥외광고특별법은 1986년 아시안 경기대회를 지원하기 위해 발효된 이후 2004년 대구유니버시아드 대회를 지원하기까지 특별법으로 계속 연장되어 왔으나, 2006년 이후 특별법의 기한이 종료됨에 따라 실행되지 않다가 2010년 다시 부활했다. 이로인해 옥외광

그림 1-14 서울스퀘어빌딩 미디어파사드(좌), 강남대로 미디어폴(우)

그림 1-15 새로운 광고유형 '디지털사이니지'

고시장이 다소 위축되는 모습을 보이기도 하였으나, 2006년 이후 디지털사이니지 등 다양한 광고유형이 등장함으로써 옥외광고가 도시dml 미관을 구성하는 중요한 요소로서 인식하게 만드는 계기가 되었다. 디지털사이니지의 등장은 옥외광고에도 양방향성이 도입되었다는 것을 의미하며 옥외광고의 효과를 높이는데 큰 역할을 하였다고 할 수 있다. 특히 소비자의 생활환경변화와 스마트미디어의 등장으로 인해 광고의 양방향성과 디지털화가 일반화된 시기에, 옥외광고의 이러한 변화와 흐름은 소비자의 주목률을 높이는데 도움이 되고 있으며, 다양한 크리에이티브가 가능해졌다는 점에서 옥외광고의 진화라고 평가할 수 있겠다. 이처럼 옥외광고 역시 소비자와 상호작용할 수 있는 특성을 강조하면서, 다양한 스마트미디어를 유기적으로 활용할 수 있는 방향으로 진화하게 될 것이라 예상된다.

LOCK

제2장 옥외광고의 특성

전체적인 마케팅활동의 틀 안에서 옥외광고가 차지하는 위치를 정확히 파악함으로써 효율적이고 과학적인 광고기획과 집행이 이루어질 수 있을 것이다. 이를 위하여 전통매체와 비교하여 옥외광고가 갖고 있는 여러 가지 차별적인 특징을 살펴 볼 필요가 있다. 우선 옥외광고는 매체의 지역적인 특성으로 인하여 세분화된 수용자들을 대상으로 커뮤니케이션이 이루어지며, 외형적 형태만으로도 광고 크리에이티브의 영향력이 높다고 할 수 있다. 또한 매체의 위치와 크기, 기술력을 활용한 매체의 높은 주목률과 광고계약의 탄력성도 다른 매체와 구별되는 특징을 갖는다.

01 옥외광고의 포지셔닝

우리, 아니 내가 일상에서 사용하거나 구매하는 제품 군은 수 없이 많을 것이다. 또한 그러한 제품군들마다 가장 먼저 내 머리속에서 1순위 또는 2순위로 떠오르는 브랜드들이 존재할 것이다. 이것을 인지맵이라고 하는데 지각 사다리(Cognitive ladder)라고도 한다.

당신의 머리속에는 어떤 콜라가 살고 있는가? 뜨거운 7월의 학교 운동장을 생각해 보라. 내리쬐는 태양아래 섭씨 30도를 넘나드는 열기속에서 격렬하게 농구게임을 하고 난 뒤 타는 듯한 갈증을 해소하고자 원할 때, 당신은 무엇을 마시겠는가? 물, 아니면 기능성 음료, 아니면 콜라? 당신이 만약 시원한 콜라를 마시겠다고 결정하였다면 어느 브랜드가 가장 먼저 머리속에서 떠오르는가? 코크 아니면 펩시 또는 815, 아니면 콤비콜라…….

누구나 소비자의 머리속에는 인지 맵(Cognitive map)이라는 것이 있다. 이는 특정한 브랜드를 떠 올리기까지 부지불식간의 시간이 필요할 때도 있고 때론 생각보다 많은 시간이 필요할 때도 있다는 차이만 있을 뿐, 사람이라면 누구에게나 동일하게 나타나는 지각현상인 셈이다. 바로 이 점이 광고주들로 하여금 많은 비용을 들여 광고를 하는 가장 큰 이유 중의 하나이다. 바로 인지 맵 상에서 1등을 차지하기 위한 커뮤니케이션 도구가 광고인 셈이다. [그림 2-1], [그림 2-2], [그림 2-3]은 이러한 인지효과를 얻기 위하여 활용된 옥외광고의 예를 보여주고 있다. 특히 [그림 2-3]은 프랭클린 플래너가 2000년 11월부터 2008년 5월까지 브랜드 인지도와 NO.1 브랜드로서의 이미지 제고를 목표로 집행하였던 지하철 차내

그림 2-1 콜라 런칭 캠페인

'코크제로' 스쿠터광고, 강남역주변

'킨제로' 벽면래핑광고, 강남역 씨티극장

광고 캠페인의 예를 보여주고 있다.

이러한 인지 맵은 포지셔닝(Positioning)과 밀접한 연관이 있다. 쉽게 말해 포지셔닝이란 고객들의 인지 맵속에 자신의 브랜드를 어디에 위치시키느냐를 결정짓는 과정과 방법을 말하는 것이다. 사전적 의미로 보면 '포지셔닝이란 시장지위정립이라고 번역할 수 있으며 광고가 소비자의 마음(mind)속에서 제품의 위치(position)를 결정하기 위해 사용되는 것 또는 제품이 시장에서 소비자에 의해 경쟁제품에 비하여 지각되는 방법을 말하는 것이다. 한 제품의 시장지위(position)란 제품이 기업 내의 다른 제품 또는 경쟁제품에 비하여 소비자의 마음속에 투영되는 이미지'라고 할 수 있다. 이러한 포지셔닝의 전제는 과도화된 커뮤니케이션(over communication)사회에서 광고가 성공하기 위해서는 소비자의 마음속에 전문영역(niche)을 창출해야 한다는 것이다. 이는 소비자의 마음이 흡수하고 처리할 수 있는 정보량에는 한계가 있기 때문에 단순한 광고활동만으로는 제품을 두드러지게 할 수 없다는 의미까지 내포한다. 따라서 통합적 커뮤니케이션(IMC, Integrated Marketing Communication)이라는 개념의 등장으로 광고와 홍보, 그리고 이벤트, 프로모션 등을 전략적으로 융합하여 메시지 전달의 시너지 효과를 창출하고자 하는 것이다. 다양한 매체의 등장으로 1일 3천 건 이상의 광고를 부지불식간 접촉하는 현대인들에게 어찌보면 당연히 필요한 도구가 아닐 수 없다.

그림 2-2 리바이스 신제품 런칭 캠페인

코엑스몰 밀레니엄광장 원형쇼케이스

극장 엘리베이터 래핑광고

이와 같이 소비자들의 인지 맵속에서 특정 브랜드를 가장 먼저 떠 올릴 수 있게 만드는데 필요한 도구 중의 하나가 광고임을 살펴보았다. 그렇다고 이 자리에서 어떤 방법들이 소비자들의 인지 맵에 내 브랜드를 포지셔닝시키느냐를 알아보려는 것은 아니다. 다만, 이러한 포지셔닝을 이루기 위해 옥외광고가 해야 할 역할, 어찌보면 옥외광고의 전체 마케팅 툴 상에서의 위치를 정확히 파악함으로써 좀 더 효율적이고 과학적인 기획과 집행을 꾀하는 데 목적이 있다.

그림 2-3 한국성과향상센터 플래너 고지 캠페인

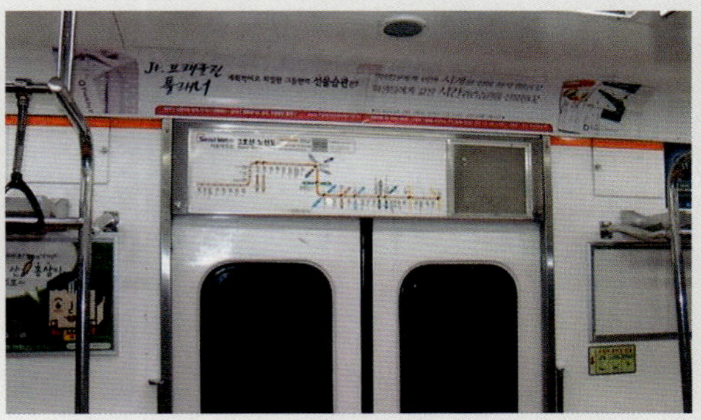

광고업에 종사하거나 심지어 옥외광고 업계에 종사하는 광고인도 옥외광고의 위치를 정확히 이해하는 사람이 드문 것 같다. 적어도 광고주(대행사포함)에게 옥외광고의 정확한 이해와 접근을 위한 기본적 설명이 필요하다. 우리 나라는 족보를 중요시 하는 민족이다.

자기의 근본을 정확히 앎으로 인해 자아정체성 확보와 선조들의 교훈과 업적을 기리고 자신뿐만 아니라 후손에게도 좋은 본보기를 삼고자 함을 모르는 이는 없을 듯하다. 마찬가지로 옥외광고에도 당연히 이러한 족보가 존재한다. 일명 가계도라는 것인데, 이러한 구도를 잘 이해한다면 다양한 커뮤니케이션 툴의 활용과 옥외광고 역할에 대한 충분한 이해가 될 것이다.

[그림 2-4]에 제시된 것과 같이 옥외광고의 위치 파악에 있어서 가장 상위의 개념은 마케팅이다. 옥외광고 기준으로는 증조할아버지 격이 되는데, 우리가 알고 있는 4P(제품, 가격, 촉진, 유통)라는 자식들이 있다. 여기서 촉진(Promotion)은 바로 옥외광고의 할아버지격인 커뮤니케이션(Communication)을 의미한다. 그리고 이 커뮤니케이션 아래, 옥외광고의 아버지격인 광고와 홍보, 이벤트, 프로모션, DM 등의 삼촌들이 존재한다. 바로 앞서 언급한 통합적 커뮤니케이션에 등장하는 개념들이다. 그리고 비로소 광고라는 아버지 아래 옥외광고가 위치하는 것이다. 다시 정리하자면, '마케팅-커뮤니케이션-광고-옥외광고'의 구도인 것이다.

어쨌든, 우리가 지금까지 다루고 언급했던 모든 옥외광고에 대한 내용은 바로 이러한 구

그림 2-4 옥외광고의 가계도

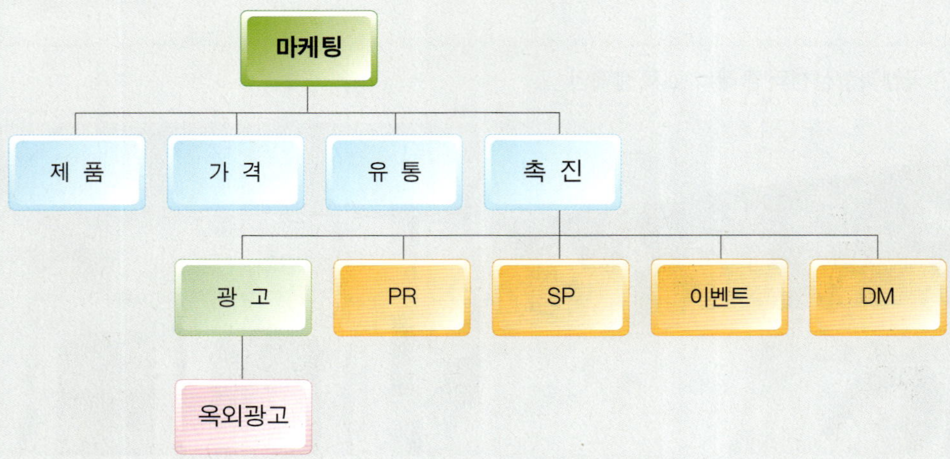

조 속에서 살아 숨쉬고 있었다. 또한 옥외광고 역시 매체와 Sign이라는 형제로 이루어져 있고, 각각의 분야에서 지속적인 연구와 적용을 통해 소비자들에게 광고주가 전하고자 하는 메시지를 잘 담아내고 있는 것이다. 하지만, 위에서 살펴 본 가계도에 대한 정확한 이해가 없다면 우물 안 개구리처럼 코앞에 주어진 일만 처리하기에 급급할 수도 있음을 간과해서는 안 될 것이다. 적어도 광고주가 진행하고 있는 캠페인의 마케팅목표가 무엇이고, 또한 커뮤니케이션의 목표가 무엇인지, 4대 매체들의 광고방향과 목표는 무엇인지를 알 수 있고, 알고 있다면 옥외광고에서 해야 할 정확한 역할수행이 그만큼 힘이 있고 능동적일 것임을 어느 누구도 부인할 수 없을 것이다. 따라서 이러한 노력들이 좋은 결실을 맺는다면 앞서 이야기 했던 것처럼 내가 서비스하는 광고주의 특정 브랜드가 소비자들의 인지 맵, 인지 사다리 상에서 가장 기억하기 쉽고 빠른 상위에 위치할 것임은 자명하다.

이상과 같이 옥외광고의 위치를 알아보았다. 이제 옥외광고가 4대 매체를 포함한 다양해진 매체들과 겨루어 가장 좋은 위치에 광고주 머리속에 위치시키기 위하여 노력을 경주해야 할 것이다. 바로 그 길이 옥외광고의 재도약의 시발점이 될 것이다.

02 옥외광고와 목표청중

'소비자는 왕이다'라는 문구를 들어 보지 못한 사람은 없을 것이다. 단순히 제품을 많이 구매해 주는 소비자가 최고라는 의미를 넘어서 '소비자 주권시대'로 대변되는 오늘날 그 중요성을 더하고 있다. 마케팅과 커뮤니케이션, 그리고 광고에서도 소비자라는 용어가 자주 등장하는 것을 보면 쉽게 이해할 수 있을 것이다.

하지만 우리가 위에서 잠깐 언급했던 모든 사람이나 소비자가 내 제품이나 서비스의 대상이 되지는 않는다. 물론 전 연령대와 남녀노소를 구분하지 않고 수요가 있는 제품도 있을 것이다. 그렇다 하더라도 결국 해당 제품을 구매하는 사람이 엄연히 존재함은 모든 소비자가 내 제품이나 서비스를 사주지는 않는다는 것이다. 따라서 기업들은 자사제품을 사용하거나 구매 할 사람들을 따로 규정하고 정의한다.

바로 이러한 관심들이 소비자에 대한 연구와 분석을 통해 광고에 있어 'Target'이라는 용어를 탄생시켰다. 즉, 소비자로 일컬어지는 '대중'을 '타깃'으로 정의되는 '분중'으로 세분화한 것이다. 따라서 광고의 콘셉트나 메시지는 구분된 타깃의 성향과 취향에 맞도록 조정된다. 또한 이는 매체에게도 적용되어 가장 효과적으로 광고메시지를 전달할 수 있는 매체를 선별하는 기준이 되기도 한다.

이른바 매스미디어로 불리는 대중매체는 남녀노소를 구분하지 않고 불특정 다수에게 메시지를 전달할 수 있는 매체를 말하는데 4대 매체 중 TV와 라디오 등이 여기에 해당된다. 반면 세분화된 매체(segmented media)로 명명되는 매체들은 특정 집단이나 수용자들에게 메시지를 전달할 수 있는 구분된 매체를 의미하는데, 전문잡지나 케이블TV 채널 등이 여기에 해당된다.

이에 비하여 옥외광고매체는 지역성과 고정성이라는 물리적 특성을 토대로 세분화된 타깃에게 집중적인 광고메시지 전달을 가능케하는 특성을 지니고 있다. 물론 전광판이나 옥상 및 야립 광고물들처럼 불특정 다수에게 메시지 노출을 가능케하는 매체들도 있음을 간과하지는 않았으면 한다.

어쨌든 새로운 제품과 서비스의 탄생 배경에는 소비자가 있다. 그리고 모든 기업들이 소비자의 니즈를 통해 마케팅활동을 유지해 나갈 것이다. 옥외 매체 역시 소비자들의 라이프스타일과 사이클의 변화로 점점 대중에서 분중들을 대상으로 한 매체개발을 부추기고 있는 것이 사실이다. 특히 요즘 새롭게 부상하고 있는 스페이스 광고매체들이 이러한 배경 속에서 탄생한 주요 매체들인데, 가장 대표적인 장소인 극장과 대규모 쇼핑몰 등이 이에 해당된다. 광고주들이 젊은 소비자들을 타깃으로 선정하고 커뮤니케이션을 하기 원할 때 가장 선호하는 장소이기 때문에 자연스럽게 매체개발의 동기를 부여하게 된 셈이다. 따라서 현재 해당 장소엔 많은 매체들이 개발, 운영되고 있다.

한편 중고교, 대학교 역시 명확한 타깃을 정의하고자 하는 광고주에겐 인기있는 장소가 되기도 하여, 매체사들의 매체개발노력이 제한적이지만 과거에도 진행되었었고 현재도 진행 중이다. 이는 소비자 아니 타깃이 모이는 장소라면 어디든 새로운 매체개발을 위한 충분한 가능성이 열려있다고 볼 수 있으며, 관심있게 지켜 볼만한 가치가 있다고 할 수 있다.

소비자들의 라이프스타일과 생활반경이 점점 집밖으로 확대됨에 따라 4대 매체를 중심으로 한 매체 커버리지가 약해지고 있다. 옥외매체는 변화하는 소비자의 트렌드를 반영하여 다양한 형태로 변화하고 개발되고 있다. 최근에는 옥외광고가 BTL의 첨병 역할을 톡톡히 해 내고 있어 그 발전 가능성과 시장성은 무한하다고 할 수 있다. 여기에 명확한 타깃을 목표로 하는 광고주들의 매체집행 성향으로 볼 때 점점 지역화와 특수화가 보편화 될 것으로 예측된다. 실제 코엑스몰의 경우 초기 오픈시점에 비하면 매체의 수가 급속도로 증가하여 현재는 거의 포화수준을 보이고 있다. 이는 높은 광고료에도 불구하고 자사의 타깃에게 강력하게 소구할 수 있는 매체라면 과감하게 투자하겠다는 광고주의 의지를 확인할 수 있는 대목이다. 코엑스의 경우 코엑스몰의 등장으로 과거 직장인들 위주의 장소에서 중, 고등학생 및 대학생 등 젊은이들의 문화공간으로 탈바꿈함으로서 성공적인 리포지셔닝을 이룬 대표적인 사례이다. 또한 강남역의 경우도 전통적 젊은이들의 여가 공간으로 삼성 본사가 이전해 옴으로써 광고주들의 주목을 새롭게 받고 있다. 어찌보면 옥외광고 매체와 타깃을 이야기할 때엔 소비자뿐만 아니라 지역이라는 공간적 개념도 동시에 고려해야 하는 중요한 요소일 것이다. 따라서 광고주들의 실제 매체집행 시 우선 고려 대상이 메시지 노출의 대상이 되는 타깃과 그들의 이동 동선이 되는 장소까지 포함된다고 보면 좋을 것이다.

좋은 콘서트의 경우 공연 대다수가 대학생과 젊은 직장인을 대상으로 하다 보니 광고 역

그림 2-5 '좋은 콘서트' 공연 지하철 캠페인

공연명 : 2007년 '시월에 눈내리는 마을', 장소 : 연세대 노천극장, 운영매체 : 홍대입구역 스크린도어

시 전체적인 마케팅 타깃과 일치시켜 메시지 노출을 극대화 할 수 있는 매체운영을 고려하게 되었다. 광고 타깃이 되는 소비자와 그들의 라이프사이클 상 이동경로를 믹싱한 매체확보가 필요했다. 물론 예산에 대한 현실적 요소가 더해지며 좀 더 명확한 선택이 필요했다. 또한 제품 특성 상 공연장소와의 연계까지 고려해야 했으므로 신중에 신중을 더할 수 밖에 없는 상황이 연출되었다. [그림 2-5]와 같이 최종적인 선택은 공연장인 신촌의 연세대와 젊은이라는 타깃, 그리고 제한적 예산 등을 고려하여 홍대입구역 스크린도어 광고매체를 선택, 운영하였다.

한편 [그림 2-6]과 같이 오디언닷컴의 경우도 '듣는 책과 MP3'라는 마케팅 콘셉트에 발맞추어 광고 매체운영에서도 출, 퇴근 및 통학이라는 점을 연계, 매체선택을 하게 되었다. 물론 젊은이라는 타깃으로 보면 좀 더 젊은 사람들이 많이 모일 수 있는 장소가 섭외 1순위였겠지만 이동 중 서비스를 이용한다는 점이 더욱 부각되어 지하철이라는 대중적 교통수단을 택하게 된다. 물론 세부적인 매체운영에 있어 크리에이티브를 접목하여 많은 주목률을

그림 2-6 오디언닷컴 지하철 캠페인

광고주 : 오디언닷컴, 매체명 : 지하철 2호선 차내 광고 - 모서리형+액자형+하단스티커형

보여 준 사례로 우리들의 기억에 남을 만한 캠페인이 되었다. 이는 대중적 공간이라도 어떤 용도와 수단으로 사용하느냐에 따라서 충분히 차별화 할 수 있음을 보여주는 좋은 사례가 되었다.

마지막으로 [그림 2-7]은 리바이스의 캠페인을 보여주고 있다. 타깃과 지역과 크리에이티브와 주목률이라는 것이 조화를 이루어 훌륭히 캠페인을 마치게 된 사례인데, 코엑스몰의 환경조성이라는 틈새와 원형 쇼케이스라는 특수성, 그리고 타깃이라는 3박자가 정확히 시너지 효과를 이룬 대표 사례가 되었다. 또한 강남지역에 위치한 극장을 활용, 스크린광고와 내부 엘리베이터 래핑광고를 통해 젊은이라는 타깃에 부합한 매체로 거듭나게 되었다.

위에서 살펴 본 것처럼 옥외매체에 있어 타깃의 역할은 그 자체로도 중요하지만 최종적으로 매체를 선정하는데 있어 중요한 요인이 되고 있음을 알 수 있었다. 따라서 좀 더 세분화되고 구체화되는 소비자와 타깃에 대한 이해가 더욱 필요할 것 같다.

그림 2-7 리바이스 코엑스몰 특수매체 캠페인

광고주 : 리바이스, 매체 : 코엑스몰 원형쇼케이스

03 옥외광고와 크리에이티브

TV, 신문, 라디오, 잡지 등 4대 매체는 매체의 외형적 특성보다는 그 안에 담아내야 할 메시지에 집중함으로써 의미 있는 독창적인 크리에이티브가 탄생한다. 메시지를 담는 그릇인 미디어도 중요하지만 메시지 그 자체가 중요하다는 이야기일 것이다. 반면, 옥외매체는 크리에이티브의 관점에서 바라보면 4대 매체와는 그 해석방법이 조금 틀릴 수 있다. 4대 매체와는 달리 관심의 대상이 메시지보다는 매체의 물리적 특성에 있다는 것이다. 따라서 일반적으로 크리에이티브를 적용하여 말할 때면 거의 대다수가 옥외매체보다는 4대 매체로 그 범위를 한정 지어 언급한다. 이는 4대 매체에 오랜 시간 동안 익숙해진 영향도 있겠지만 각 매체의 특성이 상이하기 때문이다. 쉽게 말하면, 옥외매체는 외형적 형태 그 자체만으로도 영향력 있는 크리에이티브가 된다는 것이다. 따라서 광고주들의 옥외광고에 대한 이슈는 얼마나 독창적이고 새로운가 하는 것이다. 바로 이러한 관점으로 아래에 소개하는 SM3의 매체운영을 보면 2006년과 2007년의 매체운영에 대한 차이점을 발견할 수 있을 것이다. 2006년은 기존의 정형화된 매체운영이 주류를 이루었다면, 2007년은 매체 그 자체가 소비자들의 눈을 자연스럽게 이끄는 새로운 매체로써 운영되어졌기 때문이다. 물론 그렇다고 옥외광고 매체 모두가 외형적 크리에이티브만을 추구하는 것은 아니다. 기존매체라 하더라도 해당 매체의 특성에 맞게 창의적인 아이디어로 소비자를 주목시키는 경우도 상당히 많은 것이 사실이다. 다만 지하철과 같이 기존매체가 범람하고 매체혼잡현상(media-clutter)이 빈번히 발생하는 현장에선 새로운 형식의 매체개발이 절실할 수 있다는 것이다.

옥외광고의 효과적인 크리에이티브 구현의 사례는 자동차 업계에서 찾아볼 수 있다. 국내 자동차 시장이 현대를 중심으로 한 기존체제에서 수입차들의 공격적인 마케팅활동으로 다변화 되어가고 있다. 단적인 예로 현대자동차의 독주 시장체제에서 10%대를 상회하는 수입차 시장점유율로 인해 그 열기가 후끈해 진 것이다. 또한 과거 대형차 중심의 고가 마케팅 일변도에서 20, 30대의 젊은층을 타깃으로 하는 저가 마케팅이 그 열기를 더해 가고 있음을 주지할 필요가 있다. 따라서 수입차와 국내 상용차 간의 다양한 모델 출시와 다양한 판매 방식 등 그야말로 총성없는 자동차 마케팅전쟁이 시작되었다. 지금부터 소개할 사례는 최근 더욱 치열해진 국내자동차와 수입자동차 경쟁시장에서 경쟁력 있는 커뮤니케이션 활동의 신호탄을 올렸다는 점에서 주목할만하다.

흔히 'SM3와 고스트의 대결'이라는 슬로건을 내걸었던 SM3 캠페인을 살펴보기로 한다. SM3는 삼성자동차(현, 르노자동차)에서 출시되는 차량 중 20~30대를 타깃으로 하는 엔트리

그림 2-8 SM3 2006년 지하철 매체운영

종각역 와이드 컬러

삼성역 와이드컬러

명동역 라이트박스

홍대역 와이드컬러

압구정역 회전기둥 와이드컬러

강남역 와이드컬러

카(entry car)의 대표모델로 공격적인 커뮤니케이션 활동을 통해 젊은층의 호응과 참여를 유도코자 했다. 사실 SM3의 젊은층 대상 캠페인은 2006년도부터 본격화되었다. 2006년 당시 마치 한 편의 영화를 연상케 하는 스토리와 톤 앤 매너(tone & manner)로 호기심을 불러일으켰다. 따라서 TV를 중심으로 극장 스크린광고를 추가투입, 매체운영을 전개해 나갔다. 또한 극장의 경우 스크린광고 외에 주요 동선 벽면에 래핑을 함으로써 시너지 효과를 유발토록 하였다. 여기에 온라인 프로모션을 동시에 진행하기로 해, 좀 더 다양한 커뮤니케이션 도구가 필요하게 되었다. 즉, 젊은이들이 주로 이동하는 동선을 확보함으로써 온라인 프로모션에 대한 참여고지를 극대화시킨다는 것이었다.

한 달 동안 진행되는 캠페인을 위해 [그림 2-8]에 소개된 것처럼 20~30대의 가장 대표적인 교통수단인 지하철광고에 참여키로 한다. 다만 영화같은 소재를 생동감 있게 전달하기 위해 영화광고들이 많이 활용하는 매체, 임팩트 있는 메시지 전달을 위해 와이드칼라를 중심으로 운영하기로 했다. 따라서 주요역사 주요위치의 와이드칼라를 적극 활용하기로 했다. 강남, 삼성, 을지로입구 등 2호선 상의 주요역사와 압구정역 등 1~4호선 주요역사에 매체를 전진 배치하여 메시지 노출의 극대화를 꾀했다. 특히 명동역의 경우 기존 지하철 역사 내의 매체가 여의치 않아 새롭게 개발되어 라이트박스 참여를 유도했는데, 밀레오레 방향으로 나가는 주요 이동 동선으로 메시지 노출에 대한 높은 기대치를 갖게 했다.

2006년의 뒤를 이어 2007년에도 SM3는 20~30대의 젊은층을 대상으로 또 한 번의 캠페인을 전개한다. '따라올 수 없는 민첩함'이라는 콘셉트로 역시 영화의 한 장면을 연상케 하는 비주얼로 사람들의 시선을 확실하게 끌고 있다. [그림 2-9], [그림 2-10]에서 볼 수 있듯이 TV와 극장 스크린광고 중심의 운영을 통해 젊은층의 엔트리카(entry car)로써의 입지를 더욱 견고히 하기 위한 캠페인이었다. 2006년도와 차별화된 것이 있다면 옥외매체의 다양한 운영일 것이다. 우선 클래식한 매체활용은 피하기로 했다. 물론 타깃의 주요 이동 동선에 적합하게 지하철이라는 테마는 그대로 활용하지만 동영상 비주얼에서 보여 주듯이 SM3와 리어등 불빛의 역동성을 좀 더 생생하게 전달할 매체운영이 필요하게 되었다. 리어등 불빛이 차를 바짝 뒤쫓아 가는 장면을 연출해 내기 위해서는 좀 더 규모있는 매체가 필요했다. 또한 작년과는 달리 캠페인 시점이 대학생들의 방학과 맞물려 극장에 대한 매력이 더욱 주요했다.

따라서 극장 내에서 활용할 수 있는 다양한 매체운영이 필요했다. 스크린도어와 지하철역사 래핑은 작년에 집행했던 지하철 와이드칼라와는 상당히 차별화된 느낌을 전달할 수

그림 2-9 SM3 2007년 지하철 매체운영

광화문역 래핑

광화문역 래핑

강남역 스크린도어

교대역 스크린도어

그림 2-10 SM3 2007년 극장 매체운영 (강남 시너스G 브랜드관)

그림 2-11 SM3 2007년 극장 매체운영 (주요 메가박스 상영관)

있었다. 특히 광화문 역사 래핑의 경우 규모뿐만 아니라 역사와 연결통로까지 확장함으로써 임팩트있는 메시지 전달을 가능케 했다. 또한 [그림 2-10]과 [그림 2-11]과 같이 극장 내부 래핑의 경우 메가박스의 엘리베이터 래핑뿐만 아니라 강남에 있는 시너스G(현, 메가박스 강남) 극장의 하나의 상영관 입구 주변을 엘리베이터와 비상계단에까지 확대 게첨하여 SM3를 위한 브랜드관을 만들어 버렸다. 이는 극장을 찾은 관람객들이 좀 더 강력하게 브랜드에 대한 인식이 가능케 한 독창적인 아이디어였다. 마지막으로 메가박스 팝콘 패키지상품을 활용한 광고의 경우, 소비자와의 메시지 접점을 더욱 강화시키는데 주안점을 둔 사례였음을 알 수 있었다.

04 옥외광고와 주목률

최근들어 TV광고를 통하여 드라마나 영화보다 재미있는 소재와 아이디어를 많이 접하게 된다. 여러 광고를 통하여 재미와 감동이 녹아 든 광고메시지를 전달하고 있는 것을 볼 수 있는데 이렇듯 TV중심의 4대 매체 광고들은 표현의 한계를 조금씩 극복해 내면서 다양한 볼거리를 제공하고 있다. 결과적으로 재미라는 요소를 지닌 광고가 소비자들의 눈에 띄게 되고, 쏟아지는 광고 홍수 속에서 자사의 광고를 기억해 낼 수 있도록 재미라는 무형의 가치를 통하여 소비자들의 광고에 대한 주목률을 높이는 것으로 볼 수 있다.

4대 매체에의 주목률은 광고메시지의 크리에이티브에 의하여 판가름 나는 경우가 많다. 물론 전반적인 톤 앤 매너(tone & manner) 외에 이슈화된 모델의 기용이나 엽기적인 표현, 현실 비판적인 소재, 드라마/영화적인 요소 등을 활용하여 소비자들의 눈길을 끌게 된다. 그렇다면 과연 옥외광고에서의 주목률이란 어떤 요소들에 의해 결정되는 것일까? 4대 매체와 같은 광고 메시지에 대한 표현일까 아니면 매체 자체의 물리적 특성에 의한 것일까? 탄산음료시장의 캠페인 사례를 통하여 옥외광고의 주목률에 대하여 살펴본다.

해마다 여름이 되면 탄산음료를 비롯한 음료시장의 열기가 후끈 달아오른다. 더구나 녹차를 중심으로 한 차음료 시장의 확대가 탄산음료의 강력한 도전자로 부상하면서 그 열기를 한층 고조시키고 있다. 이러한 가운데 웰빙붐을 탄 '킨-제로'의 출시는 탄산음료 시장의 재 확대와 음료시장 전체에 새로운 활기를 불러일으킬 것으로 관심을 모았다. 제로칼로리 탄산음료는 또한 일부 견해이긴 하지만 새로운 음료제품군을 형성할 것으로 보는 이들도 있었다.

한국코카콜라는 '킨-제로'의 출시 이전인 2006년 4월에 이미 '코카콜라-제로'를 먼저 출시했었다. 출시 두 달여 만에 한 해 매출목표의 40%선을 돌파하며 제로음료시장에 새로운 가능성을 보여 주었다. 한국인들의 건강에 대한 높아지는 관심과 노출의 계절인 여름을 대비한 여성들의 몸매관리가 제로 음료의 출시에 영향을 준 것으로 해석할 수 있다. 따라서

그림 2-12 코카콜라-제로 메체 운영

중앙 차선 버스쉘터

스쿠터광고

향후 탄산음료시장이나 차음료를 중심으로 한 비탄산음료 시장에서도 제로음료의 출시가 활발해 질 것이라는 전망을 업계는 조심스럽게 내놓고 있었다. 만약 음료시장의 경쟁이 예상대로 뜨거워지기 시작하면 자연스럽게 제품과 브랜드인지도 제고에 대한 마케팅활동도 첨예해 질 것으로 예측되었다. 따라서 광고집행 역시 경쟁사 우위의 매체운영이 요구되었다. 실제로 코카콜라의 2006년, 2007년 제로제품 출시에 따른 옥외광고운영을 살펴보면 이러한 광고주의 고민을 조금이나마 이해할 수 있을 것이다.

코카콜라는 '상쾌함은 그대로 칼로리는 제로'라는 슬로건을 앞세워 2006년 코카콜라 제로 캠페인 이후 2007년 '킨-제로'를 세롭게 선보인다. 20~30대의 젊은 여성층을 타깃으로 다시 한번 신제품을 출시한 것이다. 2006년 '코카콜라-제로' 출시 시에는 주로 중앙버스쉘터를 기본매체로 주요 상권에서 샘플링과 시음회를 진행하였다. [그림 2-12]에서 볼 수 있듯이 강남과 강북의 주요지역을 샘플카를 타고 코카콜라 제로의 출시를 알렸다. 물론 샘플링의 효과를 극대화하기 위한 매체운영도 동시에 이루어졌다. 다름 아닌 스쿠터광고로 오토바이 후미에 매체가 탑재된 츄레라를 매달아 젊은 여성들의 유동이 많은 지역을 운행하

그림 2-13 킨-제로 메체 운영

신촌 밀리오레 외벽 래핑

강남역 외벽 래핑

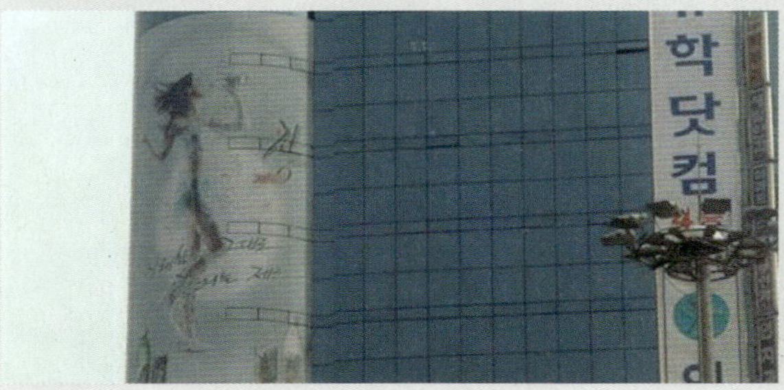

신촌 엘리트빌딩 외벽 래핑

모바일플렉스

였다. 소비자와의 커뮤니케이션 거리를 조금더 좁히기 위한 선택이었다.

2007년 '킨-제로' 출시 시에도 2006년 캠페인과 비슷한 지역을 중심으로 커뮤니케이션 활동이 이루어졌지만 달라진 점은 매체운영이 소형화에서 대형화로 바뀌었다는 것이다. [그림 2-13]에서 볼 수 있듯이 옥외광고의 가장 큰 장점요소 중의 하나인 크기의 효과, 즉 주목률을 고려하여 다양한 형태의 대형 옥외광고물을 활용하여 인지도를 제고하고자 하였다. 바로 소비자의 매체 주목률을 높이고자 2007년 7월 초부터 강남역 사거리, 신촌역 오거리, 신촌 민자역사 밀리오레 건물 등의 외벽을 이용한 래핑광고를 집행하였다. 2030 젊은 여성들이 핵심 타깃인 만큼 그들이 모이는 장소를 선정하여 규모와 상징성 면에서 큰 효과를 거두었던 것이다. 또한 모바일 플렉스 차량 3대를 운영하여 강남과 강북의 주요 교통정체지역을 오가며 차량 이용객들과 도보 이용객들의 주목을 자연스럽게 이끌어내 새로운 웰빙 탄산음료에 대한 관심과 인지도를 확보하는 등 신제품 붐업에 성공하였던 것이다.

옥외매체의 주목률을 얘기할 때 자주 거론되는 사례는 바로 강남대로변의 옥탑광고물일 것이다. 과거 논현역에서 교보타워 사거리를 따라 내려오다 보면 현란한 모습의 네온이 운전자나 보행자들의 눈길을 끌곤 했었다. [그림 2-14]의 우측에 소개된 광인빌딩 옥상에 설치되었던 옥탑광고였다. 당시 가장 최고의 기술력으로 1개월 동안 한번도 중복되지 않고 네온표출이 가능했다고 한다. 따라서 저녁에 옥상광고 앞을 지나는 사람이나 차량들의 시선이 자연스럽게 끌리는 것은 당연한 현상이었을 것이다. 한마디로 높은 주목률을 자랑했던 것이다. 또한 [그림 2-14]의 좌측에 제시된 '후지필름'과 'SKY'가 참여했던 옥상 네온광고물이 있었다. 과거 기금법 폐지로 철거되고 사라졌지만 신사역 사거리에 설치되었던 이 광

그림 2-14 옥상네온광고

신사역 태성빌딩

논현역 광인빌딩

고물은 과거 우리 나라 옥상광고 역사를 대표하는 매체이면서 신사역의 상징적 매체로써 심지어 만남의 장소로 주목 받는 매체였다. 그럼 이 두 네온광고의 공통점과 차이점이 무엇일까? 우선 공통점은 두 광고물 모두 소비자들의 눈을 강력하게 사로잡았다는 것이다. 차이점은 두 매체 모두 높은 주목률을 자랑하면서도 소비자들의 눈을 끌어들이는 방법은 달랐다는 것이다. 즉 신사동의 '후지필름'은 매체의 위치와 광고의 규격에서 소비자들의 시선을 자연스럽게 유도했다면, 강남대로의 옥탑광고는 주변의 다른 옥상광고물의 혼재 속에도 불구하고 고도의 표출기술을 바탕으로 소비자들의 시선을 끌어들였다는 것이다.

결국 4대 매체와는 달리 매체자체의 지역적, 물리적 특성이 우선시되는 옥외광고매체들은 매체의 위치와 크기가 주목률에 지대한 영향을 준다. 앞의 예에서 '후지필름'의 경우 단순 네온이긴 하였지만 위치와 규모의 대형화가 주목률을 높이는 데 상당한 영향을 미쳤다고 볼 수 있다. 이에 비하여 'SK텔레콤'은 위치면에서는 '후지필름'보다 다소 떨어지기는 하지만 국내 최고의 기술력을 바탕으로 제작된 네온프로그램을 무기로 높은 주목률을 얻을 수 있었다. 결론적으로 옥외매체의 주목률은 지역적, 물리적 특성과 함께 고도의 집적 기술력이 합쳐진 광고 메시지에서 높게 나타나고 있음을 알 수 있다. 또한 기술적 특성은 옥상네온뿐만 아니라 다양한 물리적 특성을 지닌 다른 옥외매체들에서도 속속들이 등장하고 있다. [그림 2-9]에 소재된 지하철 계단래핑이나 과거 쇼케이스 등의 프로모션 매체들 역시 액자와 모서리, 와이드칼라로 대변되는 전통적 매체들을 대체 보완하여 지하철 이용객들의 눈을 사로잡고 있다.

이상과 같은 사례를 종합해 볼 때 옥외매체의 주목률을 높이기 위해서는 물론 메시지 크리에이티브도 중요한 요소이지만, 개별 매체별로 특성을 잘 파악하여 새로운 기술력을 도입하거나 메시지의 크기를 대형화하는 것이 효과적일 것으로 보인다.

05 옥외광고와 탄력성

최근의 광고시장은 매체환경 측면에서 놀라운 변화를 경험하고 있다. 케이블TV와 인터넷, IPTV, DMB, 스마트폰, 태블릿 등에 이르기까지 실로 다양한 매체가 범람하는 시대가 도래하고 있다. 옥외광고의 경쟁력 확보가 더욱 절실한 시기가 되고 있는 것이다. 그러나 옥외광고는 꾸준히 4대 매체를 보조하는 매체로서 뿐만 아니라 광고주의 통합적 마케팅커뮤니케이션 활동에 한 축을 담당하는 주력매체로서 성장하면서 그 영향력을 발휘하고 있다. 물론 옥외광고의 효과에 대한 심도 있는 분석과 매체의 효율적 운영이 전제되어야함은 당연할 것이다. 인터넷과 컴퓨터 관련 기술의 발전에 따른 매체환경의 변화, 소비자의 트렌드 변화, 정부의 정책변화 등 환경변화가 급속히 이루어지면서 개별매체의 비중은 나날이 높아지고 있다. 외국계 대행사를 중심으로 4대 매체의 미디어렙사와 옥외광고시장의 외국계 자본 유입 등이 이를 입증하고 있다. 그러나 이러한 변화는 광고주들이나 광고기획자들에게 많은 어려움을 주고 있다. 개별 매체별로 효율성에 대한 평가가 더욱 어렵게 되었고, 소비자 입장에서는 더 많은 매체혼잡현상을 초래하고 있는 것이다. 따라서 광고주들은 매체의 비용효율성에 대하여 더욱 치밀한 자료를 요구하고 있으며, 매체사들은 보유 매체의 경쟁력 확보를 위하여 다양한 연구를 수행하고 있고 그 방법을 구하고 있다. 바로 옥외광고의 시장성 확보에 관한 이슈로서 매체의 시장성 확보를 위한 하나의 중요한 주제인 옥외광고의 매체탄력성에 대하여 살펴보고자 한다.

탄력성이란 용어는 사전적으로 '상황에 따라서 알맞게 대처하는 성질'이라는 개념으로 이해할 수 있다. 이는 모든 상황에 적용할 수 있는 광의의 개념을 말하는데, 매체의 관점에서 탄력성은 효율적 또는 융통성 있는 매체운영과 관련된 개념이라고 볼 수 있다. 즉 좀 더 창의적인 방법에 의한 매체운영으로 이해해도 좋을 것이다. 구체적으로 옥외광고 시장에서의 매체탄력성은 '계약기간'과 '메시지 표출(제작포함)'이라는 두 가지 관점에서 접근해 볼 수 있다.

옥외광고 시장에서 통용되었던 계약기간은 옥상과 야립을 중심으로 2~3년, 심지어 지하철까지도 1년이 최소 계약기간인 시절이 있었다. 이는 매체사의 안정적 수익구조에 상당한 플러스 요인이 되었지만, 광고주의 입장에선 광고가 불필요한 기간까지 메시지를 표출해야 하는 불합리한 현상이었다. 하지만 IMF 이후 단기계약에 의한 매체운영이 나타나기 시작했다. 가장 대표적인 매체들이 지하철과 옥상 전광판 등 이었는데, 광고주와 매체사들 간의 공동노력이 이루어 낸 새로운 변화였다. 아무튼 최근에는 기본적인 매체운영에서 뿐만 아니라 광고주의 신제품 런칭이나 이벤트 등 특정 캠페인에서 단기계약이 주를 이루고 있다. 이러한 탄력적인 단기계약은 지하철이나 전광판 뿐만 아니라 교통광고로 확대되어 옥외광고 시장에 전반적으로 적용되고 있다.

메시지 표출은 광고소재 교체와 관련된다. 계약기간과는 달리 기술적인 부분이 추가적으로 고려되는 요소이기 때문에 탄력성의 개념과 더 밀접한 관련이 있다고도 할 수 있다. 일반적인 전광판의 경우에는 별도의 추가비용없이 영상이나 광고문구를 광고주가 원하는 소재로 수정, 교체가 가능하지만, 옥상광고와 같이 소재교체에 따른 추가 제작비가 많이 소요되는 경우에는 수정이나 교체가 쉽지 않다. 비용 이외에 제작에 필요한 시간이 추가로 필요하게 된다. 따라서 추가 비용부담이나 시간투여가 그리 길지 않은 작은 매체의 경우 탄력적인 소재교체가 활성화되고 있다. 예를 들면 지하철의 경우 1개월 단위의 출판, 영화광고나 시의성을 두는 패션업계 등을 중심으로 메시지를 수정, 교체하는 사례를 흔히 볼 수 있다. 하지만 최근에는 건물 외벽 래핑 등 게시기간 자체가 짧고 제작비 부담이 큰 저 탄력적 매체의 경우에도 광고효과 때문에 소재를 수정, 교체하여 집행하는 사례가 늘고 있다. 과거 어느 때보다 옥외매체의 생성과 움직임이 활발한 시기에 새로운 전략과 매체탄력성이 잘 조화를 이룬다면 비용 효율적이면서도 강력한 매체운영이 이루어질 것으로 예견된다.

한 가지 주지해야 할 것은 옥외광고 매체의 탄력성은 매체의 유형과 광고주의 의지에 따라 다르게 나타날 수 있다는 점이다. 다시 말해, 매체특성에 따라 탄력성의 정도가 다르지만

그림 2-15 영화광고운영 샘플

광고주의 강력한 의지가 더욱 중요해졌다는 것이다. 물론 광고주의 비즈니스 모델에 따라 물리적 특성상 탄력성이 우수한 매체만을 중점적으로 운영하는 경우도 있지만 비탄력적인 매체를 탄력적으로 만들 수도 있다는 것이다. 좋은 예가 영화수입 배급업체인 UPI의 경우이다.

UPI와 같은 영화 배급사의 경우 단기적인 흥행이 중요한 영화의 특성상 장기계약보다는 짧은 기간 동안 효과적으로 영화를 고지할 수 있는 매체들을 많이 활용하고 있다. 즉 단발성 광고패턴을 보이는 것이 특징인데, 영화광고가 가장 많이 활용하는 매체는 버스 외부광고, 지하철 와이드칼라, 전광판 광고 등이다. 전광판은 일찍부터 같은 동영상 소재라는 공통점 때문에 활용이 가장 많았고, 버스 외부의 경우에는 초기 비탄력적 매체특성을 탄력적으로 바꾸는 데 많은 기여를 했다. 하지만 [그림 2-15]에서 볼 수 있듯이 영화 '황진이' 처럼 도저히 영화광고가 참여하기 힘들 것으로 보였던 비탄력적 매체의 대표격인 건물외벽 래핑을 시행함으로써 적지 않은 이슈가 되기도 하였다. 이것이 가능했던 것은 앞서 언급한 것처럼 해당매체와의 단기계약이 보장되고, 메시지 표출에 대한 제작비용을 광고주가 지급하기로 결단한데서 가능하였다.

옥외광고 매체의 탄력성은 우리 나라뿐만 아니라 전 세계적으로 인기를 끌고 있는 온라인 게임 광고에도 효과적으로 적용되고 있다. 이제까지 게임을 홍보하면 대부분 퍼블리싱 대행사를 통해 이루어졌지만 리니지를 필두로 게임시장의 열기가 뜨겁게 달아오르면서 광고대행사를 통하여 적극적인 광고매체운영에 힘을 기울이게 되었다. 그리고 옥외매체의 운영에 있어서도 영화광고의 패턴을 따라가는 추세이다. 이는 게임의 홍보물 자체가 동영상으로 제작된다는 점과 영화와 같은 박진감이나 예고편을 통한 고지가 소비자들에게 효과적으로 어필되고 있기 때문으로 해석된다. 또한 [그림 2-16]과 [그림 2-17]과 같이 옥외매체 계약기간의 탄력성을 적극 활용하여 버스 외부나 지하철 차내 광고를 중심으로 장기간의 운영보다는 1개월 내지 2개월 정도 신규 런칭이나 대규모 업데이트 시에 단기간 운영하는 패턴을 보이고 있는 것이 특징이다.

출판업계의 경우에도 탄력적인 옥외광고운영을 하고 있다. 과거 '신디 더 펑키, 프리미어' 등의 월간지가 지하철 차내 모서리형 광고를 통하여 매월 광고소재를 교체, 집행하였다. 이는 월별로 바꾸어야만 하는 월간지라는 제품특성으로 인하여 매체운영 패턴이 장기에서 단기 또는 비탄력에서 탄력으로 바뀐 비교적 비탄력적인 지하철광고사례이다. 그리고 [그림 2-18]과 같이 2호선 삼성역 계단래핑을 진행했던 '문학동네'의 경우에도 업계 최초

그림 2-16 게임광고운영 샘플 (버스)

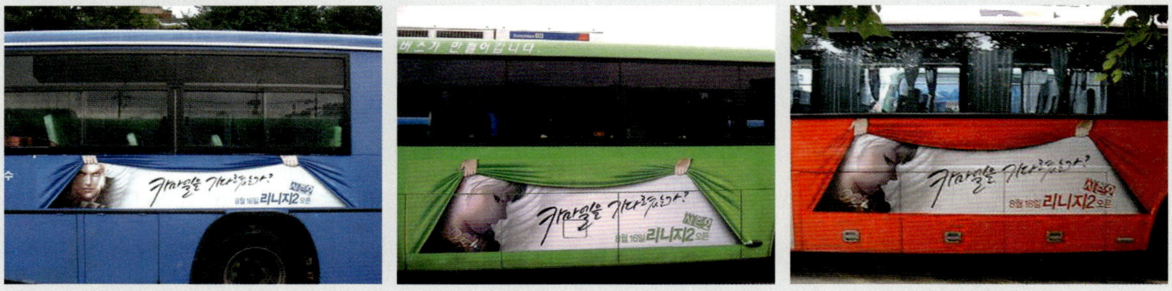

그림 2-17 게임광고운영 샘플(지하철)

로 탄력성이 낮은 계단래핑을 진행함으로 회자가 되기도 했는데 광고를 집행하였던 책이 베스트셀러가 되는 성과를 달성하기도 하였다. 물론 베스트셀러가 된 직접적인 원인이 광고 때문은 아니겠지만 광고주에겐 계약연장이라는 결단을 내리게 하기에 충분한 매체였던 것이다.

이렇듯 하나의 매체를 만드는 힘은 매체사들의 적지 않은 노력이 선행되어야겠지만, 집행의 주체인 광고주가 얼마만큼 강력하고 적극적인 의지를 보이느냐에 따라 매체의 가치가

그림 2-18 출판업계 광고운영 샘플 (지하철)

달라질 수 있다는 점을 주지할 필요가 있다. 과감한 매체전략과 집행을 통하여 소비자의 머리속에 각인될 만한 옥외매체들이 탄생할 수 있는 것이다.

06 옥외광고와 미디어렙

옥외광고 시장에 '미디어렙(매체대행사)'이라는 용어가 일반화된 지는 약 10년이 지났다. 물론 그 기간동안 사라지거나 새롭게 문을 연 회사들도 생기는 등 많은 변화가 있었지만 아직도 4대 매체의 미디어렙사와 비교할 때 옥외광고 시장의 미디어렙사의 안정적인 운영에 여러 가지 어려움이 있는 실정이다. 4대 매체를 위주로 대형 광고대행사들이 표방했던 통합적 마케팅커뮤니케이션은 문자 그대로 여러 가지 커뮤니케이션 도구를 수직적으로 통합하여 소비자와의 효과적인 커뮤니케이션을 도모하는 종합적인 활동을 의미하는 것으로 현재는 매우 보편화된 개념이다. 그러나 최근 업계의 동향을 살펴보면 이러한 통합적 서비스 개념에서 벗어나 점점 매체별로 추구하는 효과와 역할이 세분화되는 추세가 나타나고 있다. 이는 기존 서비스에 문제가 있기보다는 점점 구체적이고 세분화되는 광고주들의 욕구가 업계의 변화를 부채질했다고 보는 것이 좋을 것이다. '미디어렙(Media Representative)'이라는 분야는 이러한 배경에서 출발한다. 그 중에서도 옥외광고 업계의 미디어렙은 더욱 세분화되는 미디어시장의 새로운 업무형태라고 이해해도 좋을 것이다.

그렇다면 옥외광고시장의 미디어렙은 어떻게 정의할 수 있고 특성은 어떠한지 살펴볼 필요가 있다. 4대 매체의 경우 미디어렙사는 시장에 뿌리를 내리고 활발한 활동영역을 구축하고 있다. 이에 비하여 옥외광고 업계의 경우는 과거의 인적판매의 형태에서 벗어나 이제 조금씩 매체대행의 역할이 자리 잡혀가는 단계라고 할 수 있다. 태동의 역사로 보면 옥외업계의 출발이 느렸던 것은 아니지만 성장속도가 상대적으로 느리다고 볼 수 있다. 미디어렙은 개념적으로 매체사들을 대리하여 판매를 대행해 주는 매체의 관점에서 정의할 수 있다. 그러나 옥외광고 업계에서의 미디어렙은 광고주의 상업적 메시지를 담아낼 수 있는 그릇, 즉 매체를 비용 효율적으로 대대행해 주는 형태의 비즈니스를 의미하며, 광고주가 상업적 메시지를 기획하고 구매하는 총체적인 과정을 대리한다고 보면 좋을 것이다.

현재 국내의 4대 매체 미디어렙사의 대표주자는 PDS media(현, 덴츠미디어), 캐러트 코리아, 유니버셜 맥켄, 알키미디어(현, 그룹엠), 미디어컴(현, 그룹엠), 스타컴 등 대다수가 외국계 자본이다. 그리고 대부분 크리에이티브 부띠끄와 연계하여 광고주를 섭외하고 있다. 따라서 독립적인 캠페인 기획능력과 크리에이티브의 실행력을 지닌 광고대행사와 연계하여 매체서비스를 제공하는 것을 기본으로 하고 있다. 광고효과조사에 대한 강도 높은 서비스를 제공함으로써 기존 종합광고대행사 내의 매체팀과 경쟁관계에 있기도 하다. 물론 기존 대행사의 매체국이 차별적 서비스를 제공하기 위하여 독립법인의 모습으로 등장함에 따라 이 개념은 다소 의미가 바랜 감이 없지는 않지만 최소한 기획, 제작과 마찬가지로 매체부분 역시 전문성을 지닌 분야로 인정되기 시작했다는 점을 간과해서는 안 될 것이다.

이에 비하여 옥외광고 미디어렙의 경우에는 4대 매체 미디어렙과는 달리 광고주나 4대 매체 광고대행사 모두가 직접적인 업무연계의 대상이 된다. 대행사를 통하지 않는 소형의 직접 광고주들의 경우에는 광고물량이 많지 않아 미디어렙이 옥외 전반을 중심으로 종합대행사의 역할을 수행하기도 한다. 또한 4대 매체 대행사의 경우 외국계 대행사를 중심으로 옥외 담당자가 부재할 경우 미디어렙이 서비스를 대신 제공하고 있다.

과거 서비스했던 옥외광고 미디어렙사는 초창기에 미디어 플러스원이나 그린미디어와 같이 매체를 보유하지 않고 매체사와 광고주 사이에서 중개역할을 해 주면서 수수료를 얻는 형태의 사업구조로 출발하였다. 즉 미디어렙 자체가 하나의 사업모델로 등장한 것이 초기시장의 분위기였다. 그러나 이러한 순수 매체판매 대행은 여러 가지 한계를 드러내며 매체없는 미디어렙사의 존속이 힘들어지게 되었다. 그 결과 현재는 기본적인 수익 창출원이 되는 매체를 보유한 회사들이 미디어렙 업무를 동시에 수행하는 형태를 띠고 있다. 과거 그

그림 2-19 미디어렙사의 기존매체 대행서비스

2008년 성시경콘서트 스크린도어

2008년 아우디 옥상전광판

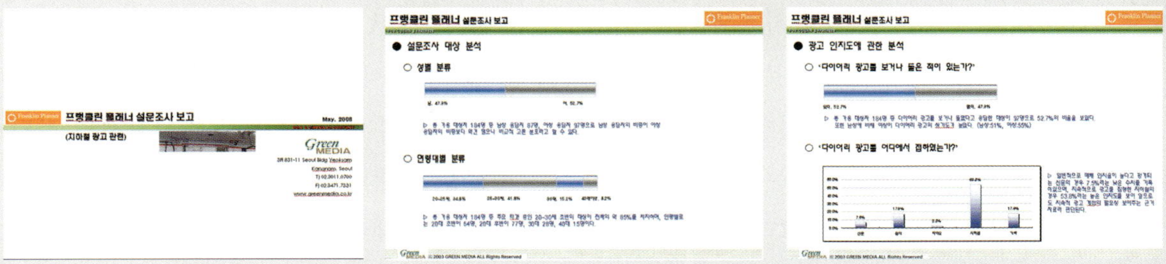

광고주 지하철광고 효과조사 서비스

린미디어가 지하철 2호선 사업과 메가박스 스크린광고 영업권을 확보하는 변화를 꾀했었음을 주지할 필요가 있다.

옥외광고 미디어렙사의 서비스 형태는 각각의 회사마다 차이는 있지만 가장 기본적인 서비스는 매체대행업무이다. 즉 매체를 보유 또는 영업권을 가지고 있는 회사들의 매체정보를 바탕으로 이를 필요로 하는 소비자 즉, 광고주들에게 대리구매의 형태로 서비스 하는 것이다. 매체사의 입장에서는 대리판매의 형태를 띠게 되는 것이다. [그림 2-19]에서 볼 수 있듯이 그린미디어의 2호선 영업형태가 가장 대표적인 사례라고 할 수 있다. 그러나 최근 들어 BTL의 개념이 도입되면서 업무영역이 기존매체에 국한되지 않고 존재하지 않는 매체의 컨설팅 및 개발까지도 주도하게 된다. 이는 반대로 보면 매체사들에게 새로운 매체개발의 동기를 부여하기도 한다. 코엑스몰 등 특정 지역의 매체개발 등의 예에서 이와 같은 역할을 볼 수 있다. 미디어렙의 중요 역할 중의 하나는 역시 광고효과조사에 관한 것이다. 학계는 물론 옥외광고 업계 관계자들에게도 가장 아쉬운 서비스가 광고효과에 대한 부분인데 광고효과 등에 대한 자료나 연구 등이 상대적으로 활발한 4대 매체에 비하여 옥외의 경우 상당부분 뒤처지고 있다(그림 2-19 하단 참조).

광고주들의 객관적이고 과학적인 매체분석요구에 부응하지 못하여 업계의 발전에 저해요소로 작용하고 있다. 물론 옥외광고의 경우 4대 매체와는 달리 계량에 대한 한계나 매체 범주에 대한 제약 등이 있어 어려움이 있지만 향후 옥외광고 업계의 발전에 있어 가장 중요한 서비스 분야라고 할 수 있다. 이상의 논의를 종합해 보면, 복잡한 매체환경 속에서 옥외 미디어렙사는 기존매체에 대한 기획 및 구매업무 대행, 그리고 효과조사에 대한 기본적 업무와 함께 이벤트, 프로모션과의 연계를 가능하게 하는 매체개발과 제작까지 병행하고 있다. 또한 4대 매체와는 달리 매체 보유사나 개발을 준비 중인 회사들에게 매체 전반에 대한 컨설팅업무까지도 수행하고 있다.

이와 함께 광고주 서비스에 대한 이해도 필요하다. 앞서 언급한 것처럼 옥외 미디어렙사의 대 광고주 서비스는 종합광고대행사와 직접 광고주 간에 다소 차이가 있다. 대행사의 경우에는 4대 매체의 기획방향이나 콘셉트와 동일시 되어야 하는 점 때문에 전반적인 기획보다는 예산과 타깃에 맞는 매체를 제안하거나 새로운 형태의 매체개발 등의 서비스가 주력이 되는 경우가 많다. 그러나 소형 광고주의 경우 옥외매체에 대한 경험이 적기 때문에 전반적인 기획부터 세부적인 매체운영까지 폭 넓게 서비스하는 경우도 적지 않다. 광고주의 상황에 따라 적절하게 대처할 수 있게 기획능력과 폭 넓은 매체 정보보유 그리고, 끊이지 않는 연구와 경험이 필요하다. 이러한 노력들이 향후 옥외광고 미디어렙사의 안정적인 성장에 필요할 것이다.

LOCK

제3장 옥외광고의 가치

01 옥외광고와 시장 가능성
02 옥외광고와 보편성
03 옥외광고와 지역성
04 옥외광고와 신제품
05 옥외광고와 공간개발
06 옥외광고와 공익성
07 옥외광고와 사인

01 옥외광고와 시장 가능성

2011년 우리 나라의 전체 광고시장 규모는 약 9조 5천억원으로 2010년 대비 약 11%의 성장을 기록하였다(표 3-1 참조). 방송과 인쇄매체가 각각 약 3조 6천억원, 2조 2천억원으로

표 3-1 2011년 매체별 광고비 규모

(단위 : 억원, %)

구분	매체	광고비			성장률(%)		구성비(%)	
		2011년	2010년	2009년	2011년	2010년	2011년	2010년
방송	지상파TV	20,775	19,307	16,709	7.6	15.5	21.7	22.4
	라디오	2,604	2,565	2,231	1.5	15.0	2.7	3.0
	케이블TV	11,421	9,649	7,794	18.4	23.8	11.9	11.2
	종합편성채널	320	–	–	–	–	0.3	0.0
	iPTV	170	205	114	−17.1	79.8	0.2	0.2
	스카이라이프	122	153	95	−20.3	61.1	0.1	0.2
	DMB	267	271	176	−1.4	53.4	0.3	0.3
	SO	664	590	524	12.5	12.6	0.7	0.7
	방송 계	**36,343**	**32,740**	**27,643**	**11.0**	**18.4**	**38.0**	**38.0**
인쇄	신 문	17,092	16,729	15,007	2.2	11.5	17.9	19.4
	잡 지	5,236	4,889	4,388	7.1	11.4	5.5	5.7
	인쇄 계	**22,328**	**21,618**	**19,395**	**3.3**	**11.5**	**23.4**	**25.1**
인터넷	검 색	12,440	10,440	8,250	19.2	26.5	13.0	12.1
	노출형	6,120	5,030	4,180	21.7	20.3	6.4	5.8
	인터넷 계	**18,560**	**15,470**	**12,430**	**20**	**24.5**	**19.4**	**17.9**
모바일		600	5	–	11900.0	–	0.6	0.0
옥외		8,448	7,494	6,248	12.7	19.9	8.8	8.7
4매체, 인터넷, 광고제작 및 기타		9,237	8,881	8,115	5.7	9.4	9.8	10.3
총 계		**95,606**	**86,207**	**73,831**	**10.9**	**16.8**	**100.0**	**100.0**

자료 : 제일기획 광고연감

전체의 약 62%의 비중을 차지하였고, 비약적인 발전을 거듭하고 있는 인터넷은 2010년 대비 20% 성장한 1조 8천 5백억원을 기록하였고 전체 광고비에서 차지하는 비중은 19%인 것으로 나타났다. 옥외광고는 인터넷을 제외하고 가장 높은 12%의 성장률과 함께 약 8천 5백억원의 시장규모를 형성하였다. 전체 광고비 대비 약 9%의 점유율로서 오프라인 분야에서 TV와 인쇄매체에 이어 3대 매체의 자리를 굳건히 지켰다. 앞으로 야립광고물의 부활이 본격화되었고 디지털사이니지 시장이 확대일로에 있어 지속적으로 성장할 것으로 예측된다.

〈표 3-1〉에서 볼 수 있듯이 옥외광고는 전체 점유율에서 지상파TV, 신문, 인터넷의 규모에는 미치지 못하지만, 성장률은 인터넷을 제외하면 가장 높은 수준을 보이고 있다. 여러 가지 요인들이 있을 수 있겠지만 소비자 측면에서 살펴보면 소득증대와 여가활동 증가로 인하여 옥외매체의 접촉률이 늘어난 것이 옥외매체의 성장에 기여하고 있다고 볼 수 있고, 광고주 측면에서는 기존의 4대 매체 중심의 매체전략에서 지하철과 버스, 그리고 옥상광고로 대변되는 옥외매체에 대한 관심과 활용이 증가하고 있기 때문일 것이다. 물론 업종과 제품,

그림 3-1 새로운 지하철 역사 및 차내 광고 매체: 스티커 및 Mock-up 광고

그리고 캠페인의 특성에 따라 4대 매체 중심이 아닌 옥외매체를 중심으로 한 매체전략이 늘어가고 있기 때문인데, 특히 BTL개념의 도입과 더불어 옥외 매체와의 연계가 뚜렷이 증가하고 있기 때문인 것으로 볼 수 있다. 따라서 이러한 소비자 및 광고주의 변화에 발맞추어 매체사들은 다양한 기술과 기존매체의 업그레이드를 바탕으로 새로운 옥외매체개발에 주력하고 있다. [그림 3-1]. [그림 3-2], [그림 3-3]은 기존 지하철광고의 시장성을 확대해 준 새로운 매체들을 보여주고 있다. 이것은 매체 환경 및 광고매체전략의 변화의 환경에서 옥외 매체사들의 적응과 혁신적인 노력의 결과로 보아도 무리는 아닐 것이다.

그림 3-2 지하철 역 구내 신규 매체: 벽면 및 기둥래핑 광고

그림 3-3 지하철 스크린도어 광고

좋은 콘서트 연말공연 광고: 홍대, 을지로입구역

1920년대 등장한 라디오와 1950년대의 TV가 지배하던 시대에서 이제는 그 수를 전부 파악할 수 없을 만큼 다양한 형태의 매체들이 공존하는 시대가 되었다. 기술발전을 기반으로 하여 소비자의 욕구에 의하여 탄생된 다양한 매체들, 뉴미디어로 불리는 위성과 케이블 TV, 20세기 최대의 선물이라고 할 수 있는 인터넷, 스마트폰 그리고 스마트TV 등 말 그대로 새로운 뉴미디어의 등장은 광고시장을 다양성과 전문성이 공존하는 시장으로 바꿔놓고 있다. 이러한 상황 속에서 옥외매체는 점차 외향적으로 변하고 있는 소비자들의 라이프스타일을 고려하여 대안적 성향의 매체개발에 박차를 기울이게 되었다. 즉 지하철, 버스, 옥상 전광판, 야립광고 등 기존 옥외매체의 정통성을 탈피하여 보다 세분화되고 분중화된 광고 수용자를 위한 매체들이 속속 등장하게 되었다.

가장 대표적인 매체 중의 하나가 학교매체이다. 중, 고등학생이나 대학생들을 대상으로 하는 광고주들에게 가장 적합한 매체로서, 학교 내의 다양한 시설물들을 활용한 과거에 볼 수 없었던 매체이다. 또한 과거에는 영화 시작 전에 스크린을 통하여 접하게 되는 영화광고가 전부였던 극장에도 다양한 옥외매체들이 등장하고 있다. 극장 대기실의 전광판과 와이드칼라, 엘리베이터 및 기둥래핑, 이벤트 존 등도 옥외광고 시장의 잠재성을 키우는 견인차 역할을 하고 있는 것이다. 이밖에 쇼핑몰 내부도 옥외광고의 장으로 활용되고 있다. 코엑스몰의 경우 지역적 특성과 이용객들의 양적 증가, 그리고, 매체개발의 유연성 등이 복합적으로 어우러져 쇼핑 지역전체가 하나의 광고매체로 활용되고 있는 것이다. 물론 매체의 양적 증가에 비하여 아직까지 체계화, 계량화되지 않은 광고효과 조사와 분석방법이 부족한 것은 해결해야 할 문제이지만 향후 꾸준한 노력을 통하여 해결책이 제시된다면 옥외매체의 영향력은 더욱 배가될 것이다.

전체 광고시장에서 옥외광고가 차지하는 비중이나 영향력은 다른 매체와의 상대적인 비교보다는 옥외매체 스스로가 만들어 내고 만들어가는 것이라는 점에서 옥외광고의 현장감은 커다란 강점요소가 될 수 있다. 소비자들은 집밖으로 나와 학교, 회사, 쇼핑몰, 또는 극장 등으로 향하는 순간부터 다양한 장소에서 옥외광고와 마주치게 된다. 이제는 이러한 옥외광고물들이 어느 정도 우리의 삶 속에 동화되어 실제로 광고물과의 접촉을 일반소비자들은 잘 인식하지 못한다. 너무나 많은 매체들로 인하여 지하철은 '광고철'이라고 불리기도 한다. 하지만 이 역시 옥외광고업계가 풀어야 숙제일 것이다. 보다 과학적이고 객관적인 도구를 활용하여 매체의 실제가치를 제고해야 할 과제를 해결한다면 옥외매체의 가치와 시장성을 인정받을 수 있을 것이다.

그림 3-4 기존 가로변 쉘터와 중앙차로 정류장 쉘터

옥외광고의 가능성은 지하철이나 버스 등 대표적인 기존 옥외매체의 효율적인 운영이 기본이 되겠지만, 추가적인 열정과 비용, 시간 등이 바탕이 되어 나타나기도 한다. [그림 3-4]에서 볼 수 있듯이 그 좋은 예가 바로 버스 중앙차로 정류장의 '아일랜드 쉘터'와 지하철 '스크린도어'를 광고매체로 개발한 것에서 찾아볼 수 있다. 정부의 행정정책과 기술개발을 바탕으로 영업적 한계점에 다다른 지하철광고시장과 가로변 버스쉘터 시장에 활력을 불러 일으켰음을 부인할 수 없다. 물론 지하철과 버스쉘터 광고시장의 점유율에 부정적인 영향을 끼친 것은 사실이지만 전체적인 옥외광고 시장의 성장에 기여하는 성과라고 볼 수 있다. 열정을 기울인다면 기존의 4대 매체나 온라인매체에 비하여 새로운 매체의 개발과 발전 가능성이 가장 크다는 점을 보여주는 결과물이라고 할 수 있다.

지하철 스크린도어에 대응하기 위한 2호선 최초의 미디어랩사인 그린미디어의 지하철 매체개발 사례를 살펴보면 옥외광고의 확장 가능성을 다른 시각에서 확인할 수 있다. 스크린도어에 대응하기 위하여 지하철 매체의 부정적인 요인들을 최대한 배제하고, 합리적이고 효과적인 광고주 서비스와 기존매체의 업그레이드를 도모하였던 그린미디어는 결국 이러한 노력에 한계를 절감하고 스크린도어와의 직접적인 경쟁에서 살아남기 위하여 적극적인 대응 매체개발에 총력을 기울였다. 그 결과, 전동차 차내 광고물 중에서는 특수한 소재를 활용하여 매체를 운영하거나 편성광고나 새로운 패턴의 광고판매 방식 등을 활용하여 효율적이며 임팩트 있는 광고운영을 하게 된다. 또한 지하철 역사내 시설물들을 활용하여 계단래핑이나 기존 와이드칼라에서 진보된 형태의 쇼케이스 광고, 쇼핑센터에서나 볼 수 있었던 천정배너 광고 등을 개발하여 운영하게 되었다.

한편 과거 매체가 존재하지 않았던 대형할인점이나 쇼핑센터, 복합 쇼핑타운 등에도 새로운 매체들이 등장한다. 가장 두드러지는 장소는 삼성동에 위치한 코엑스몰이다. 코엑스몰은 무역센터와 현대백화점, 호텔이라는 기존 상권에 맞서 지하쇼핑몰이라는 콘셉트로 극장과 음식점, 서점 등을 유치하며 젊은이들의 대표적 상권으로 개발되었고, 그 결과 하루 최대 25만 명 이상이 이용하는 강남 상권의 핵심으로 등장한 것이다. 이는 바로 '코엑스몰 라이브'와 같은 새로운 옥외매체의 개발로 이어졌고, 관련 매체사들의 발전적인 경쟁을 유발하고 있다.

이상과 같이 옥외광고 매체는 전반적인 매체환경의 변화와 정부의 관련 제도 및 정책의 변화, 그리고 유통환경의 발전 등에 따라 기존매체가 새롭게 변화하거나 새로운 매체가 증가하는 등 끝없는 변신을 이루어가고 있다. 광고주의 입장에서 보면 다양한 경로를 통하여 광고메시지를 전달할 수 있는 대안매체가 개발된다는 점에서 긍정적인 변화이며, 소비자 입장에서는 일상생활에서 다양한 경로를 통하여 정보를 입수할 수 있다는 점에서 역시 긍정적인 발전으로 볼 수 있다. [그림 3-5]의 건물 벽면 래핑광고나 쇼핑몰 외부의 쇼케이스 광고의 개발에서 볼 수 있듯이 매체사의 입장에서도 불안정한 옥외광고 시장이 새로운 매체개발을 통하여 타 매체와 비교하여 경쟁력을 확보할 수 있다는 측면에서 긍정적인 변화인 것이다. 이는 옥외광고의 시장규모의 확대와 전반적인 시장가능성이 무한함을 보여주는 것이라고 할 수 있다.

그림 3-5 벽면래핑과 쇼케이스 광고

02 옥외광고와 보편성

1990년대 말 인터넷 이용자수의 급증과 함께 광고매체로서 인터넷의 위상이 급부상하면서 광고시장구조에서 기획과 제작분야가 차지하는 비중에 비하여 매체의 비중이 점차 확대되고 있다. 인터넷 기술을 활용한 다양한 멀티미디어 매체가 등장함으로써 새로운 국면을 맞이하고 있는 것이다. 이는 단지 매체의 숫자가 많아진 것을 의미하는 것이 아니라 광고주 입장에서 다각적인 매체운영이 가능한 대안매체의 시대가 도래했음을 의미한다. 또한 이러한 환경 하에서 BTL의 활발한 이용과 함께 옥외광고의 입지가 더욱 견고해짐으로써 광고주들의 관심과 참여가 확대되고 있다. 즉 과거에는 대형광고주의 전유물처럼 여겨졌던 옥외광고가 그 폭을 넓혀 많은 중, 소형 광고주들까지 이용하는 보편적 매체로 이용이 확대되고 있음을 의미한다고 볼 수 있다.

지금부터 적은 예산으로 성공적인 지하철광고 캠페인을 통하여 매출신장을 이루어 낸 "한국리더십센터(이하 KLC-Korea Leadership Center/ 현재 한국성과향상센터로 분사)"의 사례를 살펴봄으로써 옥외광고의 보편적 가치에 대하여 알아보고자 한다. "What to,,, How to,,,? 다이어리가 아닙니다. 플래너입니다"라는 광고슬로건으로 옥외매체의 대표주자 중의 하나인 지하철광고를 효과적으로 활용하였던 KLC는 선진화된 리더십과 코칭교육을 국내에 소개하고 '플래너'라고 일컫는 제품을 판매하는 회사이다. 2000년 이전까지는 교육프로그램이라는 B2B상품이 매출의 대부분을 차지하였기 때문에 대중매체보다는 경제신문과 같은 전문지 중심의 광고를 운영해왔다. 일반 소비자들을 대상으로 하는 매체운영보다는 기업체의 교육담당 직원이나 임원을 대상으로 한 경제지 중심의 광고활동이 주요 커뮤니케이션 수단이었다. 흔히 다이어리라고도 불리는 플래너는 개별판매보다는 기존 교육 프로그램 내에 포함되어 제공되는 아이템이었기에 직접적인 광고활동이 적극적으로 필요하지 않았다.

그러나 플래너의 활용이 점차 보편화 되고 주요 서점을 통하여 개별 소비자를 대상으로 한 판매가 이루어지면서 직접적인 소비자 광고가 필요하게 되었다. 2000년 일반 소비자를 대상으로 한 광고캠페인을 기획하면서 매체선택에 대한 고민에 빠지게 된다. 즉 어떤 매체에 어떤 메시지를 담아 낼 지가 가장 큰 고민이었다. 당시 다이어리 업계의 선두주자였던 양지사를 중심으로 한 기존 문구업체들의 다이어리와의 차별성을 강조하면서 플래너의 특성을 잘 알려야 하는 과제에 직면했던 것이다. 여기에 예산도 충분치 않은 한계점을 갖고 있었다.

신제품이나 특정 캠페인을 전개함에 있어 매체활용은 중요한 선택의 문제이다. 풍부한 예산만 허락한다면 누구나 TV를 중심으로 한 대대적인 광고를 원할 것이다. 짧은 시간에 강력한 메시지 소구가 가능하다는 점과 소비자들의 매체에 대한 신뢰도가 어느 매체보다 높기 때문이다. 그러나 소비자에게 첫선을 보여야 하는 플래너에게는 넉넉한 예산이 부여되지 못했다. 월 1,000만원 정도의 예산이 3개월 배정되어 있었기 때문에 매체선정에 더욱 신중할 수밖에 없었다. 가장 비용효율적인 매체를 대안으로 찾는 것이 광고주의 첫 번째 과제였다. 또한 다이어리와 차별성을 충분히 전달해야 하므로 반복적이고 지속적으로 메시지를 노출시킬 수 있는 매체가 필요했다. 다음으로 젊은층의 직장인과 대학생이라는 타깃을 대상으로 최적의 접점을 확보할 수 있는 매체가 필요했다.

결국 충분한 고민 끝에 이러한 현실적 과제를 해결해 줄 수 있는 매체로 선정된 것이 지하철이었다. 상대적으로 광고비가 저렴하다는 점에서 예산부족의 문제가 어느 정도 해결 가능하며, 소비자가 광고 메시지를 반복하여 읽어 볼 수 있는 설명형 매체라는 점에서 메시지 전달의 문제도 해결 가능하고, 핵심 타깃인 직장인과 젊은층의 대표적인 교통수단이라는 점에서 접점의 확보라는 세 번째의 과제도 해결 가능하였다.

그러나 아무리 광고비가 싸다고 하더라도 지하철 전 노선의 모든 매체를 다 집행할 수 없기 때문에 한정된 예산으로 최대의 효과를 올릴 수 있는 매체를 선정해야 하며, 지하철 내 매체 중에서도 타깃의 접근성과 반복적인 메시지 노출에 가장 효과적인 매체를 선정해야 한다는 추가적인 결정이 필요했다. 따라서 가장 이용객이 많고 주요 상권을 관통하는 2호선과 3호선을 선택하였다. 매체의 형태는 지하철 차내 매체 중에서 설명적인 메시지 전달에 가장 효과적인 것으로 조사된 바 있는 모서리형과 액자형의 두 가지 형태로 압축되었는데, 선호도가 높은 액자형은 다른 매체까지 옵션으로 구매해야 하는 문제가 있었기 때문에 다른 조건이 없는 모서리형으로 선택하였다(그림 3-6 참조). 추가적으로 지하철 삼성역 인근에 위치한 KLC 본사를 알리는 일종의 문패의 역할과 본사에 위치한 매장까지 함께 알리는 위치알림 광고를 고려하여 삼성역 구내 1, 2번 출구에 '와이드칼라'를 운영하기로 하였다(그림 3-7 참조). 결과적으로 KLC는 지하철 차량광고에 해당하는 2, 3호선 모서리형 광고를 각

그림 3-6 지하철 모서리형 광고

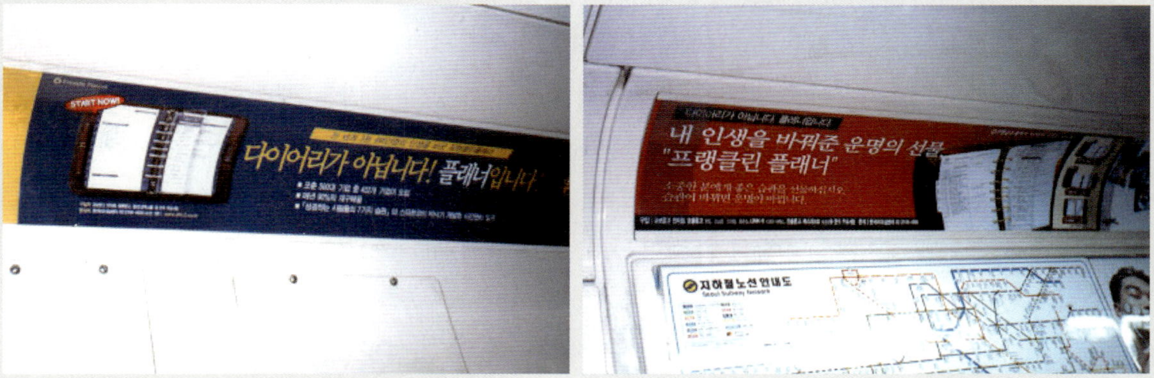

그림 3-7 지하철역 구내 와이드칼라 광고

각 200매씩 운영하였고, 교통시설물 광고에 해당하는 역 구내 와이드칼라(삼성역)를 동시에 운영하는 것을 시작으로 일반 소비자와의 소통을 시작하였다.

지하철 캠페인 이후 매장을 찾는 소비자들 중 많은 수가 지하철광고를 통하여 매장과 플래너를 알게 되어 찾아왔다고 한다. 물론 광고의 집행 시점이 연말이라는 시의성과 맞물린 효과도 무시할 수 없고, 광고가 매출에 직접적으로 영향을 미쳤다고 단언하기 힘들겠지만, 캠페인 이후 본사 매장 내방객이 증가했다는 점에서 기본적인 광고효과는 거둔 것으로 평가할 수 있을 것이다.

이후 KLC는 매년 10월경에 광고캠페인을 시작하여 이듬해 2월 또는 3월까지 집행하는 패턴을 지니게 되었다. 또한 매체는 옥외광고 원년의 후광으로 지하철에 대한 높은 충성도를 보이고 있다. 형태는 모서리형 외에 액자형을 동시에 집행하기도 했다. 플래너의 지속적인 매출 신장으로 서울을 비롯하여 전국적으로 매장이 추가로 개설되었고, 매장의 위치를 알려주는 와이드칼라의 집행에도 집중한 시기가 있었다. 위치알림과 POP(구매시점 광고)의 역할을 동시에 수행하였던 것이다. 그리고 문패역할을 했던 본사 와이드칼라 광고 역시, 본사 이전에 따라 삼성역에서 학동역으로, 그리고 수서역으로 자리를 옮겨 집행을 하기에 이르렀다.

이상과 같이 KLC의 캠페인 발자취를 통하여 중소기업도 효과적으로 활용 가능한 지하철 광고의 보편적 특성에 대하여 살펴보았다. 많은 예산을 사용하지는 않았지만 적절한 시기에 적절한 매체를 통하여 강력하고 일관성 있는 메시지로 소비자들의 인식에 다이어리가 아닌 플래너로 자리 매김하는데 부족함이 없었던 것으로 평가된다. 이제는 그 동안의 성공적인 광고집행을 통해 다져 온 기업이미지와 제품이미지를 좀 더 많은 소비자에게 알릴 수 있는 대안매체들에 대한 고민이 이루어져야 할 것으로 보인다. 세월의 흐름만큼이나 다양해진 매체들을 효과적으로 활용함으로써 앞으로 더욱 좋은 광고 캠페인으로 지속적인 성장을 기대해 본다.

03 옥외광고와 지역성

옥외광고에 있어 지역성이라는 특성은 4대 매체를 비롯한 여타의 매체와 비교될 수 있는 가장 중요한 요소이다. 장소적 개념뿐만 아니라 개별매체가 위치한 특정지점 역시 주목할 만한 주요 변인임을 간과해서는 안 될 것이다. 예를 들어, '코엑스몰'과 '강남역'이라는 장소적 개념은 매체가 설치된 특정 포인트의 개념을 동시에 포함하고 있다는 것이다. 이를 포괄적으로 지역성이라는 개념으로 이해할 수 있다.

옥외광고물은 해당 지역을 대표하는 상징적인 의미를 갖는다. 현재는 특별법 폐지 당시 매체가 철거되어 존재하지는 않지만 신사역 사거리에 장기간 게첨되었던 후지필름 옥상네온 광고물이 좋은 예라고 할 수 있다. 신사역 사거리의 가장 대표적인 매체로 후지필름 광고물이라고 하면 웬만한 운전자들이 알고 있을 만큼 대표적이었다. 약속장소를 정할 때도 후지필름 옥상 광고물이 입에 오르내릴 정도로 신사역 사거리를 대표하는 대명사였다. 물론 모든 옥외광고 매체가 다 그런 것은 아니지만 옥외광고 관련 법규에 따라 옥상광고의 설치가 상업지역으로 제한되고 건물의 대형화가 복합적으로 어우러져 발생한 현상이라고 이해할 수 있다.

옥외광고는 지역성을 바탕으로 광고매체 시장에서 탄탄한 경쟁력을 확보하기에 이르렀고 따라서 이러한 옥외매체의 특성을 잘 활용한다면 보다 효과적인 매체운영이 가능하다. 물론 어떤 매체를 활용하느냐에 따라 효과가 달라질 수 있으므로 광고주와 대행사에 있어 어려운 과제가 되기도 하지만, 특히 지역상권을 목표로 하는 광고주에 있어서 옥외매체는 중요한 커뮤니케이션 수단이라고 할 수 있다. 전국적인 커버리지가 가능한 TV나 신문 등에 비하여 특정지역을 타깃시장으로 삼는 광고주에게 옥외광고는 비용효율성 측면에서 가장 적절한 매체이기 때문이다. 실제로 주요 건설업체의 분양광고나 대형 유통업체의 광고캠페인에서 옥외매체를 활용하여 성공한 사례들을 많이 볼 수 있다. 이는 과거 대형매체를 위주로 한 제한적인 매체활용에서 벗어나 옥외광고를 포함한 다양한 매체로 소통경로를 확장함으로써 효과적으로 목표 수용자에게 도달할 수 있기 때문으로 볼 수 있다. 물론 아직도 지역에 따라 옥외매체의 활용에 어려움이 있지만 흔히 '움직이는 광고판'이라고 하는 모바일플렉스나 래핑버스 등 이동 가능한 매체를 동시에 활용함으로써 어느 정도 매체활용의 어려움을 해결할 수 있을 것이다.

옥외광고 매체는 지역성뿐만 아니라 제한적이긴 하지만 해당지역의 경제발전에도 기여할 수 있다. 서울이나 광역시 등에 비하여 운영되는 매체가 제한적일 수밖에 없는 지방의 경우에는 아파트 분양 등 지역경제 붐-업에 옥외광고가 광고적 관점에서 도움을 주고 있는 것이다. 서울중심의 편중된 상권과 그에 따른 매체 집중화를 극복할 수 있는 하나의 방법이 라고 할 수 있다. 그러나 수요와 공급의 원칙에 따른 기타 지역 내의 매체부재는 옥외광고업계가 풀어야 할 숙제 중의 하나이다. 기존의 매체들로는 지역광고를 활성화시키기에 부족하기 때문이다. 따라서 소비자들에게 좀 더 적극적으로 다가갈 수 있는 매체개발이 선행되어야 할 것이다. 물론 매체개발 자체가 지역경제나 커뮤니케이션의 성패를 좌우하는 것은 아니겠지만 적어도 기회 제공이라는 측면에서 도움이 될 것이다.

실제 캠페인 사례를 통하여 옥외매체의 지역성과 지역 커뮤니케이션에 대하여 살펴보기로 한다. 앞 장에서 살펴보았듯이 광고메시지를 담아 낼 그릇인 매체선정의 의사결정은 나날이 어려워지고 있다. 특히 특정지역을 목표시장으로 삼는 광고주에게는 더욱 어려울 수밖에 없고, 따라서 이러한 광고주에게 지역성을 기본으로 하는 옥외광고는 최선의 선택이 될 수 있다.

도심속 물놀이 시설을 보유하고 있는 '인피니레져'라는 회사는 영등포의 문래동 지역을 기반으로 하는 지역광고주이다. 지하철 2호선 문래역의 LOOX상가 내에 위치하여 'Sealala'(이하 씨랄라)라는 스파 및 워터파크 브랜드를 운영하고 있었다. 주요 타깃상권은 문래역을 중심으로 영등포와 신도림, 구로 등 주변 상권이었고, 이와 함께 도심 속에서 레저를 즐기려는 젊은이들을 대상으로 하여 강남역이나 삼성역 등 서울의 주요 핵심상권들을 서브(sub)지역으로 잡았다. 타깃시장이 서울 전역이 아닌 문래역을 중심으로 하였기 때문에 전체적인 마케팅과 커뮤니케이션 방향이 지역을 중심으로 이루어 질 수밖에 없었다. 따라서 마케팅과 커뮤니케이션 목표에 준하여 1개월 동안 목표청중에게 집중적인 노출을 이끌어내는 것을 매체목표로 설정하였다. 목표달성을 위하여 미국의 광고대행사인 DDB Needham에서 개발한 PMN(personal media network)을 바탕으로(Sissors & Baron, 2010) 소비자들의 이동 동선 상에 위치한 매체를 활용하는 전략을 수립하였다.

서울에 위치하고는 있지만 영등포라는 특정지역과 서브지역에서 효율성을 극대화할 수 있는 매체의 선정이 중요한 과제였고 이를 위하여 전략적인 매체전략이 필요하게 되었다. 매체전략의 핵심은 제한된 예산으로 최대의 효과를 누릴 수 있는 매체의 집중화였다. 최대의 노출을 목표로 시작된 매체집행은 교통광고를 중심으로 이루어졌다. 문래역 주변에 위치한 시설물의 문패 역할을 해 줄 인근 지하철 역사 내 벽면 래핑광고를 운영(그림 3-8) 하였고, 역주변에 위치한 버스쉘터에 광고를 집행함으로써 지역 거점을 마련하였다. 지상과 지하를 포함하여 해당 시설에 근접할 수 있는 교통수단 매체를 활용함으로써 메시지 노출을 극대화하고자 하였던 것이다. 또한 기존 옥외매체를 단순하게 활용하기 보다는 임팩트 있는 메시지 전달을 위하여 프로모션 매체를 개발하여 소비자들의 주목을 끌었다. 이와 함께 젊은이라는 서브타깃과 지하철 2호선, 접근성을 고려하여 지하철 2호선 차내 광고와 스크린도어 PDP, 역사 내 천정 배너광고(그림 3-9)를 활용하여 오픈 고지 붐-업을 유도하였다. 이상과 같이 지역적 특성을 갖고 있는 옥외매체들, 구체적으로 지하철과 버스쉘터를 효과적으로 운영함으로써 단기간 내에 적은 비용으로 목표를 달성하였던 것이다. 더욱 다양하게 발전하고 있는 옥외매체들을 지역적 특성에 맞게 활용함으로써 광고시장 자체뿐만 아니

그림 3-8 씨랄라 지하철 역사 래핑광고

그림 3-9 씨랄라 지하철 차내 및 스크린도어 PDP

라 지역 커뮤니케이션을 활성화할 수 있음을 보여주는 사례라고 할 수 있다.

04 옥외광고와 신제품

신제품을 출시하게 될 때 제품, 가격, 유통 등 여러 가지 마케팅요소들이 다 갖추어진 상태를 전제로 한다면 대부분 마지막 마무리를 광고가 그 역할을 하게 된다. 이것은 물론 광고를 마케팅의 종착역으로 보는 것이 아니라 시장에서 소비자와의 접촉을 위한 첫걸음을 떼는 과정으로 이해해야 한다는 것이다. 물론 광고없이 시장에 출시되는 제품들도 많다. 광고주와 대행사의 노력으로 만들어진 신제품의 광고메시지는 시장과 소비자라는 식탁에 담아낼 그릇인 매체를 찾게 되는데 일반적으로 과거에는 TV나 신문 등 전통적인 4대 매체를 중심으로 광고주들의 매체선택이 이루어졌다면 이제는 제품시장이 세분화되면서 4대 매체만으로는 다양한 매체 이용행태를 보이고 있는 소비자들과의 커뮤니케이션이 어렵게 때문에 환경변화에 맞는 매체의 선택이 어려운 과제인 것이 사실이다. 이번 장에서는 타깃과 제품의 특성을 정확히 파악하여 효과적인 옥외매체를 활용한 섬유탈취제 '페브리즈'의 신제품 캠페인에 대하여 살펴보기로 한다.

2000년대 초반 이후 소비자들은 먹거리를 중심으로 웰빙이란 용어에 익숙해진 시대에 살고 있다. 비단 먹는 것뿐만 아니라 입고, 즐기는 모든 것에 이르기까지 대상도 다양해지고 있다. 나프탈렌이란 제품을 방향, 방충제의 대명사로 인식하고 옷장과 화장실 등에서 사용하던 시절이 엊그제 같은데 이제 방향, 방충제 시장은 는 국내 기업뿐만 아니라 글로벌 기업까지도 참여가 매우 활발한 시장으로 성장하였다. 2010년 당시 국내의 방향, 방충제 시장규모는 약 1,500억원을 상회하며 매년 20% 이상의 성장률을 보이고 있는 잠재력 있는 시장으로 변화하고 있다. 이 중 특히 '페브리즈'라는 브랜드가 90%의 점유율로 시장을 장악하고 있는 섬유탈취제는 450억원의 시장규모를 형성하고 있다.

페브리즈는 시장점유율에서 알 수 있듯이 소비자들에게 섬유탈취제라는 일반명사보다는 제품군을 대표하는 고유대명사로 더욱 잘 알려져 있는데, 탈취제 분야에서 척박했던 한국시장에서 P&G라는 글로벌기업이 펼친 대대적인 마케팅노력의 결과로 볼 수 있다. 1999년 처음 한국시장에 페브리즈가 소개되었을 때만 하더라도 국내에는 '섬유탈취제'라는 개념조차 없었는데, 단순한 방향제는 시장에 출시되어 있었지만 악취를 근본적으로 제거하는 탈취제는 전무했기 때문이다. 따라서 P&G의 초기 마케팅 콘셉트는 섬유탈취제에 대한 정의와 용도에 대한 교육에 가까웠다고 보는 편이 맞을 것이다. 생활의 단면('slice of life')이라는 광고소구기법(이명천, 김요한, 2010)을 통하여 실제 이웃과 같은 가정에서 일반인들이 페브리즈를 사용하는 장면을 연출함으로써 제품에 대한 거부감 해소와 이해를 도왔다. 또한 시장 진입 초기 주부를 모델로 기용하여 주부와 여성들에게 어필하는 메시지를 내보냈지만, 점차 아빠와 자녀라는 가족 전체로의 확장을 시도하였다. 제품특성 상 주부들만이 사용하는 제한적 범주를 의도적으로 남녀 노소 누구나 필요에 따라 어디서든지 사용할 수 있다는 개념으로 확장시킨 것이다. 그 결과 탈취제 시장의 성장세가 매년 두드러지게 나타나게 되었고, 이것은 특히 대형할인점을 중심으로 한 광고매체운영의 단초가 되었다는 점에서 큰 의미가 있다.

섬유탈취제 시장의 선도적 브랜드를 보유한 P&G는 공기탈취제 제품군에서도 시장의 주도권을 잡고자 한다. 약 150억원대로 추정되는 공기탈취제 시장은 페브리즈와 옥시, LG생활건강, 그리고, 후발주자로 뛰어든 애경까지 합세하여 시장의 열기가 더욱 가열되는 시장이었다. P&G의 공기탈취제 신규 브랜드인 '페브리즈 에어'는 2006년 "공기 중 냄새를 싹"이라는 슬로건으로 소비자들에게 본격적으로 모습을 드러낸다. 출시 이후 소비자들의 뜨거운 반응을 경험한 P&G는 2007년에는 '페브리즈 에어 비치'라는 설치형 제품을 출시하기에 이른다. "공기탈취제도 페브리즈가 만들면 다릅니다"라는 자신감 있는 슬로건으로 본격적인 시장공략에 나선 것이다.

'페브리즈 에어'는 2006년 런칭 시 좀 더 타깃소비자들과의 밀착된 소통을 위하여 적합한 매체로 대형할인매장의 카트를 선정한다. 핵심타깃인 주부뿐만 아니라 아빠, 어린이 등에 이르기까지 온 가족을 대상으로 메시지를 전달할 수 있어야 하고 일방적으로 메시지를 전달하는 것이 아니라 제품을 체험할 수 있는 매체로 적합한 매체로 판단한 것이다. 대형마트는 여러 옥외매체 사이트 중에서 온 가족들이 함께 모일 수 있는 적합한 장소였으며 당시 대형마트 내 유일한 광고매체인 카트에 제품의 샘플을 직접 부착하여 실제로 체험할 수 있도록 기획하였다. 매체사와 해당 할인점의 협조를 얻어 마침내 실제 제품을 달고 매장을 오가

그림 3-10 '페브리즈 에어' 할인점 카트 광고

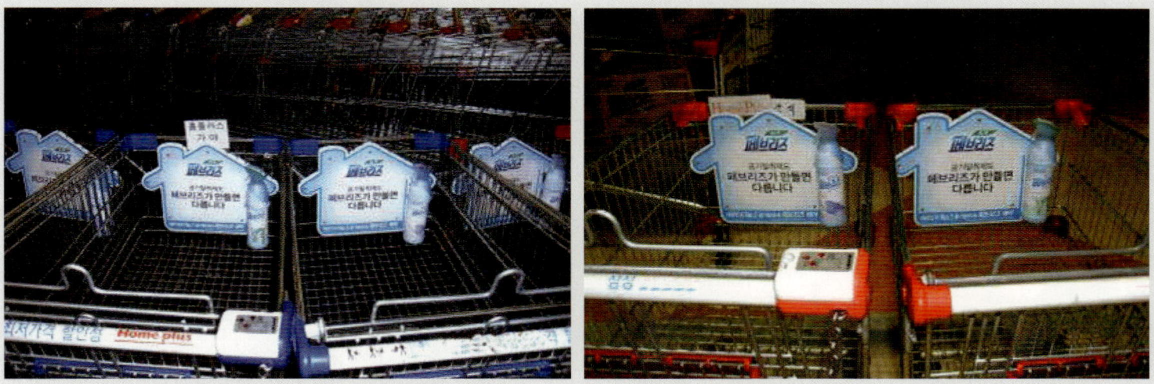

며 소비자들이 직접 제품을 체험하게 함으로써 신제품에 대한 관심과 강한 인상을 남기게 되었다. [그림 3-10]에서 볼 수 있듯이 실제로 서울을 중심으로 인천, 경기지역의 홈플러스 14개 매장에서 약 5,000대의 카트를 활용하여 제품을 게첨하였고, 서울 이외에 부산의 홈플러스 11개 점에서 약 4,000대의 카트를 활용하여 기존의 에어제품과 새로운 비치형을 동시에 게첨하여 운영하였다(그림 3-11 참조). 인쇄면도 네모의 형태에서 집 모양으로 변형하여 소비자들에게 좀 더 친숙히 접근할 수 있었다.

이어진 2차 캠페인에서는 '페브리즈 에어'의 확장제품인 비치형에 중점을 두어 진행하였는데 기존 에어제품의 경우 1차때와 유사하게 기존 인쇄광고면과 연계하여 제품을 게첨하였으나 새로운 비치형의 경우에는 브레인스토밍을 통하여 카트 손잡이 부분에 설치하는 것으로 결정하였다. 소비자들이 바로 코 밑에서 향을 맡을 수 있다면 더욱 효과가 클 수 있을 것이라는 취지하에서 할인점의 승인하에 캠페인을 집행하였다.

이러한 과정을 통하여 만들어진 페브리즈 카트광고는 신제품 출시에 따른 효과적인 옥외매체 캠페인의 성공사례로 보아도 무리가 없을 것이다. 또한 요즘 부각되고 있는 엠비언트 매체라는 트렌드에도 부합되는 아이디어로 볼 수 있다. 향후 P&G를 비롯한 많은 광고주들의 매체운영에 훌륭한 대안이 될 수 있을 것이다. 소비자들에게 친밀감 있는 접촉경험을 제공함으로써 성공적으로 신제품 시용효과를 거둔 페브리즈의 할인점 카트 광고 캠페인은 다른 브랜드로 이용이 확산되기도 하였다. 코카콜라의 미닛메이드가 부산지역 할인점에 Mock-up 샘플을 게첨하여 소비자들에게 좋은 인상을 남겼던 것이다.

그림 3-11 '페브리즈 에어 비치' 할인점 카트 광고

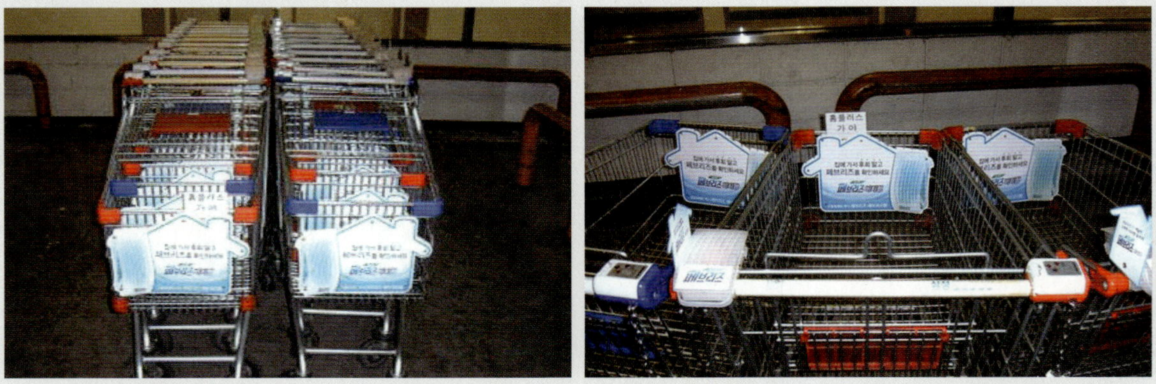

05 옥외광고와 공간개발

최근의 옥외광고의 특성을 잘 표현해 주는 것이 BTL 매체 또는 엠비언트 매체일 것이다. 4대 매체와는 달리 장소적 개념이 강한 옥외매체의 특성을 잘 표현해 주는 용어라고 할 수 있는데, 이의 다른 표현으로 공간개발(Space Development, 이하 SD)이 적합할 것이다. 기존의 옥외광고 매체뿐만 아니라 최근에 새롭게 개발되는 매체를 규정짓는데 적절한 개념이라고 할 수 있다. SD를 협의의 개념으로 해석하자면 '공간(장소) 개발'을 의미한다. 우리를 둘러싼 모든 일상이 공간이라는 틀 안에 존재한다는 것을 전제하는데, 집이나 사무실, 지하철과 자동차, 극장 등 바로 소비자들을 둘러싼 삶의 모든 환경이 이에 해당된다고 하겠다. SD는 바로 이러한 관점에서 시작한다.

SD와 관련된 또 하나의 개념을 이해할 필요가 있다. 바로 Noise라는 용어인데. '소음' 또는 '잡음'이라는 뜻이다. 무분별한 자동차 경적소리, 공사장의 말뚝 박는 소리, 취객들의 고성방가 등 우리주변에 너무나 많은 Noise가 존재한다.

청각적인 것뿐만 아니라 시각적인 Noise도 존재한다. 비양심적인 운전자들의 무리한 끼어들기, 청소년들의 흡연 등이 해당된다.

자본주의 시장에서의 가장 대표적인 Noise는 광고라고 할 수 있다. 광고의 여러 가지 순기능적인 역할에도 불구하고 너무나 많은 새로운 매체들의 등장으로 광고혼잡도가 더욱 증가하고 있다. 물론 다매체시대의 이면 현상으로 Noise를 간주해도 좋겠지만 소비자들에게는 많은 불편을 초래하고 있는 것이 사실이다. 인터넷과 위성TV의 등장으로 과거 공중파 TV나 라디오, 신문에서만 볼 수 있었던 광고들이 이제는 다양한 채널을 통하여 제공되고 있다. 출근, 통학, 외출 시 이용하는 교통시설, 교통수단은 물론이고 학교나 피트니스센터, 심지어 아파트 엘리베이터에 이르기까지 광고매체가 설치되어 소비자들의 모든 이동경로에서 메시지를 전달하고 있다. 이렇듯 포화된 매체시장에서 전달되는 광고메시지가 100% 소비자에게 전달되어 원하는 목표를 달성할 수는 없을 것이다. 지하철의 경우를 보아도 과거와 비교하여 많은 종류의 새로운 매체들이 개발되어 메시지가 넘쳐나고 있다. 과연 어떤 매체가 효과적인지 판단하기가 매우 어려운 환경이 되고 있는 것이다. 실제로 효과조사를

그림 3-12 건물벽면 래핑 및 지하철역 구내 래핑 광고

해 보지 않는 한 매체의 효과를 측정하기란 매우 어려운 환경이 되었다. 따라서 광고주들은 보다 강력한 메시지 소구가 가능한 매체를 원하고 있다. SD는 이러한 광고주들의 갈급에서 시작되는 개념이라고 볼 수 있다.

SD는 다양한 의미로 쓰이고 있다. 광고매체로의 관점뿐만 아니라, 건축이나 인테리어 분야에서 자주 접하게 된다. 프로모션이나 이벤트, 신문광고 지면을 구매하는 행위도 SD로 보는 견해도 있다. 우리가 흔히 주변에서 보는 간판이나 네온사인 등도 건물을 활용한 SD의 사례로 볼 수 있을 것이다. 그러나 우리가 흔히 접하는 버스나 지하철과 같이 공간을 활용한 매체들, 건물옥상을 활용한 매체들은 SD의 범주에서 제외하고자 한다. 서두에서 전제한 것처럼 SD는 기존매체보다는 BTL과 엠비언트 미디어의 개념에서 출발하기 때문이다.

매체적 관점에서의 SD는 제작과 밀접하게 연관되어 있다. 기존의 옥외광고물들도 매체를 위한 제작으로 규정할 수 있지만 SD는 제작 그 자체로 매체화가 가능하다. 최근의 경향은 래핑(Wrapping)이 SD를 주도하고 있다. 버스래핑과 건물래핑(그림 3-12)이 대표적으로서 2002년 한일 월드컵을 기점으로 광고주와 매체사들 사이의 관심을 받았고 활발히 개발되어져 왔다. 이와 함께 코엑스 몰과 밀레니엄 광장, 지하철 2호선을 중심으로 등장했던 지하철 역 구내 래핑(그림 3-12) 등도 새로운 SD로 등장하고 있다. 법적규제와 개발 및 진행의 어려움이 적은 장소로 무게중심이 옮겨지고 있는 상황이다. 최근에는 [그림 3-13]에서 볼 수 있듯이 커피빈, 카페베네 등 커피전문점과 GS25, CU, 올리브 영 등과 같은 유통점에 LCD모니터와 PDP TV와 같은 매체들이 속속 등장하면서 영역을 확장하고 있고, [그림 3-14]와 같은 쇼핑몰 내 원형 쇼케이스도 등장하고 있다.

'씨티카드'라는 신용카드 브랜드는 SD의 효과적인 활용 사례를 제시해 준다. '씨티카드'는 서비스의 특성상 할인점에서 카드사용이 빈번한 점을 감안하여 할인점 내에서의 광고

그림 3-13 다양한 SD 매체

커피숍 PDP

버스내부 의자 등받이

쇼핑몰 외부

할인매장 내부

그림 3-14 쇼핑몰 내 원형 쇼케이스: 리바이스

캠페인을 계획하고, 매체선정에 있어서 할인점 마다 보편적인 매체가 된 쇼핑카트와 함께 소비자들에게 좀 더 자연스럽게 메시지 전달이 가능한 매체를 찾게 되었다. 전제조건은 해당 할인점의 승인이었는데, 최종적으로 홈플러스 5개 지점의 계산대 제품분리바를 매체화하기로 결정하고 승인을 얻어냈다. [그림 3-15]에서 볼 수 있듯이 기존의 계산대에서 사용되던 분리막대기 대신 광고물 게첨이 가능한 형태로 분리바를 제작, 납품하여 자연스러운 광고메세지 노출은 이루어낸 것이다. 당시 홈플러스 5개 지점의 132개 매대에서 자체 제작된 분리바를 사용하여 메시지를 노출하였다.

위의 예에서 볼 수 있듯이 SD는 먼저 장소를 선정하고 선정된 장소 내에서 매체의 위치선정의 단계를 거치게 된다. 즉 지역이나 공간 자체의 규모와 상징성을 우선적으로 고려해야 하고, 해당 건물이나 장소에서 주목률과 노출기회가 많은 접점을 선정해야 한다. 코엑스몰 광장에서 보여주었던 리바이스의 원형 쇼케이스도 좋은 예가 될 것이다. 단, 새로운 SD매체들은 실제 개발과 진행 과정상 여러 가지 어려움이 있을 수 있기 때문에 개발사뿐만 아니라 대행사 그리고, 광고주의 실행 의지와 탄력적 의사 결정이 필요하다. 결론적으로 SD매체는 아직까지 많은 한계점들이 있지만 야립광고물 철거 이후 옥외광고시장에 새로운 활력을 불러일으킨 매력있는 매체로 향후 전망이 밝다고 할 수 있겠다.

그림 3-15 할인매장 제품분리바 및 쇼핑 카트 광고: '씨티카드'

06 옥외광고와 공익성

일상에서 접하는 광고물들을 본 후 소비자들 간에 호불호(好不好)로 논쟁하는 모습을 접하면서 광고의 사회적 영향력이 그 만큼 커졌음을 알 수 있다. 광고가 시대를 반영한다고 보는 견해도 있고 반대로 사회, 문화적 트렌드를 창출해 나간다는 의견도 있는 것으로 볼 때 어떤 방향이 되었든 다양한 새로운 매체를 통하여 수많은 광고를 접촉하게 되는 현대인들에게 광고의 사회적인 영향력이 점점 커가고 있음을 알 수 있다. 광고의 기능에 대한 논쟁도 존재한다. 자본주의를 포기하지 않는 이상 광고가 없어지지 않을 것이라는 주장이 있는가 하면, 광고가 불필요한 소비를 조장하고 너무 선정적이어서 어린이들에게 악영향을 줄 수 있다는 견해도 있다. 그러나 상업적 목적뿐만 아니라 정부나 공공기관의 공공커뮤니케이션 활동에도 광고가 차지하는 비중이 커지는 것을 보면 광고는 여러 가지 부정적 기능에도 불구하고 분명한 역할이 존재함을 알 수 있다.

소비자들은 TV를 통해 희로애락을 간접적으로 경험하게 된다. 프로그램뿐만 아니라 광고를 통하여 오락적 요소와 정보적 요소 등을 접하게 된다. 신문, 라디오, 잡지, 인터넷 역시 이용자들에게 긍정적인 영향을 준다. 매스미디어 이론 중의 하나인 '이용과 충족' 이론에 의하면 미디어의 수용자들은 미디어를 이용함으로써 크게 다섯 가지의 욕구를 해결한다고 한다. 정보획득, 즐거움, 자아실현, 사회화, 현실도피 등이 그것인데 제한적이지만 이들을 요약하여 '공익성' 이라고 규정한다면, 공익성의 의미는 대중매체와 그 안에서 중요한 역할을 담당하는 광고로 확대할 수 있다. 공익성의 의미는 물론 옥외광고에까지 확대 해석될 수 있다. 현재 부활된 기금 광고 매체들을 말하는 것은 아니며 매체 자체가 가지고 있는 역할을 고려할 때 이러한 해석이 가능하다는 것이다.

새로운 옥외매체를 개발할 때 매체사들이 가장 강조하는 것이 바로 공익성이다. 수많은 매체가 범람하는 매체환경 속에서 원활하게 광고허가권을 얻어내기 위해서는 '공익성' 이라는 가치가 반드시 수반되어야 하기 때문이다. 2000년대 초반 개발되어 긍정적인 반응을 얻었던 강남 테헤란로의 '도로안내 표지판 광고물' 이 좋은 예라고 할 수 있다. 테헤란로 인도 위에 설치되어 인도면은 도보 이용객들에게 주변위치를 알리는 안내표지판으로 이용하고,

도로면은 테헤란로를 이용하는 교통인구들에게 광고면으로 활용되었던 것이다. 강북지역에는 '관광지리 안내도'라는 매체가 개발되어 테헤란로의 도로안내 표지판처럼 인도면은 주변 관광안내도로로 이용되고, 도로면은 광고면으로 활용되었던 것도 또 다른 예라고 할 수 있다. 또한 지하철 역사 승강장이나 통로 벽에는 '애드미러'라는 매체가 설치되어 이용객들에게 거울 대신 사용할 수 있게 하고, 그 대신 점멸방식으로 광고물을 노출하였다. 최근에는 중앙버스 쉘터와 스크린도어 등의 편의시설물들이 설치되어 교통이용자들에게 편리함을 제공하는 대신 광고매체로서 활발하게 운영되고 있다. 이와 같이 교통과 관련되는 공익적 옥외매체들은 4대 매체에 대한 소비자들의 광고 친숙도가 옥외로 전환되는 과정에서 소비자나 광고주 모두가 만족할 수 있는 효과를 가져오는 바람직한 결과를 보여주고 있다. 물론 공익성이 강한 매체라도 과도하게 이용된다면 오히려 역효과가 날 수 있음을 간과해서는 안되겠지만 공익성은 옥외광고의 새로운 아젠다(Agenda)가 되었음을 부인할 수 없을 것이다. 소비자들의 라이프스타일이 다양해지고 외부활동이 증가함에 따라 옥외매체의 공익적인 역할과 책임은 앞으로 더욱 커질 것으로 예측된다.

그림 2-16 공익성이 가미된 옥외매체

테헤란로 도로안내 표지판

애드미러

관광지리 안내도

애드미러

관광지리 안내도

다른 관점에서 옥외광고의 공익적 측면을 논의할 수 있다. 옥외광고 매체는 특성상 지역적이고 물리적이기 때문에 다른 매체처럼 눈이나 머리로만 인식되어지는 것이 아니라 직접 접촉과 이용이 가능하므로 공익성에 대한 느낌이 더 크게 다가올 수 있다. 예를 들어, 비가 내리는 날 우산없이 버스를 기다려야 하는 상황에서 버스쉘터가 없다면 결국 비를 맞으며 기다릴 수밖에 없을 것이다. 또한 스크린도어가 설치된 지하철 승강장은 역내의 소음과 먼지를 막아줌으로써 이용객들에게 쾌적한 환경을 제공하기도 하고, 승객의 안전을 지키는 역할을 하고 있다. [그림 3-17], [그림 3-18]과 같이 버스쉘터와 스크린도어는 현재 가장 인기리에 운영되고 있는 옥외매체인 점에서 공익성이 강한 매체일수록 광고매체로서의 효

그림 3-17 편의시설 옥외매체: 버스쉘터

그림 3-18 편의시설 옥외매체: 지하철 스크린도어

과도 클 수 있다는 결론도 가능하겠다.

공익성이 강한 매체의 개발은 주로 버스나 지하철, 택시 등 교통수단 자체보다는 교통시설물에 집중되는 경향을 보인다. 버스, 택시와 같은 교통수단 자체도 편의 및 공익시설로 볼 수 있지만, 버스쉘터나 스크린도어 등과 같은 시설물을 교통시설물로 취급한다면, 지하철 역시 차량 자체보다는 승강장, 역구내 등 시설물을 중심으로 이해하는 것이 좋을 것이다. 한편 교통시설물은 아니지만 소비자들의 일상생활에서 편리함을 주는 공공성을 지닌 매체들이 속속 등장하고 있다. [그림 3-19]에서 볼 수 있는 할인점 내에서 이용되는 계산대 상품분리바라든지 구매하는 물건을 담는 카트 등은 이용객의 편의를 증진시키는 도구이자 매체이다. 최근에는 할인점 내 이용 편의시설인 무빙워크나 엘리베이터 등도 래핑형태로 광고물을 게재하는 매체로 등장하고 있다.

편의시설 매체라고 해서 모두가 성공적인 것은 아니다. 가판점 형식으로 잡화나 음료 등을 판매하는 도로변 시설물의 경우가 이에 해당되는데 과거 노후한 가두판매 시설물을 개선하여 거리의 미관과 이용객들의 편의성을 증진시키고자 설치한 시설물이다. 도로면에 해당되는 시설물 후면을 광고매체화하여 승용차와 대중교통수단을 이용하는 소비자들을 대상으로 광고노출을 꾀하였으나 큰 성과를 보지 못한 것으로 나타났다. 편의성이나 공익성을 내포한 형태의 시설물이라 하더라도 광고매체로써 적절하지 못한 경우도 있기 때문에 개발시 광고효과를 포함한 타당성에 대한 연구가 필요할 것이다.

결론적으로 4대 매체와 달리 바로 눈앞에서 볼 수 있고 손으로 직접 만질 수 있는 옥외광

그림 3-19 편의시설 옥외매체: 할인점 내 매체

엘리베이터 벽면

쇼핑카트

고 매체의 특성을 고려한다면 앞으로 소비자들에게 편의성과 공익성을 제공할 수 있는 매체로의 전환과 새로운 매체의 개발이 활발해질 것으로 예상된다. 단순한 정보나 오락거리 제공이라는 평면적 기능보다는 소비자들이 직접 체험할 수 있는 입체적 기능의 메시지 개발도 필요할 것이다. 소비자 입장에서는 버스쉘터나 스크린도어 등 피부로 친숙하게 와닿는 시설물을 통하여 접하는 광고메시지에 대한 인식과 수용이 다른 형태의 광고물에 비하여 긍정적일 수 있기 때문이다.

07 옥외광고와 사인

사인(Sign)이란 단어를 사전에서 찾아보면 기호, 신호 등 다양한 개념을 의미하지만 옥외광고 분야에서 사인의 개념은 때로는 Signboard의 줄임말로 간판이라고 불리기도 하지만, 흔히 제작과 관련된 용어로 통용된다. 제작의 이면에 매체라는 개념이 존재하기 때문에 옥외광고는 매체와 사인(제작)이라는 두 바퀴로 움직이는 거대한 수레와도 비교된다. 그러나 사인을 제작이라는 좁은 의미로 해석하기보다는 제작차원을 넘어선 커뮤니케이션과 일맥상통하는 개념으로 이해하는 것이 타당할 것이다. 커뮤니케이션을 언어적 요소와 비언어적

그림 3-20 리바이스 사인 매체

요소로 나눌 경우 사인은 이 둘을 모두 포함하는 개념이 된다. 즉 타인에게 원하는 메시지를 전달할 때 필요한 언어적, 비언어적 요소들을 모두 포함하는 개념을 사인이라고 해석할 수 있다. 한편 매체적 시각에서 볼 때 사인은 이미 제작되어 설치된 옥외매체와 새로운 제작을 통하여 형성된 매체 모두를 포함한다. 즉 기존매체들도 제작이라는 과정을 거쳐 매체로 재탄생하게 되지만, [그림 3-20]에서 볼 수 있는 리바이스 옥외광고와 같이 기존매체와 같은 형태를 띠지는 않지만 한시적 제작을 통하여 매체로 탈바꿈하는 것들도 포함된다.

일상에서 흔히 접하는 옥상광고물이나 버스, 지하철광고 등 정형적 형태의 매체들은 언어적 요소들을 통해 광고 메시지를 소비자에게 전달하며, 계약만료와 함께 메시지는 사라져도 매체자체는 사라지지 않는 특징이 있다. 그러나 [그림 3-20]에서 볼 수 있듯이 제작을 통한 매체화는 역시 언어적 요소를 통한 메시지 전달이 주를 이루지만 형태에 따라서 제작물 자체로 메시지 전달이 가능하며, 계약만료와 함께 그 존재가 사라지는 경우가 대부분이다. 여기서 우리가 흔히 말하는 간판이라는 단순 고지형 광고물들은 제외된다.

리바이스의 광고 집행사례를 통하여 사인광고물에 대하여 자세히 살펴보고자 한다. 리바이스는 브랜드의 상징인 Red Tab의 베이직라인과 Green Tab의 에코라인 두 가지 제품라인을 출시하면서 새로운 광고기법을 찾게 되었다. 핵심타깃인 젊은층에게 적극적이고 역동적으로 신제품을 알리기 위하여 파격적인 매체의 활용이 필요하다는 점을 중시하고, 옥외매체를 중심으로 캠페인을 전개하기로 결정하였고 이에 적합한 매체확보에 주력하게 되었다.

그림 3-21 코엑스 밀레니엄광장 쇼케이스: 리바이스

이를 위하여 핵심타깃 유동인구가 집중하는 코엑스라는 장소를 선정하였지만 이미 설치되어 있는 매체들만으로는 캠페인의 목표를 달성하기에 무리가 있다는 판단을 내린 리바이스는 마침 코엑스 밀레니엄 광장의 환경개선 사업과 시기가 맞물리며 새로운 옥외매체의 개발과 운영이 가능하게 되었다. 앞서 언급한 것처럼 정형적 형태의 매체는 아니지만, 한시적으로 제작과 집행이 가능한 특수매체의 운영이 가능하게 된 것이다.

이에 따라 밀레니엄 광장에 설치된 쇼케이스 광고물을 주목하게 된다.(그림 3-21 참조) 나이키와 고어텍스가 기존 와이드칼라를 떼어내고 쇼케이스를 운영하고 있었으나 단일면을 활용하는 평면형이었던 데 반하여 리바이스는 원형 쇼케이스를 개발하여 360도 모든 각도에서 광고물 내부를 들여다 볼 수 있게 하였고, 평면형과는 달리 깊이가 있어 디스플레이의 입체감이 더 살아나는 효과까지 얻게 되었다. 특히 설치위치가 이용객의 왕래가 많은 위치여서 주목 효과는 매우 높았다. 또한 조명을 설치하여 야간에도 실제 상점 디스플레이를 보는 것과 같은 느낌을 강렬하게 주었다. 추가로 지하층과 1층엔 공사를 위해 설치한 펜스에 광고를 게재함으로써 쇼케이스와 함께 코엑스 밀레니엄 광장을 리바이스 존으로 활용하는 효과를 거두기도 하였다. 캠페인 기간이 2개월이라 한시적인 참여로 매체로서 수명은 다했지만 옥외광고의 향후 대안 매체로 지향점을 제공했다는 평가를 받고 있는 사례이다.

리바이스는 이 밖에도 코엑스몰 외에 일반적인 옥외매체 운영에도 전력을 다했다. [그림 3-22]에서 볼 수 있듯이 서울과 지방의 버스쉘터와 CGV, 메가박스, 강남 시너스G(현 메가박스 강남) 엘리베이터 래핑을 비롯해 극장 스크린광고를 운영하였다. 이를 사인과 제작 관

그림 3-22 리바이스 기타 매체광고

점에서 보면 버스쉘터는 각종 철 구조물로 제작된 교통편의 시설로써 광고 게첨이 가능하게 제작된 매체로 볼 수 있는 반면, 극장과 엘리베이터 래핑은 광고 시설물로 제작되지 않은 일반시설물에 인쇄물을 게첨하는 소극적 형태의 제작이라고 이해할 수 있다. 같은 제작이라는 외형적 특징이 동일하더라도 밀레니엄 광장의 쇼케이스처럼 목적에 따라 전혀 새로운 형태의 특수매체가 될 수도 있는 것이다. 물론 버스쉘터도 단순한 인쇄물을 게첨하는 것이 아니라 새로운 크리에이티브로 제작하고 광고를 게첨하였다면 또 다른 특수매체가 될 수 있다는 것이다.

이렇듯 사인은 광의의 개념으로 해석하지 않고 제작이란 협의의 개념으로 해석하더라도 다양한 관점에서 이해할 수 있다. 새로운 광고 캠페인을 전개할 때 적절한 제작기법과 크리에이티브가 조화를 이룬다면 기존의 일반적 매체라도 소비자들에게 강력하게 메시지를 소구할 수 있을 것이다. 또한 새롭고 효과적인 매체를 찾는 광고주들에겐 사인은 훌륭한 대안이 될 수 있을 것이다. 무엇보다 매체로써의 생명은 짧다 하더라도 소비자들에게 주목받기를 원한다면 새로운 창조물이 필요하다는 점을 명심해야 할 것이다.

제4장 교통매체

앞의 제1장부터 제3장까지는 옥외광고의 기본적인 개념과 정의, 역사 등을 알아보았고, 이와 함께 옥외광고의 특성과 장점에 대하여 살펴보았다. 제4장부터 제6장까지는 다양한 옥외매체의 종류를 크게 교통매체, 옥상 및 도로매체, 그리고 시설물 및 특수매체 등 세 가지로 나누어 자세히 살펴보기로 한다. 먼저 제4장에서는 지하철, 버스, 택시, 공항, 철도 등 교통수단과 시설물에 적용되는 옥외매체를 살펴보기로 한다,

01 지하철(차량광고)

버스 중앙차로제와 고유가 등이 맞물리면서 시민들의 대중교통 이용이 점진적으로 증가되고 있다. 서울시에서도 최근 대중교통 수송 분담률을 상향 조정하고 있다. 이에 따라 승용차량 이용자를 대상으로 한 옥외광고보다는 지하철, 버스 등 대중교통 수단을 이용하는 시민들을 대상으로 한 옥외광고 매체에 대한 관심이 높아지고 있다.

버스의 경우에는 직접 버스를 이용하는 이용자들과 자가 운전자들에게 동시에 메시지를 노출할 수 있다는 장점으로 많은 광고주들이 참여하고 있는 반면 지하철의 경우에는 광고주들의 매체 이용이 주춤하고는 있지만 최근 차내 광고 매체의 이용을 줄이고 프로모션 광고매체를 통하여 상대적인 상승세를 유지하고 있다. 따라서 여전히 지하철은 교통수단으로서 뿐만 아니라 광고매체로서 과거의 명성을 되찾아 가고 있다.

지하철 매체는 크게 차량을 이용한 광고물과 시설물을 이용하는 광고물 등 두 가지로 구분된다(〈표 4-1〉 참조). 차량광고는 차량내부와 차량외부로 나뉘고, 차량내부는 인쇄형과 동영상 광고매체로 다시 구분된다. [그림 4-1]에서 볼 수 있는 차량내부 인쇄형 광고는 지하철의 태동과 함께 역사를 함께 한 전통적인 지하철매체로서 최근에는 조명형 광고까지 등장하여 눈길을 끌고 있다. 동영상 매체는 최근에 새로운 기술력을 바탕으로 등장하였지만 영업에 어려움을 보이고 있다. [그림 4-2]의 차량외부광고는 서울 지하철 2호선을 시작으로 활발히 운영되다가 스크린도어의 등장과 함께 점차 사라지고 있다.

실제 광고주의 지하철광고 참여사례를 통해 지하철 매체의 특성을 살펴보기 위하여 앞 장에서 소개했던 한국성과향상센터(이하, KLC)의 사례를 다시 한 번 소개한다. KLC는 교육프

표 4-1 지하철광고의 종류와 형태 (과거 및 현재)

분 류	구 분	종 류	형 태	매체명	운영노선
교통광고(지하철)	차량이용광고	차내 광고	인쇄형	액자형	1-9호선
				모서리형	1-9호선
				천정걸이	1-8호선
				노선도	1-8호선
				인통문상단	1-8호선
				스티커	1-8호선
				천정걸이형(조명)	1-4호선(국철구간)
				모서리형(조명)	1-4호선(국철구간)
			동영상	벽면부착	1-4호선(국철구간)
				천정걸이형	1-4호선
				노선도	1-9호선
		외부광고	인쇄형	포스터형	1-8호선
				부분래핑(1/4)	1-8호선

주) 상기 리스트는 현재 운영하지 않는 매체도 포함하고 있음

그림 4-1 지하철 차내 광고

차내 인쇄형 광고

차내 동영상 광고

그림 4-2 지하철 차량 외부광고

로그램 서비스를 핵심상품으로 플래너(다이어리류)를 판매하는 회사이다. 플래너의 초창기 광고목표는 집중적인 광고노출을 통하여 기존 다이어리와의 차별성을 인식시키는 것으로서 광고시기는 매년 10월부터 그 다음해 2월까지 진행하였다. B2B 성격이 강한 사업특성으로 과거에는 경제지와 같은 신문매체를 주로 이용하였지만, 플래너라는 부가제품이 점차 일반인들에게 알려지면서 사업방향을 B2C로 일부 확대하고 타깃 역시 일반 소비자를 대상으로 전환하였다. 유통망이 교보문고, 영풍문고 등 서울과 지방 대도시의 대형서점으로 확대되자 신문 중심의 광고운영에 한계를 느끼게 되었고, 브랜드인지도가 거의 없는 상태였기 때문에 일반인들에게 플래너 자체의 인지도와 제품특성을 알리고 판매점의 위치까지 알려야 하는 두 가지 목적을 달성할 매체가 필요하였다. 또한 핵심타깃인 직장인들과 대학생들이 그들의 일상생활 속에서 접할 수 있게 하는 매체가 필요하게 되었다.

여러 가지 대안을 고려한 끝에 타깃소비자의 라이프스타일을 고려하고, 인지도 제고를 통한 대중성의 확보, 매장의 위치 고지 등 목표를 달성할 수 있는 최적의 매체로 지하철을 선정하였다. 대부분의 판매서점들이 지하철과 연계되는 입지조건인 점, 타깃소비자의 출, 퇴근과 통학이 대부분 지하철을 중심으로 이루어지고 있는 점, 지하철광고가 브랜드에 대한 고지와 정보제공에 용이하다는 점 등을 감안한 결정이었다. 또한 TV나 신문에 비하여 상대적으로 예산 부담이 적다는 점도 고려한 결정이었다. 구체적으로 지하철 이용객 수가 가장 많은 서울 1-4호선(1기 지하철)을 선정하였고, 매체형태는 제품설명에 가장 적합한 것으로 판단되는 액자형과 모서리형 중에서 1호선을 제외하고 물량이 적절히 공급되는 모서

그림 4-3 KLC의 지하철광고

액자형

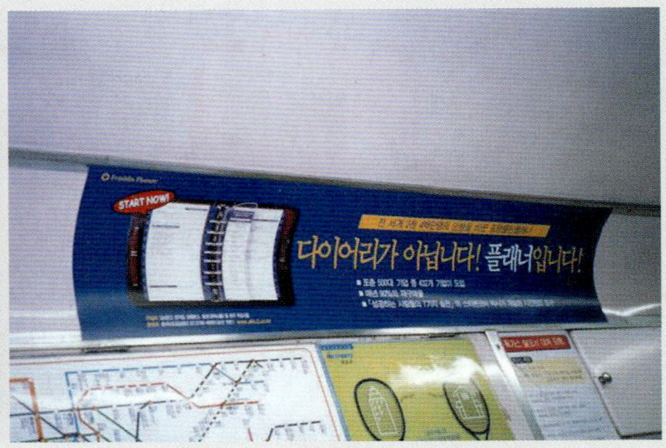

모서리형

리형을 위주로 운영하였다. 3개월 간 진행된 캠페인 동안 다수의 소비자를 매장으로 유인할 수 있었고, 자체 조사결과 이들 중 다수가 지하철광고를 보고 방문한 것으로 나타났다. 이 캠페인 이후 KLC는 매년 10월부터 2,3월까지 계속하여 모서리형과 액자형을 중심으로 지하철광고를 진행하였고, 와이드칼라광고도 함께 집행하였다.

지하철 차량광고에서 미디어렙의 역할을 주목할 필요가 있다. 옥외광고업계의 중요한 전환점이 되면서 향후 업계의 발전을 위한 하나의 대안이 될 수 있는 지하철 미디어렙은 과거 전파(TV와 라디오) 매체의 경우 한국방송광고공사(KOBACO)가 미디어렙의 기능을 수행함으로써 효율적인 매체의 판매와 운영을 도모하였듯이 지하철광고에서 KOBACO와 거의 흡사한 기능을 담당한다. 차이점이라면 기존 물량(차내 액자형 광고, 역 구내 와이드칼라 등)에 대한 판매, 운영뿐만 아니라 신규 매체의 개발까지도 포함된 포괄적 영역을 담당한다는 점이다. 이는 지하철광고를 바라보는 소비자들과 광고주들의 시야가 한 단계 업그레이드되었음을 보여주는 것이기도 하다. 따라서 기존 광고물량을 1차적으로 정리해서 미디어 혼잡 현상을 완화시키고, 신규매체의 개발을 통하여 임팩트 있는 메시지의 소구, 그리고 기존매체와의 차별화된 영업 정책 등이 지하철 미디어 렙의 역할이라고 할 수 있다.

실례로 [그림 4-4]에서 볼 수 있듯이 롯데백화점의 경우 유명가구박람회를 주최하면서 2주간 서울 지하철 2, 4호선에 천정걸이형 광고를 각각 800매와 300매 게첨한 바 있었다. 과거에는 행사고지를 위하여 백화점이 지하철 차내 매체를 활용한 사례가 거의 없었고, 1개월 단위의 판매 방식을 깨고 2주간 집행한 것은 미디어렙에 의하여 가능하였다. 해당 행사는

그림 4-4 롯데백화점 지하철광고

천정걸이형

지하철광고로 인하여 기대 이상의 효과를 거둔 것으로 평가된다. 결과적으로 2호선의 미디어렙 사업은 절반의 성공에 그쳤지만 현재 지하철광고 시장의 활성화에 부분적으로 기여했음을 부인할 수 없을 것이다.

02 지하철(시설물 광고)

공간적 제약을 지닌 지하철 차내 광고에 비하여 매체개발에 유리한 지하철 역사 및 시설물 광고에 대하여 살펴본다. 시설물 광고는 지하철 차량을 활용한 매체들과 함께 미디어렙사 등장 이후 다양하고 차별화된 새로운 프로모션 매체들이 다양하게 개발되어 왔고, 현재는 동영상 매체를 중심으로 새로운 광고매체들이 등장하고 있다. 차내 매체에 비하여 발전 가능성이 높고 다양한 형태의 매체가 등장할 것으로 예상되는 시설물 광고매체를 충분히 활용하기 위해서는 기존매체들에 대한 이해가 필요하기 때문에 지하철 시설물 광고매체의 특성에 대하여 살펴보기로 한다.

첫째, 지하철 시설물 광고는 조명이 큰 역할을 한다. 역사 내의 자체 조명을 통해서도 광

그림 4-5 지하철 역사 내 광고물

와이드칼라

플렉스

그림 4-6 지하철 역사 노반동영상

프로젝션

PDP

고메시지를 노출시킬 수 있지만, [그림 4-5]와 같이 지하철 역사 내 광고물들은 강력하고 임팩트 있는 소구를 위하여 별도의 자체조명을 이용하는 것이 중요한 포인트가 된다.

둘째, 매체의 편의성 또는 공공성이다. 일례로 과거 노반 분수대 광고물은 승강장 내에서 발생하는 먼지를 제거하기 위한 역할을 하였고, 공기청정기 광고물은 지하 역 구내 공기를 보다 깨끗하게 만드는 역할을 하였다. 또한 [그림 4-6]과 같은 노반 동영상 광고물들은 지하철을 기다리는 이용객들에게 뉴스 등 다양한 정보와 볼거리를 제공하는 기능도 수행하고

그림 4-7 지하철 스크린 도어 광고

있다. 최근에는 [그림 4-7]과 같이 강력한 공공성을 지닌 매체로 '스크린도어'가 등장했다. 이용객들의 안전을 도모하고자 만든 시설물로서 서울지하철 1~9호선 전 구간에 설치가 완료되었다.

셋째, 동영상을 기반으로 하는 매체들의 등장이다. 지하철 차내뿐만 아니라 역사 내에서도 뉴스나 각종 정보들을 소비자에게 안방에서처럼 편안하게 전달하고 있는데, 특히 인터넷 기반의 네트워크를 기반으로 한 '핑거터치(디지털뷰)'라는 시설매체가 등장하여 광고주들의 관심을 받고 있으며, 강력한 상호작용성을 제공하는 다양한 형태의 매체가 개발, 운영

그림 4-8 지하철 역사 내 광고물 - 기둥 조명광고

되고 있다.

넷째, 노후화된 지하철 역사의 미관 개선작업이 지속적으로 진행 중인 것도 눈여겨 볼만하다. 노후 역사의 환경개선 차원에서 [그림 4-8]과 같이 2호선을 중심으로 1기 지하철 역사와 주요 환승통로에 래핑광고가 등장하고 있는데 편의성이나 공공성의 관점에는 잘 부합되지 않을 수 있지만 광의적 차원에서 역사의 미관개선과 신규매체의 제공이라는 측면에서 긍정적으로 해석할 수 있다.

지하철 역사 내 시설물 광고는 〈표 4-2〉와 같이 이용객들에게 직접적으로 편의(공공성)를 제공하는 시설매체와 상대적으로 편의성이 떨어지는 일반 시설매체로 분류할 수 있다. 서울메트로와 도시철도공사의 입찰을 통해 운영되는 매체는 총 70여 건(전동차 내/외부 포함)에 이르는데, 대부분이 지하철 이용객들에게 편의를 제공하는 시설매체로 볼 수 있다. 예를 들면, 역 구내 쓰레기통이나 모래함의 광고물이나 승차권 발매기 상단광고 등이 해당된다. 대표적인 역 구내 광고물인 와이드칼라도 정보제공이라는 기능을 제외하면 시설매체로 구

표 4-2 지하철 역사 내 광고물 구분 및 종류

분 류	구 분	종 류	매체명	운영노선	비 고
교통광고(지하철)	시설이용광고	편의시설 매체	스크린도어	1-9호선	내부조명
			매직 애드비젼	1-4호선	내부조명
			승강장 안전펜스	1-8호선	내부조명
			지하철 노선 안내도	1-4호선	비조명
			공기청정기	5-8호선	내부조명
			대형멀티비전	1-4호선	
			노반 동영상	1-8호선	PDP프로젝션
			열차정보 안내기	1-9호선	승강장
			핑거터치(디지털뷰)	1-8호선	2기는 행쿠
		일반시설 매체	역사 내 래핑	1-8호선	비조명
			와이드칼라	1-8호선	내부조명
			기둥조명광고	1-8호선	내부조명
			역 구내 게이트 봉	1-4호선	

주) 상기 리스트는 현재 운영하지 않는 매체도 포함하고 있음

분하는 편이 좋을 것이다. 앞에서 소개된 노반 동영상 광고물의 경우에는 편의제공형 시설매체로 분류하고 있으나, 일반 시설매체의 개념을 동시에 가지고 있다고 할 수 있다. 한편 전통적인 일반 시설매체인 와이드 칼라는 기술력을 바탕으로 플렉스 칼라방식 등을 거쳐 LED조명방식으로 더 밝고 슬림하게 진보하며 광고주의 강력한 메시지 표출을 주도하고 있다. 또한 기존 와이드 칼라의 치열한 경쟁속에 주요 역사들의 기둥마저 매체로써 활용되고 있다.

가장 인기 있는 지하철 역 구내 매체는 스크린도어와 벽면래핑이라고 할 수 있다. 와이드 칼라로 대변되었던 매체의 범주를 벗어나 이용객들의 눈높이에서 강렬하게 메시지를 소구할 수 있는 매체로서의 장점 때문일 것이다. 또한 지하철을 이용하는 이용객들에게 전하는 시설의 안정감이 광고 메시지에도 편안하게 다가감으로써 광고메시지에 대한 저항감이 줄어 들 수 있기 때문일 것이다. 역 구내 래핑매체는 화재에 대한 소재의 안정성 문제 등으로 한때 주춤했지만 다시 활발히 운영되고 있다. 불연성 소재를 활용하여 노후 역사의 환경개선을 주도하는 매체로 활발히 운영되고 있다. 호선에 따라 래핑광고가 불가능한 호선이 있으므로 집행시에는 사전확인이 필요하다.

역사 내 시설물 광고매체를 활용한 대표적인 광고주의 참여사례는 코카콜라의 캠페인에서 찾아볼 수 있다. 코카콜라는 2006년 독일 월드컵의 열기에 힘입어 월드컵 특수를 노리는 적극적인 마케팅활동을 계획하였다. 월드컵 공식 후원업체로 다양한 마케팅과 광고활동을 진행하고 있었다. 코카콜라의 타깃은 청소년부터 대학생에 이르는 젊은층이기 때문에 옥외

그림 4-9 지하철 차내 액자형 광고 – 코카콜라

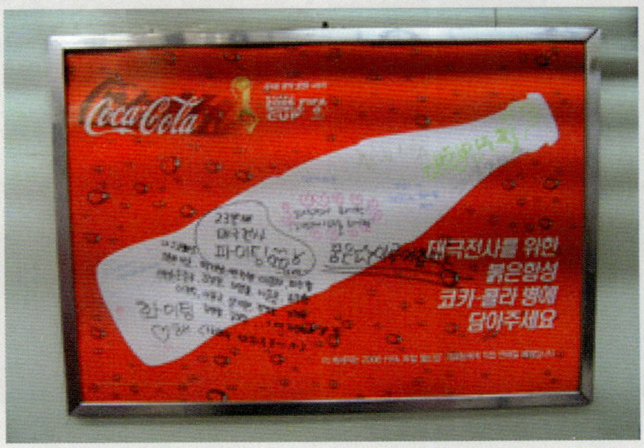

광고의 주요지역으로 항상 삼성동 코엑스몰이나 강남역, 신촌 등이 지역적 타깃으로 거론되는 지역이다. 그러나 월드컵 시점을 전후하여 많은 국내, 외 기업들의 마케팅활동이 과열되면서 적절한 매체를 얻기가 힘든 상황이었다. 여러 매체대안들이 제시되었지만 결국 지하철을 활용하기로 결정되었다. 먼저 편성열차(브랜드 트레인)를 운영하여 전체적인 월드컵

그림 4-10 지하철 역사 노반동영상

캐노피광고

벽면래핑

캐노피광고

캐노피광고

캐노피광고

붐-업을 꾀했고, 2호선 강남역 역사 래핑을 통하여 열기를 고조시키기로 하였다. 전체적인 메시지는 TV에서 방영중인 광고메시지와의 시너지를 위해 "독일을 또 하나의 홈그라운드로 만들자"는 동일한 콘셉트를 유지하였다.

주목해야 할 전략은 기존의 일방향적인 메시지 소구보다는 소비자와의 상호작용을 이끌어내 강력한 메시지 효과를 얻을 수 있도록 지하철 차내 매체이긴 하지만 [그림 4-9]와 같은 액자형 광고에 일반시민들이 태극전사들에게 띄우는 응원메시지를 적을 수 있게 했다는 점이다. 이후 코카콜라의 역 구내 래핑은 2호선 뿐만 아니라 다른 지하철 역사에까지도 그 영향을 끼쳤으며, 시트지로 단순 도배하는 방식이 아닌 기존 와이드칼라를 떼어내고 제작한 캐노피 조명광고와 래핑, 그리고 비 조명 포스터로 이루어진 광고물들이 광고주에겐 다양한 메시지 소구 도구로, 소비자들에게는 좀 더 강력하고 차별화된 메시지로 어필될 수 있었다.

한편 서울메트로는 그 동안 지적되어 온 미디어 혼잡현상을 방지하기 위해 매체의 개체수를 정비하였다. 과거 미디어렙사를 통하여 수행하였던 사업들이 지속적으로 진행 중에 있다. 매체사의 수익구조에 따른 프로모션 매체의 개발을 꺼리게 한다든지, 반대로 무분별한 광고 매체개발로 인하여 지하철 이용객들에게 줄 수 있는 불편을 모두 고려하여 적절히 개발되어야 할 것이다. 서울메트로는 점차 규모가 큰 프로모션 광고매체들이 지속적으로 등장하여 지하철광고의 새로운 장을 열고 있으며, 앞으로 어떠한 형태로 진화할지 관심을 모으고 있다.

03 버스(차량광고)

지하철과 함께 대중교통의 두 축을 이루고 있는 버스는 2000년대 중반 이후 단행된 서울시 교통체계의 개편과 버스 중앙차로제 시행 이후 지하철과의 수송분담률 격차를 줄여가고 있다. 이에 따라 광고매체로서 지위가 과거에 비하여 상승되었고, 영향력도 증가되었다. 또한 특별법으로 묶여 있던 버스 외부광고가 일반광고물로 바뀌면서 광고면이 확대됨으로써 강력한 옥외매체로 발돋움 할 수 있는 계기가 마련되었다. 무가지의 등장과 스마트폰의 보급이 확대되면서 지하철광고참여가 위축된 반면 새 제도의 시행으로 버스는 광고매체로서 상대적인 이점을 확보하게 되었다. 앞으로 지속적인 매체개발과 선진화된 운영이 이루어진다면 광고주뿐만 아니라 이용객들에게도 바람직한 매체로 자리 잡을 것으로 전망된다.

현재 서울시엔 약 8천 여대의 버스가 도심과 부도심, 수도권의 수송을 분담하고 있다. 교통체제 개편 이후 이용객들이 늘어나고 있고, 광고매체로서도 안정적인 모습을 갖추어가고 있다. 광고매체 측면에서 지하철은 직접 지하철을 이용하는 이용객들에게만 노출기회를 갖지만 버스는 직접 이용객뿐만 아니라 자가용, 트럭 등 다른 교통수단 이용객과 도보 이용객들에게도 동시에 노출된다는 장점을 갖고 있다. 같은 차량매체인 택시와 비교한다면 광고면적이 크기 때문에 상대적으로 높은 주목률과 노출기회를 제공한다. 단, 지하철의 경우 차량 외부보다는 차내 광고가 종류도 다양하고 광고주의 참여도도 높은 반면, 버스는 차내보다는 차량 외부광고가 더 활성화 되고 있다. 광고를 위한 공간확보의 문제 때문이다. 즉 지하철은 버스보다 차내 공간이 넓기 때문에 다양한 형태의 매체확보가 가능하지만 버스는 상대적으로 내부공간이 협소하여 다양한 규격의 매체확보가 어렵다. 따라서 광고표현의 한계와 메시지 임팩트가 낮다는 상대적인 단점 때문에 광고규격이 큰 차량외부광고의 이용이 활발하다. 한편 지하철의 경우에는 스크린도어의 등장 이후 전동차 외부광고 참여가 현저

표 4-3 버스 광고물의 종류

구 분	지 역	형 태	매체명	규격(m)	비 고
차내 광고	서울	음성형	시내버스 CM 광고	1회 12초	
		인쇄	전면 유리상단	0.68 × 0.27	
			출구 좌, 우	0.6 × 0.24	
			천정모서리	0.7 × 0.245	
			내부전면 행선판	0.45 × 0.19	
			내부전면 행선판	0.59 × 0.28	
			시트커버광고(레자)	0.26 × 0.12	옵셋인쇄
			시트커버광고(천)	0.23 × 0.115	전사인쇄
차량외부	서울	인쇄	버스 외부광고	3 × 0.5-3.7 × 1	
	기타			2.5 × 0.5-4× 1.1	광역시 및 일반도시

주) 상기 리스트는 현재 운영하지 않는 매체도 포함하고 있음

하게 떨어지고 있는 실정이다. 이상으로 버스광고의 특징을 지하철과 비교하여 간략히 살펴보았듯이 버스든 지하철이든 다른 매체와의 상호 비교없이 개별적인 매체의 특성만을 가지고는 효율적인 매체운영이 힘들다. 다양한 매체가 등장하는 다매체시대에 있어서 매체간의 상호 비교와 분석이 그 어느 때 보다 필요하다고 할 수 있다.

버스광고는 〈표 4-3〉에서 볼 수 있듯이 지하철과 마찬가지로 차량내부와 차량 외부광고로 나눌 수 있다. 차량 내부광고는 예전부터 보아왔던 시트커버나 내부 전면 행선판([그림 4-11]), 그리고 버스 차량벽면에 부착되는 모서리형, 중앙문 광고 등이 있다. 현재 모서리형 광고는 노선도 광고로 대체된 상태이다. 제작형태에 따라 분류한다면 인쇄형 광고가 그동안 주류를 이루고 있었지만 최근에 음성형 매체와 동영상 매체들이 등장하여 강렬한 광고 메시지 소구효과를 얻을 수 있다. 그러나 전반적으로 버스 차량내부광고매체는 고전을 거듭하고 있다. 외부광고에 비하여 상대적으로 커버리지와 노출빈도가 제한적이기 때문에 광고주들의 주목을 받지 못하고 광고참여 빈도도 점차 줄어들고 있는 실정이다. 이처럼 어려운 차내 광고 환경 속에서도 꿋꿋하게 자리를 잡아온 매체가 있다면 그것은 바로 버스 음성광고일 것이다. 정류장 주변의 작은 점포들이 주로 참여하던 매체였지만 코리아닷컴이라는 포털이 서울 주요 지역에 대거 참여하면서 시장에서 입지가 넓혀졌다. 행선지 안내방송 뒤에 흘러나오는 방식으로 마치 라디오광고를 연상케 하며, 유명 연예인이 성우로 참여할 경우에는 효과적인 소구도 가능한 매체라고 할 수 있다.

기금조성을 위한 광고물로 시작되었던 버스 외부광고는 대한매일(현, 서울신문) 신문사가

그림 4-11 버스광고

버스내부광고 - 안내판 광고

버스외부광고

독점적으로 운영을 해 왔었다. 규격도 도로면과 인도면이 270×50(cm)의 동일한 규격으로 운영되어 왔다. 2003년을 기점으로 광인, 전홍, 인풍 등 기존의 옥외매체사가 운영권을 획득하면서 버스 외부광고가 성장의 계기를 마련하게 된다. 확연히 달라졌던 것은 광고면의 규격이 확대되었고 광고료도 인상되었다는 것이다. 기존의 광고가 회사나 상표의 로고, 회사명이나 상표명을 전달하는데 그쳤던 것에서 모델이나 제품 등의 실사 연출이 가능해지면서 광고주들의 높은 주목을 받게 되었다. 이에 따라 최근 몇 년 사이에 여러 업체들의 혼전이 거듭되었다가 서울신문과 국민일보를 양 축으로 성장하였다. 최근에는 언론사인 동아일보가 영업권을 확보하는 등 다양한 업체들이 참여하는 경향을 보이다 현재 전홍과 인풍, 승보광고, 국민일보 등이 주축이 되어 운영, 판매하고 있다.

지역광고주가 버스 외부광고를 활용한 대표적인 사례로 '새빛안과'의 캠페인을 꼽을 수 있다. 2006년에 개원하여 일산에 본원을 두고 있고 강남역에 위치한 새빛안과는 라식 전문병원으로 강남 역세권을 목표지역으로 활발한 마케팅활동을 펼쳤다. 강남역 주변에 참여 가능한 모든 매체들을 확보하려했으나 기존 광고주들이 이미 점유하고 있었기 때문에 많은 어려움이 따랐다. 핵심 마케팅 타깃이 여대생들인 점에서 주로 방학시즌을 활용한 매체운영이 필요했다. 1차 겨울방학 캠페인은 초기 시장진입기로 새빛안과에 대한 전반적인 붐업을 위하여 강남역 주변의 극장 스크린광고([그림 4-12])를 중심으로 마을버스광고를 동시에 운영하였다. 방학이 끝나고 개강이 되면서 타깃을 여대생에서 강남지역 주민들로 확대하면서 강남지역 내 아파트 LCD모니터 광고에 참여하게 된다. 강남지역을 순환하는 마을버스 집행은 1차 캠페인 기간과 동일하게 운영하였다. 2차 여름 캠페인은 여대생들을 타깃으로 다시 전환하여 광고활동을 시작하게 된다. 캠페인 기간 동안 한 번도 빠지지 않은 마을버스 외부광고는 그대로 진행을 하게 되었다. 그 동안 병원을 찾은 고객들의 주거지역을 분석한 결과 용인과 수지로도 마케팅 목표지역을 확대하게 된다. 이에 따라 용인과 수지에서 강남역을 운행하는 버스 외부광고 집행을 결정한다. 참여 대수가 많지는 않았지만 한정된 예산으로 고객들의 동선에 맞춘 매체선정이었다는 점이 눈여겨 볼만하다. 아쉬운 점은 버스 음성광고 등 차내 광고를 동시에 추진함으로 시너지 효과를 유발할 수 있지 않았나 하는 점이다. 결론적으로 지역을 중심으로 마케팅을 수행해야 하는 소규모 광고주 입장에서 마을버스 외부광고를 중심으로 하여 시즌과 타깃에 맞춘 다양한 매체집행 사례는 지역의 중소 광고주들에게 좋은 예가 될 것이다.

그림 4-12 새빛안과 매체운영

극장 스크린광고

아파트내 LCD광고

버스 외부광고 - 간선버스

버스 외부광고 - 광역버스

버스 외부광고 - 지선버스

버스 외부광고 - 마을버스

04 버스(시설물 광고)

서울시 버스운송 체제개편에서 가장 두드러진 특징 중 하나는 버스 중앙차로제이다. 시기적으로 다소 차이가 있기는 하지만 지하철 승강장의 스크린도어 사업과 비견되는 빅 이슈라고 할 수 있다. 물론 지상교통과 지하교통이라는 공간적 차이는 있지만 대중교통 수단의 양대 축으로서 버스와 지하철은 시민들의 일상생활에 큰 영향을 주고 있다. 시민의 안전과 편안함을 제공한다는 공익성과 함께 주요 교통광고 매체로서 역할을 보더라도 공통점을 갖고 있다. 따라서 전반적인 버스 시설물 광고물을 통하여 대중 교통매체가 지향해야 할 바를 전망해 본다.

버스 시설물 광고물은 지하철과는 달리 공간적 한계가 있다. 지하철의 경우에도 어느 정도 한계는 있지만 지하철 역사 자체가 지하철 시설이라는 점을 고려하면 상대적으로 버스는 공간활용에 제약이 따른다. 이로 인하여 현재 설치되어 있는 대부분의 버스시설물은 인도를 중심으로 설치되기 시작하여 도로 중앙까지 설치되었다. 가장 대표적인 것이 아일랜드 버스쉘터인데 지하철 스크린도어와 같이 차량에 대한 안전확보와 기후에 따른 이용객 보호라는 공익성 외에도 지하철 매체들과는 달리 도시의 전체적 미관과 연계된 매체라고 할 수 있다. 외국의 디자인을 국내에 적용시켜 좋은 평가를 받고 있고 다른 매체들에 비해 광고매체로써의 거부감이 상대적으로 적기 때문에 커뮤니케이션 측면에서 상당히 유리하다고 할 수 있다. 현존하는 지상 고정형 매체로는 옥상광고물들을 제외하면 규격도 큰 편에 속한다. 또한 조명을 이용하여 이용객들의 눈높이에서 강력하게 메시지를 소구할 수 있다는 장점도 갖고 있다. 무엇보다 직접 버스를 이용하는 승객들뿐만 아니라 주변을 왕래하는 일반인들과 자가용 등 타 교통수단을 이용하는 사람들에게까지 메시지를 노출시킬 수 있다는 점이 가장 큰 장점이다. 그러나 간혹 길거리 포스터나 광고주와 관련 없는 제품들의 무단 적재 등 통제할 수 없는 상황이 연출되어 메시지 노출을 방해하는 경우가 있고, 소비자의 눈높이 정도의 광고물들이 취객들과 행인들의 오염 및 훼손 등으로 얼룩지기도 하므로 소유 매체사들은 개별매체마다 정기적인 관리를 통하여 광고주에게 피해가 없도록 하고 있다.

버스시설물 광고의 유형 (〈표 4-4〉 참조) 중에서 가장 대표적인 것은 [그림 4-13]과 같이

표 4-4 주요 버스 시설물 광고

구 분	지 역	매체명	규격(m)	비 고
교통시설 광고	서울 및 광역시 지방 주요도시	시내버스 쉘터	1.33 × 1.87 × 2면	
	서울	아일랜드 쉘터	1.185 × 1.175 × 2면	
	서울	마을버스 쉘터	1.16 × 1.86 × 2면	강남, 서초 지역
	전국	정류장 표시판	0.6 × 0.4 × 2면	
	서울	버스 정류장 표시판	0.42 × 0.26 × 2면	
			0.6 × 0.35 × 2면	

주) 상기 리스트는 현재 운영하지 않는 매체도 포함하고 있음

그림 4-13 버스 승차대 광고물

시내버스 승차대

아일랜드 승차대

중앙버스 승차대

마을버스 승차대

버스쉘터라고 불리는 버스승차대이다. 현재의 모습을 갖추기 전의 버스 정류장에는 정류장 표시판으로 불리는 광고물이 있었고 현존하고 있다. 버스승차대는 유럽 등에서 오래전 등장하여 도시 밤거리를 밝히는 구조물로서 주변의 풍경과 조화를 이루면서 발전해왔다. 국내에는 1990년대 중반에 처음 도입되어 20년 이상의 역사를 가지게 되었고, 현재는 서울을 기점으로 전국에 확대되어 광역시와 일반 시, 군에서도 쉽게 찾아 볼 수 있는 주류 매체가 되었다. 또한 서울 강남과 서초의 경우에는 지역내 승차대를 개발하여 설치 운영 중이고, 공항 리무진 버스를 탈 수 있는 정류장에도 승차대를 설치하였다. 강남 주변 승차대의 경우 설치 초기엔 방범벨 등을 설치하여 늦은 시간 귀가 길 시민들의 안전까지 돕는 등 공익성이 가미되기도 하였다.

한편 중앙차로제와 함께 등장한 아일랜드 쉘터([그림 4-13])는 기존의 버스쉘터보다 늦게 개발되었지만 매체로서 영향력은 매우 높은 수준이다. 매체의 희소성뿐만 아니라 일부 면이 도로를 달리는 교통수단 속의 이용자들에게 자연스럽게 노출될 수 있도록 수직면으로 되어 있다. 대부분의 면들이 도로 양쪽에서 중앙 쉘터 쪽으로 횡단보도를 건너기 전 이용객

그림 4-14 버스정류장 표시판

서울 - A모델 서울 - B모델

들이 볼 수 있게 설치되어 있어 자연스러운 광고메시지 노출이 가능하다. 현재 서울 주요 지역에 설치운영 중인데 점차 그 수가 늘어날 것으로 전망된다.

이 외에도 [그림 4-14]와 같은 버스 정류장 표시판 광고물, 길거리 키오스크를 활용한 매점 매체가 개발되어 운영되기도 했었다. 과거 버스승차표와 음료 등을 팔던 매점들을 업그레이드하여 통일된 형태로 설치하였는데, 현재 광고매체로서 활용되지는 않고 있다.

종합해 보면 버스와 관련한 교통시설 광고물에는 아일랜드 쉘터를 포함한 승차대 광고와 정류장 표지판 광고로 크게 양분할 수 있다. 아일랜드 쉘터를 제외하면 공간적 제약성 때문에 새로운 형태의 광고물이 개발되기에는 당분간 어려움이 따를 것으로 예상된다. 다만 공익성이 강화된 형태의 매체들이 주변의 환경과 조화를 이룰 수 있게 개발된다면 광고매체로서 활용이 가능할 것이다. 향후 설치, 운영 예정인 새로운 형태의 가로변 쉘터가 주목된다.

버스시설물 광고의 효과적인 활용은 '루이까또즈'의 사례에서 찾아볼 수 있다. 다양한 매체가 등장하면서 광고주들은 효율적인 매체 집행을 원하며, 특히 마케팅 목표지역이 특정 지역으로 한정된 경우에는 더욱 효과적인 매체확보에 많은 관심을 갖게 된다. 옥외광고매체는 이러한 광고주의 욕구를 충족하기에 적절한 매체라고 할 수 있다. '루이까또즈'는 역시 젊은 여성을 타깃으로 수도권이라는 특정 지역을 목표로 광고 집행을 계획하였다. 2개월간 주요 수도권을 커버하는 전략이었는데, 주로 젊은이들이 많이 모이는 장소를 광고목표지역으로 삼고 부평과 부천, 그리고 인천, 안양, 수원, 그리고 신촌에 이르러 지역을 커버하는 매체를 찾게 된다. 우선 인천과 부천의 경우 롯데백화점 등 상권이 발달한 장소의 인근 버스쉘터를 이용하였고, 수원이나 안양, 신촌은 젊은 여성들이 많이 모이는 극장 내부의 와이드칼라와 래핑을 활용하였다 ([그림 4-15] 참조).

전체적인 매체 집행의 흐름은 교통광고이지만 여의치 않은 지역에서는 또 다른 대안 매체들로 시너지 효과를 유도하여 효과를 거둘 수 있었다. 또한 과거 월드컵 기간 내 강남역 승강장 출입구 래핑과 지하철 2호선 편성열차를 집행하였던 코카콜라 역시 아일랜드 쉘터 광고를 대대적으로 집행하여 지하철 공간과 지상 공간과의 연계성을 통하여 시너지 효과를 창출하였다. 물론 광고효과는 측정되지 않았기 때문에 CPM 등 비용효율성 등을 수치화하기가 어렵지만 적어도 독자적 매체운영에서 보이는 메시지 커버리지의 한계점은 극복했다는 평가를 내릴 수 있다. 메시지 노출에 대한 효과를 객관적인 자료를 통해 수치화할 수 있다면 좀 더 과학적이고 효과적인 매체운영이 될 것으로 보이며, 특히 다양하고 영향력 있는 매체로 포함될 수 있는 교통매체도 효과조사가 이루어져야 할 것이다.

그림 4-15 '루이까또즈' 매체 집행 사례

극장 내 와이드 칼라

버스 정류장 쉘터

신촌 아트레온 극장 래핑

05 택시(차량+시설물)

현재 서울에는 개인택시 4만 9천여 대와 법인택시 2만 2천여 대를 합쳐 약 7만 1천여 대의 택시가 운행되고 있다. 광고매체 측면에서 모두 8,000여대가 운행 중인 버스와 비교하면 차량 크기가 작을 뿐 차량수나 운행시간에서 우위를 지닌 매체라고 할 수 있다. 그럼에도 불구하고 버스와 비교하여 광고주의 참여가 제한적이고 활성화되지 않고 있다.

흔히 대중교통이라고 하면 지하철과 버스를 떠올리겠지만 택시는 망설일 것이다. 교통수단으로서 이용요금은 지하철과 버스에 비하여 비싸지만 가장 편리하다는 점을 누구도 부인할 수 없을 것이다. 이런 점에서 택시가 서민들에게 영향력 있는 교통수단으로 성장할 수 있었다고 할 수 있다. 그러나 광고매체라는 관점에서 택시는 지하철과 버스에 비하여 개발 및 확장속도가 매우 느린 편이다. 매체확장의 가장 중요한 요소인 교통수단의 물리적 크기가 주요 원인이기도 하지만, IMF를 계기로 이용객 수의 절대적 약세 및 광고매체로서의 이미지 손실 등에 기인한 것으로 볼 수 있다.

광고메시지를 담을 수 있는 공간적 관점에서 보면 택시는 지하철과 버스에 못 미친다. 이는 광고주들의 매체평가 기준에서 광고면적이 상당히 중요한 요소로 작용하기 때문인데, 동일한 장소에 동일한 메시지를 담을 경우 광고주는 메시지를 강력하게 전할 수 있는 규모 있는 매체를 선택한다는 것이다. 이러한 이유로 택시는 차량 내, 외부뿐만 아니라 시설물 광고에 있어서도 버스 시설물 광고에 뒤처지고 있다. 그러나 인터넷과 이를 근간으로 한 동영상 매체가 등장하면서 기존의 인쇄광고에 의존했던 택시에서도 다양한 기술이 활용된 새로운 매체를 볼 수 있게 되었다. 정부의 택시 동영상광고 허가방침이 뒷받침되면서 광고주의 매체선택이나 택시업계의 수익 측면에서 긍정적인 요소로 작용하게 되었다.

〈표 4-5〉와 같이 택시매체의 종류는 크게 택시 내, 외부매체와 시설물 매체로 나눌 수 있다. 우선 택시 차량을 이용한 매체에는 차내에 설치된 등받이 광고와 차량 외부를 활용한 외부매체 등 두 가지가 있다. 조수석 후면에 설치된 차량 내부광고([그림 4-16])는 지하철광고

표 4-5 주요 택시 광고 종류

구 분	종 류	매체명	규격(m)	비 고
택시광고	차량이용 광고	조수석 등받이 광고	0.35 × 0.11	1대 1매 기준
		차량 외부광고	2.20 × 0.38 × 2면 (기준) 2.20 × 0.55 × 2면 (확대)	
		택시비전	6.8 inch(0.32 × 0.24)	500대 기준
	시설물 이용 광고	승차대 광고	1.185 × 1.75	25개면 패키지 판매

주) 상기 리스트는 현재 운영하지 않는 매체도 포함하고 있음

그림 4-16 조수석 등받이 광고

그림 4-17 택시 외부광고

의 액자형 폴더 광고를 연상케 하는 형태로서 뒷좌석에 탑승한 승객들에게 광고를 노출시킬 수 있도록 고안된 매체이다. 과거에는 모범택시를 중심으로 운영되다가 일반택시까지 확대된 매체로서 지금은 거의 매체의 존속여부가 불명확하다. 버스와 같이 기금법에서 일반법으로 전환된 차량 외부광고([그림 4-17])는 탄력적인 광고료와 광고면 규격으로 광고주의 관심을 얻고 있고, 현재까지 택시광고의 주류를 이루고 있다.

그 외에 매체화가 성공적으로 이루어지지는 않았지만 다양한 형태의 매체개발을 위한 시도가 이루어졌는데, 개발의 화두는 동영상이었다. P&C Association이라는 업체에서 택시 내부에 동영상 광고가 가능한 매체를 개발하고 '택시비전'이라는 명칭으로 SBS의 방송콘텐츠를 활용하여 택시 이용승객들을 대상으로 광고를 노출하였다([그림 4-18] 참조). 지하철

그림 4-18 택시 동영상광고

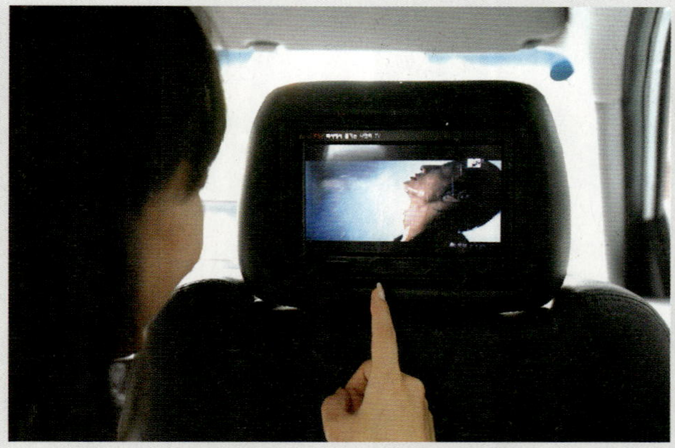

차내에서 MBC의 방송콘텐츠를 활용하여 운영된 M-Tube와 성격이 유사하다고 볼 수 있다. 약 500여 대의 한정된 수량을 설치하여 시범적으로 운영하였던 매체로서, 택시매체로서의 위상을 세우고자 시도했던 매체사의 노력을 보여준 예라고 할 수 있다. 이 밖에도 스티커를 활용하여 창문에 광고물을 붙여 보려는 노력이나 기존의 택시 '탑등'을 변형하여 광고매체로 개발하기 위한 노력 등이 있었다. 그러나 버스와 지하철을 기반으로 한 새로운 매체들이 계속 등장하고 있고 택시 이용 승객수의 감소로 인하여 정착에 어려움을 겪고 있다.

지하철의 경우 지하철 역사라고 하는 거대한 시설물들의 존재로 와이드칼라부터 동영상매체에 이르기까지 다양한 기술과 형태의 매체들이 등장하고 있고, 버스 역시 아일랜드 쉘터 등의 등장으로 상당한 발전을 이루고 있는 데 비하여, 택시 시설물 광고는 상대적으로 많은 공간이 허락되지 않기 때문에 대부분의 매체가 승차대를 중심으로 개발되었다([그림 4-19]). 그러나 대부분의 승차대 위치가 버스 승차대와 중복되는 경우가 많기 때문에 광고주에게 차별화된 서비스나 물리적 기능이 없다면 매체로서의 주도권을 잡기 힘든 상황이다. 향후 교통광고 중 차량을 이용한 광고물이나 시설물을 이용한 광고물들은 제한적이긴 하지만 행정당국의 새로운 정책시도와 적극적인 매체사의 의지가 뒷받침 된다면 새로운 형태의 매체들이 지속적으로 등장할 것으로 예측되며 택시광고도 특성을 활용한 매체개발이 이루어질 것으로 전망된다.

효과적인 택시광고 캠페인의 사례로 집행시기가 오래 전이긴 하지만 '석쎄스올'이라는 학원프로그램 캠페인을 들 수 있다. 초등학생을 타깃으로 웅진미디어에서 운영하는 수학전

그림 4-19 택시승차대

문 프랜차이즈 프로그램인 '석쎄스올'은 스스로 느끼고 깨우치며 가르친다는 콘셉트을 가지고 웅진에서 직접 설립한 학원과 가맹학원에서 제공하고 있는 프로그램이다. 사업의 성패가 가맹학원 모집에 있었던 만큼 광고캠페인의 목표는 가맹학원의 유치였다. 신문을 중심으로 캠페인이 진행되었지만 추가적으로 가맹학원 유치를 위한 대중적인 Boom-up이 필요하였다. '석쎄스올'이라는 브랜드를 일반인에게 알리고 실질적인 학원가맹을 유도하기 위하여 캠페인의 타깃을 분석한 결과, 신규로 학원을 개원하려는 사람들과 현재 보습학원을 운영하는 원장과 관련 종사자들을 목표로 삼았고, 학원들의 위치가 산재해 있다는 것도 고려하여 매체를 물색하였다. 즉 학원운영과 관련된 사람들과 학원 밀집지역이라는 두 가지 요인을 충족시킬 수 있는 매체를 찾는 게 급선무였다. 그동안 학원광고의 대부분은 신문과 전단지, 또는 버스외부광고를 중심으로 이루어지고 있었다. 또한 학원들 대부분이 제한된 지역 내에 위치하고 있기 때문에 학원 주변을 운행하는 버스노선을 중심으로 운영되고 있었다. 일부 학원에서는 학원과 연계되는 지하철 역사에서 와이드칼라나 포스터를 활용하는 실정이었다. 이러한 매체운영은 타깃이 중, 고등학생일 경우에는 적합하지만 '석쎄스올'과 같이 지역적으로는 단일 학원이 아닌 복수의 학원을 타깃으로 하고, 학생들이 아닌 학원 관계자들을 타깃으로 하는 경우에는 적합하지 않았다. 따라서 학원원장이나 개원 예정자들의 라이프사이클을 고려했을 때 일반 직장인보다는 늦게 출근하고 늦게 퇴근하며,

버스나 지하철보다는 택시를 더 많이 이용하는 할 것이라는 점을 염두에 두고 결국 택시광고를 선택하여 효과적인 캠페인을 전개할 수 있었다.

06 공항 및 철도(차량+시설물)

교통매체로 살펴본 지하철과 버스, 택시 이외에 널리 활용되는 매체는 공항과 철도와 관련매체들이다. 공항과 철도는 지하철, 버스, 택시와 비교하여 보다 폭넓은 대중성을 갖고 있고 도달범위가 광범위한 지역적 특수성을 갖고 있다. 특히 동북아의 허브공항을 목표로 개항한 인천공항이 교통매체의 양적인 면과 질적인 면을 동시에 성장시킨 좋은 계기가 되었다면, 경부고속철도는 기존 철도광고와 시너지를 낼 수 있는 새로운 매체로 평가받고 있다.

공항 및 철도광고의 광고매체로서의 특성은 먼저 이들의 교통수단으로서 특성을 이해함으로써 명확히 알 수 있을 것이다. 지하철, 버스, 택시는 한정된 지역을 순환하거나 왕복하는 데 비하여 항공기와 철도는 지역과 지역, 그리고 국내와 해외를 연결하는 등 탈 지역적인 특성을 지니고 있다. 이는 광고매체적 관점에서 광고주들의 선호도를 가늠하는 큰 원인이 되고 있다.

서울에서 버스 외부광고를 집행하는 경우 버스를 직접 이용하는 이용객뿐만 아니라 주변의 다른 교통수단 이용자와 보행자들에게 메시지를 노출시킬 수 있지만, 철도나 항공기는 직접 이용하는 이용객들이 주요 노출대상이 된다. 물론 공항이나 철도 역사의 경우에는 직접 이용객과 이들을 배웅 및 환송하는 동반객에게도 광고노출이 가능하지만, 철도와 항공기가 정확한 목표성(환송 및 배웅)을 두고 매체에 접근하는 것과는 달리 지하철, 버스, 택시는 목표성이 상대적으로 적다고 할 수 있다. 우연한 노출이 가능한 버스, 지하철, 택시가 광고메시지에 노출될 수 있는 확률이 철도와 항공기에 비해 높다는 것이다.

그럼에도 불구하고 철도와 항공기는 이용경험이 없는 사람이 별로 없을 정도로 대중적이라는 측면에서 다른 대중교통 수단과 크게 다를 바 없다. 그러나 지하철, 버스에 비하여 매체를 개발할 수 있는 공간의 규모가 훨씬 크고 매체의 상징성을 활용할 수 있다는 장점이 있다. 매체의 규격이 커진다는 것은 크기의 위력이라는 장점과 메시지 전달의 집중도가 떨어진다는 양면성을 내포하고 있지만 공항의 경우에는 높은 상징성 때문에 기업들의 이미지 제고를 위한 활용이 활발히 이루어지고 있다. 또한 철도의 경우에도 전국적 네트워크라는 장점으로 인하여 많은 광고주들이 선호하는 매체로 자리 잡고 있다.

이러한 매체적 장점에도 불구하고 지방의 군소 공항매체들은 지역적 한계점으로 인하여 어려움을 겪고 있다. 철도 역시 서울역이나 부산역 등 광역시급 역사를 제외한 지방 역사들의 경우 광고주들의 외면을 받고 있다. 고속철도의 민자역사들은 예외이기는 하지만 높게 책정된 광고료로 인하여 다소 부담스러운 매체로 평가되기도 한다.

한편 편리성과 공익성 측면에서 공항과 철도역사는 지하철, 버스, 택시와 비교하여 열세에 있는 것이 사실이다. 물론 공항의 '푸쉬카트'와 같이 이용객들의 편의를 제공하는 매체도 있지만 대부분이 넓은 공간에 광고 메시지를 단순 노출하는 방식을 취하고 있기 때문이다.

〈표 4-6〉 및 〈표 4-7〉과 같이 공항과 철도 광고물은 직접적인 교통수단에 표출하는 매체와 시설물을 활용한 광고물로 나누어 볼 수 있다. 택시의 경우와 마찬가지로 교통수단을 이용하여 개발되는 매체의 수가 그리 많지 않기 때문에 과거에 운영되었거나 현재 운영 중인 매체들을 동시에 살펴보도록 한다. 우선 항공기와 열차는 버스 외부나 지하철 외부처럼 교통수단 외부에 표현하는 광고매체는 없다. 한일월드컵 때 지자체 홍보용 래핑이 간혹 등장

표 4-6 공항 광고물의 종류

<table>
<tr><th>구 분</th><th>지 역</th><th>형 태</th><th>매체명</th><th>규격(m)</th><th>비 고</th></tr>
<tr><td rowspan="7">시설물 광고</td><td rowspan="7">주요 공항</td><td rowspan="5">인쇄형</td><td>플렉스칼라</td><td>다양</td><td>인천 포함 전국공항</td></tr>
<tr><td>캐노피</td><td>다양</td><td>택시 및 버스 정류장</td></tr>
<tr><td>푸쉬카트</td><td>다양</td><td>전국 공항</td></tr>
<tr><td>조형물 야립</td><td>10 x 20</td><td>김포, 제주 공항</td></tr>
<tr><td>야립</td><td>10 x 20</td><td>인천, 김포 공항</td></tr>
<tr><td>동영상</td><td>LED</td><td>다양</td><td>문자 및 동영상</td></tr>
<tr><td>특수매체</td><td>마네킨</td><td></td><td>김포공항</td></tr>
<tr><td rowspan="3">항공기 광고</td><td rowspan="3">기내</td><td rowspan="2">인쇄형</td><td>보딩패스</td><td>다양</td><td>아시아나 국내, 국제선</td></tr>
<tr><td>가이드북</td><td></td><td>아시아나</td></tr>
<tr><td>동영상</td><td>기내 영상광고</td><td></td><td>아시아나 및 대한항공</td></tr>
</table>

주) 상기 리스트는 현재 운영하지 않는 매체도 포함하고 있음

하기도 했으나 상업광고는 아니었으므로 논외로 한다. 예외로 철도의 경우 지하철이나 버스 내에 붙는 모서리나 액자 형태의 매체들이 개발되어 있고, 차내 동영상 매체인 LCD같은 형식의 매체가 존재한다. 항공기의 경우에도 극장의 티켓처럼 보딩패스에 광고물이 게재되기도 하지만, 항공기를 활용한 매체는 매우 제한적이다.

한편 시설물을 활용한 매체들은 공항의 거대한 공간을 배경으로 점차 대형화되고 있다. 또한 그 숫자도 점점 늘고 있어 제한적인 항공기 기내 매체들과는 극명한 대조를 이루고 있다. 공항이라는 특성을 잘 활용하여 매체가 점차 고급화되어가고 있는 점도 눈여겨 볼만하

그림 4-20 김포공항 마네킨 광고

그림 4-21 인천공항 라이트 박스

다. 대부분 청사 내부와 청사 주변을 중심으로 설치되어 있는 매체가 주류를 이루고 있고, 김포공항의 경우에는 마네킹을 활용하여 이용객들의 시선을 끌 수 있는 특수매체([그림 4-20])도 개발되어 다양성을 꾀하고 있다.

먼저 청사 내부를 살펴보면 [그림 4-21]과 같이 광고물 게첨 방식에 따라 와이드칼라와 플렉스칼라(일명 라이트 박스)가 대표적이고, 문자와 동영상이 어우러지는 LED가 있다. 또한 청사 밖으로 나가면 택시 승강장의 캐노피 광고물, 진입로에 설치된 홍보용 가로등, 녹지대엔 야립광고매체([그림 4-22])가 운영되고 있다. 또한 이용객의 편의를 위한 푸쉬카트에

그림 4-22 제주공항 조형물 야립

그림 4-23 공항 푸쉬카트

게첨된 광고([그림 4-23])가 청사의 안과 밖에서 동시에 운용되고 있다.

공항 주변에 설치된 대형 야립 광고물들이 공항 매체의 가장 중요한 축을 이루고 있는데, 단순한 형태의 기존 야립뿐만 아니라 조형물을 활용한 특수한 형태의 야립광고물이 개발되기도 하였다.

철도의 경우 차량을 활용한 매체는 [그림 4-24]와 같이 차량내부 LCD광고와 액자형, 천정걸이형 광고물이 대표적이다(〈표 4-7〉). 지하철처럼 이용객들의 동선이 크지 않고 매체들의 설치 공간이 협소해 수가 제한적이지만 장거리 이용이라는 특성 때문에 메시지 노출 빈도가 높다는 장점이 있다. 시설물을 활용한 매체는 실내, 외 LED([그림 4-25] 및 [그림 4-26])와 선로변 입간판, 주변 야립광고, 역사 내 와이드칼라, 승강장시계탑 등이 있다. 다양한 매체와 많은 숫자에도 불구하고 공항에 비해 역사가 노후하여 광고주의 선호도는 떨어지는 편이다. 새롭게 단장을 끝낸 고속철도 민자 역사의 경우는 예외이지만 공항에 비하여 다양한 계층의 이용객들과 대중성으로 인하여 광고주의 관심을 끌고 있다.

표 4-7 철도 광고물의 종류

구 분	지 역	형 태	매체명	규격(m)	비 고
시설물 광고	주요 역사	인쇄형	와이드칼라/ 플렉스칼라	다양	전국 주요 역사
			광고	다양	전국 주요 역사
			선로변 입간판	다양	철도역사 및 지하철 국철구간 포함
			승강장 시계탑	0.85 × 0.62 × 2면	전국 주요 철도 역사
			조명탑	2.7 × 3.6 × 4면	
		동영상	실내 LED	다양	주요 역사
			옥외 LED	12 x 4	전국 주요 역사 광장
차량광고		인쇄형	액자형	다양	
			천정걸이	다양	

주) 상기 리스트는 현재 운영하지 않는 매체도 포함하고 있음

그림 4-24 KTX 차내 액자형 광고

그림 4-25 KTX 서울역사 라이트박스

그림 4-26 KTX 대전역사 라이트박스

제5장 옥상 및 도로 매체

01 옥상광고(플렉스, 네온)
02 옥상전광판
03 동영상 매체 광고
04 야립광고

01 옥상광고(플렉스, 네온)

대개 옥외광고물하면 가장 먼저 떠오르는 것이 빌보드(billboard)일 것이다. 빌보드는 사전적으로 '광고게시판'이라는 의미를 갖고 있다. 현재 광고매체로 굳건히 자리를 잡고 있는 지하철이나 버스가 옥외매체의 대표격이라고 할 수 있지만, 크고 작은 수많은 건물 위에 자리 잡고 있는 광고물로서 사람들의 시선을 24시간 받고 있는 빌보드를 옥외광고를 대표하는 용어로 보아도 무리는 없을 듯하며 옥외광고의 대명사로 사용되어져 왔다. 이렇듯 흔히 빌보드라고도 불리는 옥상광고는 1958년 부산 미당백화점 네온사인으로 출발하여, 1960년대 옥외광고물법의 제정, 1970년대 오일 파동으로 인한 네온사인 허가 제한, 그리고, 86아시안게임과 88올림픽을 계기로 등장한 기금광고물, 그리고 IMF로 인한 옥외광고 시장침체 등 짧은 역사이지만 옥외광고사 변화의 중심에 있었다.

옥상광고물에는 플렉스, 네온, 그리고 화공을 소재로 하는 광고물과 전광판 등이 포함된다. 본 장에서는 전광판을 제외한 플렉스와 네온을 중심으로 옥상광고에 대하여 살펴보겠다. 먼저 옥상광고물의 정확한 숫자를 파악한다는 것은 쉬운 일이 아니다. 대로변을 중심으로 많은 건물들이 신규로 건축되거나 기존 건물들이 재건축 되는 등 광고물 시야 확보에 장애요인들이 생겨, 광고물을 옮기거나 철거하는 경우가 많고, 과거에는 좋은 위치에 설치된 광고물이 철거되는 경우도 있으며, 광고물 노출에 적절한 신규 건축물의 경우에는 새로운 광고물이 세워지기도 한다. 따라서 정확한 수치를 파악하기 보다는 개략적인 수치와 광고주 업종 분류를 통한 전반적인 규모를 알아보는 것이 의미 있다고 하겠다.

최근 한 옥외광고 대행사의 조사결과에 의하면 국내 옥상광고물은 약 1,600(자사+상업)여 개가 존재하는 것으로 나타났다. 사양별로는 플렉스가 전체 옥상광고 중 절반 정도를 차지하고 있고, 네온과 화공이 각각 20%와 18%를 차지하고 있다. 매체사별 소유현황은 전체 650여 개의 매체사 중에서 1개를 소유한 회사가 300개가 넘고, 6개 이상 가지고 있는 대형 매체사들이 약 50개 정도인 것으로 나타나 대체로 업계의 영세성을 보여주고 있다. 지역별로는 서울이 자사와 상업을 모두 포함하여 700여 개로 가장 많았고, 이어서 부산, 대구, 경기, 경남이 각각 200여 개, 180여 개, 150여 개, 90여 개의 순으로 나타났다.

2006년 서울 주요도심의 옥상광고물 실측결과에 의하면 광화문~종로4가, 을지로입구~명동, 강남대로~도산대로 상에 설치된 숫자가 대략 100여개인 것으로 나타났다. 업종별로는 제조업이 26개로 가장 많고, 보험/금융업종이 13개, 그 뒤를 통신과 자동차, 건설업종의 순으로 나타났다.

일반적으로 옥상광고는 제작형식에 따라 플렉스와 화공, 네온, 그리고 애드벌룬의 형태로 나눌 수 있다([그림 5-1] 참조). 전광판과 플렉스를 접목시킨 특수한 형태의 광고물이 존재하기도 하지만, 기본적 형태를 중심으로 특성을 살펴보고자 한다. 옥상광고물들의 물리적 특징으로 제일 먼저 떠 올릴 수 있는 것이 광고물의 크기일 것이다. 국내에 존재하는 매체로는 야립광고와 함께 가장 큰 편에 속하며 개별수량 광고료 역시 가장 비싼 편에 속한다. 둘째는 메시지 표출의 한계성이다. 네온의 유동적 표출의 장점도 있지만 전광판 등의 동영상 매체나 작은 규격의 인쇄 매체들과 비교해보면 메시지 표현의 한계나 제작에 따른 비용

그림 5-1 옥상광고물의 종류

네온

네온 + 플렉스

플렉스

애드벌룬

등 광고주 입장에서 큰 부담이 되고 있다. 이러한 이유로 옥상광고는 개별브랜드의 메시지보다는 기업이미지 제고를 위한 캠페인에 주로 활용되고 있다. 그러나 메시지 표출의 한계성이 매체의 한계를 뜻하는 것은 아니다. 옥상광고가 갖고 있는 메시지의 무게감이나 랜드마크 역할로 대변되는 상징성을 고려한다면 광고매체로서 여전히 강한 카리스마를 갖고 있다고 할 수 있다.

일반적으로 옥상광고를 집행코자 할 때 가장 먼저 고려하는 것이 매체가 설치된 건물의 지역이다. 지역 캠페인과 적합한 지역에 위치하고 있는가가 중요한 기준이 된다. 지역이 결정되면 다음으로 고려되는 것이 매체의 위치(position)로서 해당 지역을 통과하는 차량이용객들과 도보이용객들의 눈에 얼마만큼 잘 띄는지 등 물리적 요인을 검토한다. 예를 들어 1318세대를 타깃으로 한다면 강남역이나 신촌 등이 지역적 선호도가 가장 높을 것이며, 지역 내에서 교차로와 같이 타깃의 시선확보가 우수한 위치의 광고물을 선정하게 된다. 또한 추가적인 고려사항은 광고물의 제작사양이다. 제작사양은 광고주가 결정하기 보다는 매체가 이미 갖고 있는 사양에 따르는 것이 보편적이다. 대부분의 광고주들은 위와 같은 과정으로 매체를 결정하고 해당 매체의 제작사양에 맞추어 시안 작업을 하는 것이 보편적이다. 경우에 따라 광고주의 강력한 의지로 사양을 바꾸는 경우가 있기도 하다. 강력하고 임팩트 있는 광고물을 찾는 광고주라면 위치나 가시성을 고려하지 않고 무조건 네온을 고집하는 경우도 가끔 있기도 하지만 흔한 경우는 아니다. 단, 애드벌룬의 경우에는 기획 단계부터 차별화된 메시지를 전달코자 하는 광고주들의 목적이 분명히 드러나는 매체로서 광고 목표지역 내에서 보다 강력한 인상을 심어주기 위해 대안이 되는 경우가 있다. 이와 같은 소재들은 광고면의 주목률과 노출도에 따라 주요면은 네온이나 플렉스로 설치하고 후면이나 측면 등 주목도가 떨어지는 면들은 화공으로 설치하는 것이 일반적이다.

옥상광고의 특성을 효과적으로 살린 캠페인의 사례로 '조니워커' 캠페인을 들 수 있다. 조니워커는 직접적인 음용을 즐기는 젊은층을 대상으로 한 캠페인에서 수입명차의 거리로 알려진 도산대로 상에 광고물을 게첨하였다. 신사역부터 영동대교 남단에 이르는 도산대로는 늘어나는 수입차 전시장들로 인하여 일명 '럭셔리거리'로 명성을 얻고 있었다. 새로운 건물의 건축과 기존 건물의 리뉴얼이 빈번히 일어나고 있으며, 옥외광고물 역시 그 수가 늘어 강남대로 상의 매체숫자와 비슷한 규모로 성장하였다. 이러한 성장을 염두에 두고 조니워커는 도산대로를 선택하여 캠페인을 집행하게 되었다. [그림 5-2]와 같이 총 4개 면으로 구성되어 있으며 모두 플렉스 원단을 소재로 내부조명이 되도록 하였다. 시안은 럭셔리함

그림 5-2 조니워커 옥상광고물

신사역 → 관세청 사거리 방향

관세청 사거리 → 신사역 방향

과 정통성을 강조하기 위해 어둡게 처리했으며 주요 면들은 제품이미지를 전달하고, 도로면과 후면은 캐릭터를 활용하여 깔끔한 이미지를 전달하고자 하였다. 조명을 사용하는 광고물의 경우, 특히 옥상광고물의 경우에는 주간과 야간의 메시지 전달효과 비중을 30:70의 비율로 평가한다. 따라서 비슷한 위치, 비슷한 규격임에도 불구하고 사용소재가 네온이냐 플렉스냐에 따라서 광고료가 크게 달라진다. 물론 동일한 플렉스 소재를 사용하더라도 사용면 수에 따라 광고료가 달라진다. 조니워커의 옥상광고물들은 규격은 조금 작았지만 동계뿐만 아니라 하계에도 주변 가로수와 건물에 의하여 노출 장애를 받지 않는 몇 안 되는 위치에 자리 잡아 도산대로 상에서 임페리얼 네온광고물과 함께 양주업계의 주요 광고물로 평가 받았다.

최근 도산대로는 수입자동차 브랜드의 옥상광고가 대거 참여함으로써 다양한 커뮤니케이션의 장이 되고 있다. 이렇듯 옥상광고물들은 단순한 광고표출의 수단이 아니라 기업을 대표하여 소비자들에게 365일 변함없이 한 자리에서 보여줄 수 있는 상징이 되고 있다. 특히 네온의 경우 CR네온 등 프리미엄 급 소재들이 점차 자리를 잡아가고 있어 다양한 볼거리를 제공하며 새로운 랜드마크 매체로 자리매김하고 있다. 이러한 노력들은 우리 나라의 옥외광고 산업을 이끌어 왔던 옥상광고의 지위를 격상시키고 실질적인 광고주 참여를 독려하는 해법이라고 할 수 있겠다.

02 옥상전광판

2002년 한일월드컵을 기점으로 2006년 독일월드컵, 2010년 남아공월드컵 등을 거치면서 길거리 응원의 물결이 이어졌다. 2002년과는 달리 최근에는 옥상전광판뿐만 아니라 차량이동용 전광판 등 다양한 동영상 매체들이 응원현장에 등장하고 있다. 2002년 침체일로에 있던 동영상 광고매체의 부흥을 이끌었고, 2006년 이후 다양한 동영상 매체들의 대표로 자리매김 한 옥상전광판은 우리 나라에 대략 120여 개(전국 기준/옥상, 지주이용 포함)가 운영되고 있다. 지역적으로는 서울에 70여개를 비롯하여 부산(8개), 대구(11개), 제주(2개), 인천(2개), 광주(2개), 대전(6개), 울산(6개) 등의 분포를 보이고 있다. 디지털조선일보를 중심으로 많은 매체사들이 전광판광고물 판매영업을 하고 있으며 업체별로 보유숫자도 다양하다. 옥상전광판 광고의 표출방식은 LED방식과 FDT, CRT방식으로 나뉜다. 국내에는 대다수가 LED방식을 채택하고 있는데, FDT는 과거 광화문 사거리 동아일보 옥상전광판에서 사용했던 방식이고, CRT는 광화문 조선일보 사옥 벽면의 전광판에서 사용하던 방식이다.

[그림 5-3]에서 볼 수 있듯이 옥상 전광판은 옥상 빌보드와 함께 건물 옥상에 설치된다는 공통된 특징이 있다. 물론 현재 지주를 이용한 전광판들이 다양하게 출현하고 있지만, 대다수의 사람들은 통행이 빈번하고 복잡한 사거리의 건물 옥상을 생각하게 된다. 소비자들은 옥상전광판을 빌보드, 네온 등과 함께 대표적인 옥상광고 매체로 인식하고 있다. 옥상전광판은 보유하고 있는 매체사에 따라 다소 차이는 있지만 상업광고와 공익광고가 70:30의 비율로 표출된다. 운영시간은 1구좌 당 1일 20초 100회가 기준이 되며, 오전 6시부터 밤 12시까지 18시간 정도 표출된다. 보통 한 달에 하루는 정비를 위해 광고운영을 하지 않고 있다.

그림 5-3 옥상전광판

강남 삼흥빌딩 옥상전광판

서울신문 지주이용 전광판

옥상전광판의 특징을 살펴보면 우선 메시지 표출 형태로 볼 때 동영상 매체에 해당된다. 최근 다양한 동영상 매체(디지털사이니지)가 등장하기 전까지는 전문적으로 광고 매체화된 것은 옥상전광판이 유일하였다. 요즘은 지하철을 중심으로 사람들이 모이는 곳이면 어김없이 동영상 매체들이 자리 잡고 있을 정도로 보편화되는 추세이다. 월드컵의 영향 때문일 수도 있겠지만 새로운 기술과 인터넷, 광고주들의 다양한 욕구 등이 어우러져 앞으로도 다양한 형태의 동영상 매체들이 등장할 것으로 보인다. 옥상전광판의 가장 큰 특징은 메시지의 높은 탄력성을 들 수 있다. 옥상플렉스나 네온과는 달리 광고메시지의 수정이나 변경이 상당히 유연하다는 것이다. 가령 영화의 경우 대부분 보름이나 1개월 단위로 표출 메시지를 바꾸어야 할 경우가 있는데 전광판에서는 이러한 작업을 저렴한 비용으로 수행할 수 있다. 만약 영화광고를 옥상 빌보드나 네온 등으로 게재한다면 1개월을 주기로 변경되는 광고 메시지의 작업 비용과 소요시간은 만만치 않을 것이다. 또 다른 특징이라면 광고메시지가 갖는 역동성일 것이다. 네온처럼 고정형 매체에서도 역동성은 존재하지만 전광판과 직접 비교는 힘들다. 동영상뿐만 아니라 문자까지도 메시지에 힘을 실을 수 있다는 점에서 강력한 임팩트를 자랑하는 전광판광고의 장점이 되고 있다. 실제로 90년대 후반과 2000년 초에는 문자를 활용한 광고물들이 많이 등장하기도 하였다. 셋째는 강력한 메시지 주목률이다. 옥상전광판이 갖고 있는 가장 큰 장점은 각종 언론사의 뉴스와 기타 공익적인 내용을 전달함으로써 매체 자체에 대한 주목률을 극대화할 수 있고 이것이 광고에까지 이어질 수 있다는 것이다. 교통신호를 기다리고 있는 운전자들의 시선도 자연스럽게 매체로 옮겨 올 수 있다.

그러나 약점이 있다면 옥상 플렉스나 네온과는 달리 하나의 매체에 하나의 광고주를 담는 것이 아니라 10-20여 개 광고주들의 메시지를 담아야 한다는 점이다. 따라서 메시지에 대한 자체 클러터(clutter)가 발생할 수 있다. 즉 해당 광고주의 메시지를 보기 위하여 소비자는 적어도 10분에서 20분은 한 자리에서 기다려야 한다는 것이다.

(코리아나호텔 벽면 전광판)

옥상전광판을 활용한 많은 캠페인 사례 중 수입차인 '아우디' 캠페인을 소개하겠다. 예나 지금이나 옥상전광판은 TV와 연동한 보조 매체로 활용하는 경우가 많다. TV를 통하여 대중성을 확보하고 옥외광고를 활용하여 목표지역에 집중적으로 메시지를 전달함으로써 시너지 효과를 창출시키는 전략이다. 그러나 특정지역을 마케팅 목표시장으로 하는 광고주에게는 전광판 광고가 당연히 비용효율적일 것이다. TV보다는 전체적인 목표 수용자의 커버리지가 떨어지지만 핵심타깃에게 높은 표출 빈도를 얻을 수 있다는 점에서 효과적인 매체인 것이다. 아우디는 바로 이러한 지역(Area) 마케팅 전략에 따라 전광판을 효율적으로 사용한 사례이다.

아우디는 수입명차 거리로 탈바꿈한 도산대로 위에 매장개설뿐만 아니라 각종 옥외매체들을 활용하여 경쟁이 치열한 상징적 거리에서 기업이미지를 확실히 구축하는 한편 매장 방문을 유도하기 위하여 신제품 출시를 고지할 수 있는 매체로 옥상 빌보드와 옥상전광판을 선택하였다. 빌보드로 기업이미지를 제고시키고 신차 출시에 발맞추어 역동적인 메시지 전달이 가능한 동영상 매체를 찾게 되었다. 그 결과 도산대로에서 가장 매체 주목률이 높고 위치가 좋은 학동사거리 노라노 빌딩 전광판([그림 5-4])을 운영하기로 결정하였다. 이를 통하여 압구정동과 청담동 일대를 커버할 수 있고, 운전자들에게 집중적으로 광고 메시지를 노출시킬 수 있었다. 또한 강남을 축으로 하여 신차 출시를 앞두고 강북지역까지 타깃을 확장하여 전광판을 운영하였다. 명동([그림 5-5])과 종로, 세종로([그림 5-6]) 등 강북을 대표하는 중심 상권 상에 위치한 전광판을 한시적으로 운영하였다. 결국 공중파 등 4대 매체로 해결할 수 없거나 비용효율성이 떨어지는 매체를 운영하기 보다는 직접적인 구매가 발생하는 현장을 중심으로, 특히 경쟁이 치열한 장소에서 지역 마케팅에 도움이 될 수 있는 옥외광고 매체를 활용함으로써 성공적인 캠페인을 이끌어낼 수 있었다.

그림 5-4 학동사거리 노라노 빌딩 전광판

그림 5-5 명동 롯데백화점 벽면 전광판

그림 5-6 코리아나 벽면 전광판

03 동영상 매체 광고

광고는 시대를 반영하는 척도이자 거울이다. 물론 광고가 시대의 문화를 이끌어 가기도 하지만 가장 빠른 속도로 시대를 반영하고 있기도 하다. 광고 안에 담길 CM뿐만 아니라 매체 시장에도 시대의 변화가 영향을 미치고 있다. 동영상 광고 매체는 우리 사회에 널리 퍼진 동영상 문화의 시장상황이 반영된 결과라고 할 수 있다. 전광판뿐만 아니라 PDP와 LCD기술의 발전은 인터넷과 더불어 동영상 매체를 등장시킨 원동력이라고 할 수 있다.

표 5-1 주요 동영상 매체의 종류

구 분	지 역	매체명	규격(m)	비 고
옥외	삼성동 외	밀레니엄 전광판	6 × 3.6	삼성동 코엑스몰 광장 벽면
		차량이동용 전광판	5 × 3	전국 주요 지점
	강남역	미디어폴		강남대로 22기
	부산 서면	미디어폴		서면로터리 주요 위치 8기
	전국	GS&TV	46인치, 21.5인치	전국 GS칼텍스 주유소
옥내	지하철 차내	LCD	15인치	1기 국철 구간 일부
	지하철 역사	PDP 및 LCD	60, 40,32인치	1-8호선 주요 역사
		프로젝션	145인치	5-8호선 주요 역사
		디지털뷰	46인치	1-4호선 역 구내
		SPIN TV		1-4호선 역 구내
	메가박스	실내 전광판	2.88 × 4.32	매표소 입구(삼성동)
	아파트 엘리베이터	LCD 모니터	15인치 외	전국 주요 아파트
	TGI Friday's	PDP TV	60인치	서울 및 수도권 매장
	골프장 클럽하우스	PDP TV	60인치	전국 주요 골프장
	커피매장	LCD, PDP TV	42인치 외	커피빈, 카페베네 외
	편의점	LCD TV	42인치 외	전국 GS편의점 외
	대형할인점	PDP TV	42인치 외	전국 이마트, 홈플러스 매장

옥상전광판과 마찬가지로 현재 개발이 완료되었거나 진행 중인 동영상 매체들은 새로운 매체를 원하는 광고주와 대행사들의 요구와 사회 전반에 걸쳐 퍼져나가고 있는 다양한 동영상 콘텐츠의 상업화라는 시대상을 반영하고 있다. 과거와는 달리 안정적인 기술적 기반과 다양하고 가치 있는 콘텐츠로 공격적인 시장진입을 꾀하고 있다. 여기에 기존의 옥상전광판이 각종 동영상 매체시장의 기틀을 잡고 시장을 주도하고 확대시켰다고 보면 될 것이다. 전광판 이후 등장한 동영상 매체들로 인하여 이제 옥외광고 시장은 또 다른 국면을 맞게 되었고, 광고주들에게는 새로운 매체로서 매체선택의 폭을 넓혀 주고 있으며, 소비자에게는 다양한 정보를 외부에서 접할 수 있는 기회를 제공하고 있다.

동영상 매체의 특성을 이야기하기 전에 먼저 동영상의 종류를 알아보는 것이 이해에 도움이 될 것 같다(〈표 5-1〉). 옥상전광판은 주로 일반적인 건물 옥상에 제한적으로 설치되어 운영되어 왔지만 이제 서서히 옥상에서 내려와 지하의 특정 지역이나 학교와 같은 특수한 공간으로 자리를 이동하기에 이르렀다. 철거된 숙명여대나 성균관대학의 벽면형 전광판이나 현재 설치 운영중인 삼성동 메가박스 실내 전광판([그림 5-7])과 코엑스몰 밀레니엄 광장의 전광판(현재 철거)이 좋은 예이다. 더욱 특이할 점은 기존 옥상 전광판에서는 음향의 표출이 불가능했지만 상기 전광판들은 제한적이긴 하지만 음향표출이 가능하게 되었다는 점이다.

또 다른 변화는 전광판의 이동성이다. 차량을 이동하면서 광고를 표출할 수 있다는 것은 아니지만 지역적인 한계를 벗어나 광고주가 원하는 지역에 차량을 이용하여 전광판 광고메시지를 표출할 수 있게 되었다. [그림 5-8]과 같이 특수 개조한 차량에 전광판을 탑재하여

그림 5-7 메가박스 및 CGV 내부 전광판

메가박스 CGV

그림 5-8 차량 이동용 전광판

그림 5-9 지하철 차내 동영상

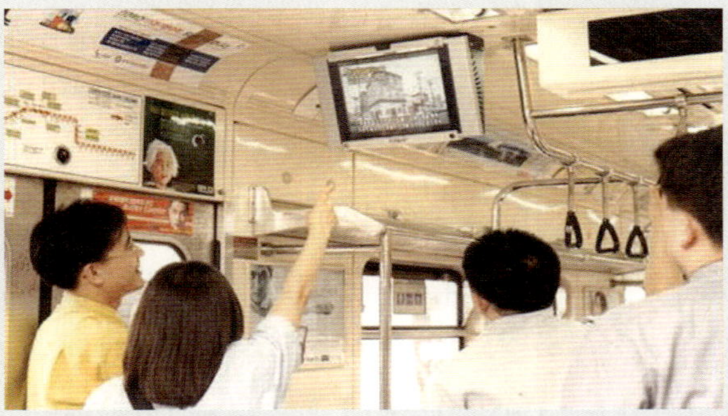

그림 5-10 지하철 역구내 노반 동영상

이벤트 현장이나 해수욕장, 스키장 등과 같이 광고표출이 어려운 장소에서도 소비자들을 만나고 있다.

한편 지하철에서는 차량 내부([그림 5-9])와 역 구내 동영상 매체([그림 5-10])로 구분할 수 있다. 지하철 차내의 경우 액자, 모서리, 천정걸이 등의 기존 인쇄형 매체들과 유사한 형태의 동영상 매체들이 등장하여 LCD모니터를 통하여 광고영상을 전달하고 있다([그림 5-9]). 2호선의 경우 신규 차량 내에도 차량중앙에 설치되었지만 광고매체로 활용하고 있지 않다가 최근 상업광고 매체로 전환되었다. 지하철 차내에 등장한 LCD 모니터 매체들은 지하 무선 인터넷망을 통하여 그 동안 일반 소비자들이 경험하지 못했던 다양한 콘텐츠들과 광고메시지를 표출하고 있으며, 역구내에 등장한 행선지 안내기 광고나 핑거터치 등이 이러한 최근 상황을 대변하고 있다.

이는 지하철 차내에 국한되었던 공간을 벗어나 지하철 역사 안으로 동영상 매체들이 새롭게 자리 잡고 있다는 반증이기도 한데, PDP TV의 등장으로 LCD모니터와 비교하여 확대된 규격과 음성 표출까지 가능하도록 발전되었다. 그러나 사업초기 노반에 설치, 운영되었던 동영상 매체들은 스크린도어의 등장과 더불어 사라지고 말았다. 스크린도어 PDP의 경우 과거 노반 동영상보다 이용객들과의 거리를 좁혀 메시지 주목률을 높이고 있다.

그리고 2기 지하철(5~8호선)에 등장했었던 프로젝션 방식의 동영상 매체는 PDP와의 차별적 우수성을 갖기 위해 스크린의 규격을 PDP의 2배 정도로 늘렸었다. 음향지원이 가능하지만 지하철이 역사로 들어오는 동안은 광고가 중단된다는 특징이 있었다.

앞서도 언급하였지만 눈여겨봐야 할 매체는 극장 내에 있는 동영상 매체들이다. 삼성동 메가박스는 위에서 언급했던 것처럼 전광판 방식이었고, CGV는 멀티큐브 및 PDP방식 등 극장에 따라 다소 형식의 차이가 있다. 과거 강남의 시너스G(현 메가박스 강남)나 압구정의 씨네시티(현 CGV) 등은 PDP방식의 동영상 광고매체들을 시작으로 최근엔 전국 멀티플렉스 상영관 내에는 대부분 설치되어 운영 중이다. 이러한 매체들은 영화 예고편들의 주목률에 편승하여 메시지 전달의 시너지를 높이고 있다. 그리고 특화된 목표수용자에게 집중적으로 광고를 노출할 수 있다는 점이 주목할 만하다.

이 밖에 강남지역을 중심으로 전국에 걸쳐 아파트 LCD모니터 광고매체가 등장하였는데 엘리베이터 안이라는 밀폐된 공간에 설치하여 광고메시지를 전달하고 있다. 또한 전국 골프장의 클럽하우스 내에 교통 및 날씨 정보 등을 알리며 이용객들의 시선을 이끄는 PDP형 매체가 개발되어 운영 중에 있으며, 외식업체인 TGI Friday's에 PDP TV를 설치하여 광고

메시지를 전달하고 있다. 그리고 한 동안 대학교 내 광고 매체가 거의 전무 하다시피 했는데 KT와 연계하여 PDP TV를 설치하여 다양한 학사정보와 더불어 상업 메시지를 전달하고 있다(비즈캠퍼스). 또한 GS25나 CU 등 편의점과 커피빈, 카페베네 등 커피전문점, 그리고 올리브영 등 유통점에도 동영상매체가 등장하고 있다.

이외에도 향후 다양한 동영상 매체들이 다양한 장소에서 개발될 것으로 보인다. 이는 옥외광고매체 역시 다른 매체들과 마찬가지로 대중성보다는 세분화를 추구하는 현상을 보여주고 있다. 또한 설치장소 역시 점점 옥외에서 옥내로 이용객들이 밀집한 장소로 옮겨지고 있는 추세이다. 향후 옥외, 특히 동영상 매체개발의 중요한 기준점이 될 것으로 보인다.

대부분의 광고주의 고민거리 중의 하나는 비용효율적인 매체집행일 것이다. 대행사의 매체기획자들과 협력하여 효율적인 매체믹스 전략을 수립하게 되는데, 아직까지 옥외매체들은 기존의 4대 매체와 구분하여 집행하는 사례가 많기 때문에 통합적인 매체운영에 대한 연구가 요구된다고 할 것이다. 통합적 매체운영과 옥외광고에 관한 내용은 10장에서 자세히 다루기로 한다.

대부분의 경우에 광고주들은 TV를 핵심매체로 하고 잡지, 케이블TV, 라디오 등을 보조매체로 하는 매체믹스를 구사한다. 동영상 옥외매체도 보조매체로서 역할을 담당하게 되는데, 특히 요즘처럼 목표 수용자들의 활동공간이 실내보다 옥외로 비중이 커지면서 옥외매체의 역할이 커지게 되었다. 특히 TV광고의 소재를 그대로 활용하는 경우 이를 소화해 낼

그림 5-11 부천국제영화제 동영상 매체

지하철 노반 동영상 　　 지하철 차내 동영상

수 있는 매체인 동영상 옥외매체가 가장 적합한 매체로 등장한 것이다. '부천국제영화제 준비위원회'는 영화제 홍보와 더불어 직접적인 영화제 참가를 유도하기 위하여 적합한 매체로 동영상 매체를 고려하였고, 대중성이라는 지하철의 특성과 동영상이라는 소재의 문제, 그리고 가장 중요한 새로운 매체로서의 시너지가 충족될 수 있는 스크린도어 PDP TV매체 참여를 결정하게 된다([그림 5-11]). 초기 2호선 지하철 10개 역사에 설치되어 운영되었는데 대부분 이용자 수가 많은 역사들이어서 비용 대비 효율성이 높은 것으로 나타났다. 4대 매체와 옥외매체를 적절히 연계하여 영화제 홍보를 성공적으로 이끌어낼 수 있었다.

동영상매체는 아직까지 전광판과 같이 광고매체로서 확고한 지위를 확보하지는 못한 상태이지만 매체 환경변화에 발맞추어 발전 가능성은 매우 크다고 할 수 있다. 앞으로의 발전 방향과 매체의 진화에 따라 공중파TV나 신문의 보조매체가 아닌 핵심매체로 성장할 수 있을 것으로 전망된다.

04 야립광고

지난 20년 간 영향력 있는 옥외광고매체로서 지위를 지켜오던 야립광고가 여러 가지 논란 속에서 2006년 12월 말 폐지되었다. 그동안 존폐의 논란 속에서 법률적용의 이원화와 특혜시비라는 불명예를 안기도 했지만, 옥외광고 시장에 커다란 영향력을 미친 매체로서 새롭게 부활한 야립광고가 다시 옥외광고 시장에서 제자리를 찾을 수 있을지 귀추가 주목된다.

과거 서울시내에 가장 많은 야립광고물이 설치되었던 올림픽대로는 이용차량의 증가로 하루 종일 혼잡한 도로의 대명사가 되었지만 야립 광고물이 30여 개 설치될 정도로 야립광고의 최적지로 광고주들이 가장 선호하는 도로라고 할 수 있다. 기존의 야립광고물 이외에도 차량 탑재형 플렉스를 비롯하여 다양한 형태의 매체들이 등장하기도 하였다. 그만큼 올림픽 대로가 옥외매체의 가치를 높이는 좋은 요건이라는 반증이기도 한 데, 고가의 광고료에도 불구하고 광고주들의 참여욕구가 강했던 것이 사실이었다. 실제로 좋은 위치의 야립광고물을 선점하기 위한 광고주들의 경쟁이 치열하게 전개되었다. 장기적인 경기침체 속에서도 옥외광고 시장의 든든한 버팀목이 되어왔던 게 사실이다. 그렇다면 야립매체에 대한 높은 선호의 원인에는 어떠한 것들이 있을까? 첫째는 광고참여 기업의 상징적 가치를 제고한다는 점이다. 기존 광고주의 면면을 살펴보면 알 수 있듯이 주로 업계의 대표기업들이 야립광고를 활용하고 있는 것이다. 둘째, 매체의 물리적 특징으로서 다른 지역의 광고물들과는 달리 운전자들의 시야를 방해하는 여타의 광고물들이 희소하다는 점이다. 또한 도로의 특성 상 대부분의 가시거리가 길게는 수 km에 이르며, 조명을 활용할 경우에는 야간 가시효과까지 더해져 더욱 강력한 매체력을 확보할 수 있다는 점이다. 셋째, 매체 수량의 한정성을 들 수 있다. 물론 다른 매체들 역시 한정적 수량이기는 하지만 대형매체이다 보니 가치가 더욱 높다고 볼 수 있다. 이러한 요인들이 수요의 과잉과 옵션판매 방식을 부추겼고 고가의 광고료를 형성하는데 한 몫을 했지만 다른 옥외매체에 비하여 많은 장점을 갖고 있다.

제작적 관점에서 보았을 때 야립광고는 기존의 옥상광고물과는 달리 네온 및 전광류로 메시지를 표현할 수 없다. 2009년 이후 등장한 야립광고에는 LED 내부 조명방식이 사용되고 있지만 과거 대부분의 야립매체가 비조명 화공이나 플렉스로 설치, 운영되었었다. 교통시설매체로서 도로 옆에 설치되어 운전자들의 안전 운행에 방해가 될 수 있기 때문인데, 설치위치도 일반광고물과는 적용법 자체가 다르다. 그러나 올림픽대로나 고속도로를 운전하다 보면 동적인 메시지를 전달하는 네온이 가끔 눈에 띄기도 한다. 대부분 도로 상에서 가독 가능한 옥상광고물로서 야립광고의 높은 매체적 가치를 옥상으로 옮겨보자는 의도와 광고표현 방식의 한계점을 극복하여 보다 강력한 메시지를 보내기 위한 전략이 내포되어 있다. 그러나 전반적으로 야립광고물의 제작기법은 옥상광고물과 거의 동일하다고 봐도 무방할 것이다. 단지 설치위치가 옥상이 아니라 평지나 산이기 때문에 지주를 세우는 형태라는 점이 외형적 차이라고 할 수 있다. [그림 5-12]는 다양한 제작방식의 야립광고를 보여주고 있다. 특히 [그림 5-13]과 같이 홍보탑의 경우에는 비조명 고휘도 필름을 사용하여 조명광고에 못지않은 강력한 메지시를 전달하기도 한다. 최근에는 돌출형태의 홍보탑도 등장하여 주목률을 높일 수 있을 것으로 보인다.

야립광고의 인기에 힘입어 올림픽대로와 신공항 고속도로, 경부고속도로 상에도 야립을 대체하는 차량이동용 매체들이 등장했다. 폴 방식의 야립과는 차별적으로 특수차량이 버팀목이 되고 일정 높이까지 폴을 세워 광고면을 설치하는 방법이다. 규격은 기존 야립에 비해 작지만 자가발전을 활용한 내부조명 방식을 활용한다. 일반 야립광고와는 달리 광고물의 위치를 이동할 수 있다는 큰 장점이 있다. 또한 회전식 차량까지 출현하여 넘쳐나는 야립의 수요를 대체할 대안 매체로 한 때 부상하기도 하였다.

그림 5-12 다양한 형태의 야립광고매체

내부 조명 야립

이동식 차량 플렉스

외부투광기를 사용한 조명 야립

그림 5-13 고휘도 필름을 사용한 올림픽대로 홍보탑 및 변형 야립

외부 투광기를 사용한 조명 야립

그렇다면 이렇게 옥외광고 시장을 주도했던 야립광고의 뒤를 이을 매체는 없는 것일까? 기금법 폐지 무렵, 야립광고에 참여했던 광고주들이 대안 매체를 찾기 힘들어 야립광고에 투여했던 예산을 모두 4대 매체로 돌리려는 광고주들도 있었지만, '파라다이스(카지노)'의 경우 인천공항 고속도로 변에 설치 운영했던 차량 이동용 플렉스를 2007년 초에 공항과 도심을 운행하는 버스 외부광고로 전환 집행한 사례도 있었다([그림 5-14]). 야립광고 폐지에 따른 대안매체를 찾는 광고주들의 적극적인 대안 중의 하나로 볼 수 있었다.

결론적으로 기금법 폐지 이후에 야립광고의 공백을 버스외부광고와 중앙 버스쉘터, 지하철스크린도어 등이 대체하면서 다시 출발하는 야립광고의 발걸음을 무겁게 하고 있는 것이 사실이다. 따라서 야립광고가 옥외광고업계의 대표성을 되찾을 수 있을지는 미지수지만 옥외광고를 주요 매체로 끌어 올렸던 야립매체들의 시장 재정착과정을 관심 있게 바라봐야 할 것이다.

그림 5-14 '파라다이스 워커힐 카지노' 매체 전환

차량이동용 플렉스

버스 외부

LOCK

제6장 시설물 및 특수매체

01 경기장(시설물)광고
02 극장광고(스크린광고)
03 극장광고(非스크린광고)
04 특수매체 광고

01 경기장(시설물)광고

프로야구가 1982년 개막된 이래로 30년이라는 세월이 흘렀다. 프로야구는 국내 프로스포츠의 원조격으로 이후 축구, 농구, 배구 등의 프로화와 대중적 인기를 주도하면서 스포츠에 대한 국민의 관심을 이끌어내는 데 결정적인 역할을 하였다. 나아가 2002년에 열린 한일월드컵은 한국축구 및 한국 스포츠가 국제적으로 알려지게 되는 계기가 되었고 더욱 국민들의 관심을 받게 되었다. 이어서 2006년 독일월드컵, 2008년 베이징올림픽, 2010년 남아공월드컵, 2012년 런던올림픽 등을 통하여 우리 선수들의 선전이 계속되면서 축구는 물론 전반적인 스포츠에 대한 대중적인 인기가 지속되고 있다. 이러한 배경 속에서 경기가 열리는 경기장마다 뜨거운 응원의 열기와 함께 옥외광고매체들이 굳건히 자리를 잡게 되었다.

특히 연 700만 관중을 돌파한 프로야구의 열기는 옥외광고 시장을 뜨겁게 달구고 있는데, 주 5일제 근무의 확산과 그로 인한 여가시간의 증대로 각종 프로 스포츠를 관람하는 이용객들이 증가하고 있다. 또한 각종 프로경기의 TV중계가 늘어나면서 관련 경기장 매체에 대한 광고주들의 인기가 높아지고 있다. 이는 프로스포츠가 상업성을 바탕으로 성장하고 있음을 보여주며 여기에 옥외광고가 차지하는 비중과 영향력도 나날이 증대되고 있음을 알 수 있다.

현재 국내에서 펼쳐지고 있는 프로스포츠에는 1982년 출범한 프로야구를 중심으로 축구, 배구, 농구 등이 있다. 아이스하키, 씨름 등도 프로화 되었지만 광고주들은 대부분 TV중계가 활발히 이루어지며 경기장을 찾는 관람객 수가 많은 인기스포츠인 축구, 야구, 배구, 농구에 관심을 보이고 있다. 시즌 단위의 계약으로 이루어지는 경기장 매체들은 경기를 찾는 관중들과 TV를 시청하는 시청자들에게 자연스럽게 자사의 로고나 브랜드를 노출시키기에 적합하다. 반복적이고 집중적인 노출과 극적인 순간에 브랜드명을 노출시킬 수 있고, 대회를 후원하는 스폰서가 따로 있음에도 불구하고 경기장 주변 매체를 효과적으로 활용함으로써 그에 버금가는 효과를 거둘 수도 있다. 나이키가 월드컵에서 공식 후원업체인 아디다스보다 많은 광고 노출을 통해 보여주었던 전략이 이에 해당된다고 볼 수 있다. 물론 경기장 내에서는 공식 후원업체만 광고를 할 수 있지만 경기장 주변 매체들을 집중 운영한 결과

표 6-1 주요 경기장 매체의 종류

구분	매체명	규격(m)	광고료 (원)	특성	비고
축구	A보드	5.5 × 1 × 20면	350,000,000	1개 광고 20기 보드 동시 노출	정규시즌
	90° 시스템	5.5 × 15 내	35,000,000	1개 경기장당 4개 광고면	정규시즌
야구	외야펜스	6.2 × 2 외	45,000,000 - 65,000,000	잠실야구장 기준	정규시즌 외
	내야펜스	6.2 × 1 외	4,500,000 - 110,000,000		
	본부석	0.6 × .07 외	110,000,000 - 280,000,000		
농구	A보드	2.98 × 0.73 × 5면	250,000,000	12개 경기장 1개 광고 5기 보드 동시 노출	정규리그, 플레이오프, 올스타 게임
배구	A보드	2.98 × 0.7 × 5면	60,000,000	7-8개 경기장 슈퍼리그 전 구장 표출	정규시즌(1-4차 대회)
	바닥광고	3 × 1 (2면 세트)	120,000,000	Sheet 부착	정규시즌

※상기 조건은 특정시점으로 시기별 차이가 있음.

였다. 또한 광고 외적인 측면에서도 경기장 내에 활기를 불러일으킬 수 있는 원동력이 되기도 하며, 매체를 통한 수익금을 통하여 경기장 시설개선과 해당경기의 발전을 위한 토대를 제공하기도 한다. 반면 상업적인 광고가 순수한 스포츠정신에 위배된다는 부정적인 시각도 있지만 광고메시지를 전달하는 광고매체의 관점에서 보면 매력적인 도구라고 할 수 있다.

〈표 6-1〉과 같이 경기장 내 매체는 매우 다양한 형태로 활용된다. 가장 대표적인 것이 흔히 'A보드'라고 불리는 펜스광고이다([그림 6-1] 및 [그림 6-2]). 기능적 측면에서 선수들과 관중석을 구분하여 안전사고에 대비하고 관람객들이나 선수들에게 안정감을 주는데 일차적인 역할이 있다. 그러다 보니 가장 많은 노출이 일어날 수 있는 물리적 요건을 갖추고 있어 광고주들의 인기가 가장 높은 매체이다. 특히 농구, 배구와 같이 경기장(코트) 규모가 작은 종목에서는 광고의 노출량이 축구에 비하여 높기 때문에 더욱 인기가 높은 편이다.

이러한 이유로 기존 펜스광고의 주류를 이루던 고정형 보드가 이제는 롤링형 보드로 개량되어 다수의 광고주를 영입하기에 이르렀다. 외국의 경우에는 전광판으로 보드를 만들어 더욱 임팩트 있는 경기 운영과 역동성 있는 광고 메시지를 표출하고 있으며 국내에도 도입

그림 6-1 축구경기장 A보드 광고

그림 6-2 농구장 A보드 광고

그림 6-3 야구장 펜스광고

되었다.

한편 경기의 특성상 A보드를 설치 할 수 없는 야구의 경우에는 [그림 6-3]과 같이 펜스가 주요 매체가 된다. 기능적 측면에서는 이미 설치된 안전 펜스 위에 현수막으로 걸치는 형태이므로 직접적인 안전 도모가 불가능하지만, 경기장에 활력을 제공하는 정기능이 있다. 광고매체적 관점에서는 A보드와 대비하여 상대적으로 광고노출 기회가 적은 편이지만 광고 규격은 큰 편에 속한다. 또한 잠실이나 [그림 6-4]의 인천 문학야구장처럼 경기장 안내 및 스코어 등을 보여주는 전광판을 광고로 활용하는 경우와 관람석 의자를 광고면으로 활용하는 경우도 있다. 그리고 축구장에서는 '90° 시스템'이라는 입체형 광고물도 활용되고 있다. 골대 옆에 위치하여 실제로는 경기장 바닥에 설치된 제도용 인쇄광고이지만 입체적으로 서 있는 것처럼 보이는 새로운 매체라고 할 수 있다.

경기장 매체는 단순한 광고 노출에만 초점이 맞추어지지는 않는다. 삼성과 같이 직접 프로야구단, 농구단, 배구단을 운영하거나, 선수들을 후원하거나, 각종 대회를 후원하는 등 직접적으로 스포츠 마케팅에 뛰어들어 부가가치를 창출하는 기업들도 있지만, 스포츠마케팅에 직접적인 참여가 어려운 기업들에겐 간접적인 형태로 참여할 수 있다는 기회를 제공한다. 해당 경기와 관련된 업종뿐만 아니라 비관련 업종 또한 참여의 기회를 확대해 볼 만한 이유가 여기에 있다. 삼성의 경우 잉글랜드 프리미어리그 명문구단인 첼시와 2005년 6월부터 2010년 6월까지 약 200억원의 후원을 통하여 브랜드인지도에서 약 20%의 상승효과를 보았고 판매대수도 수 백만데 이상 증가하는 효과를 보기도 하였다.

그림 6-4 인천 문학경기장 전광판 광고

02 극장광고(스크린광고)

1997년 외환위기 이후 IMF 터널을 힘들게 통과할 당시 국내 영화 한 편이 우리에게 커다란 즐거움을 선사한 적이 있다. 바로 '쉬리'이다. 헐리우드 영화 등 외화에 밀렸던 한국영화의 우수성을 널리 알릴 수 있었던 수작으로 평가되었고, 이후 한국영화는 꿈의 관객숫자인 1,000만 관객시대를 맞이하게 되었다. 한국영화의 이러한 발전은 영화산업뿐만 아니라 광고시장에도 상당한 영향력을 미치며 영화광고 또는 극장광고가 주요 광고매체로 각광받는 원동력이 되었다.

소비자들의 추억 속엔 영화가 시작하기 전 극장 주변의 예식장, 레스토랑, 안경점들이 희미한 일률적 톤의 성우 목소리로 전해주던 극장광고가 떠오를 것이다. 지역적 한계와 시설 낙후로 대변되던 극장들이 점차 대대적인 변화를 겪게 된다. 특히 대기업의 영화산업 진출과 프랜차이즈화로 한국영화 성장의 발판을 마련하게 되었다. CJ, 동양그룹(메가박스/ 현재 맥쿼리에 인수), 롯데 등 대기업들이 영화사업에 진출하면서 선진화된 마케팅과 서비스 제공을 토대로 한국영화산업 성장의 기틀을 제공하였다. 또한 영화필름의 디지털화가 이루어지면서 향후 더욱 뜨거운 비즈니스 영역으로 발전할 것으로 전망된다. 외적인 성장과 함께 극

표 6-2 주요 멀티플렉스 상영관

구분	지역(site)	스크린(개)	좌석수(명)	비고
메가박스	서울, 수원, 부산, 울산, 대구, 광주, 전북 외	378	64,277	스크린 포함
CGV	서울, 경기, 인천, 부산, 대구, 대전, 울산, 충북, 충남, 전북, 전남, 경북, 경남, 강원, 제주	673	116,643	
롯데시네마	서울, 경기, 인천, 부산, 대구, 대전, 울산, 광주, 충남, 전북, 전남, 경북, 경남, 강원	500	87,835	
프리머스	서울, 경기, 부산, 대구, 대전, 충북, 충남, 광주, 전북, 전남, 경북, 강원, 제주	161	24,024	

*2011년 기준, 출처 영화진흥위원회(KOFIC)

장을 찾는 주요 관객층도 과거 10대, 20대의 젊은층에서 30대와 40대 등 다양한 연령대로 확대되고 있다. 이러한 변화로 인하여 극장은 광고주들에게 매력적인 광고매체로 부각되고 있고, 광고주 선호도에서도 상위권에 자리 잡게 되었다.

극장광고의 가장 대표적인 유형은 2009년 약 1,000억원의 시장을 형성한 스크린광고라고 할 수 있다. 극장의 프랜차이즈화와 대형화로 인하여 전국적으로 스크린 수가 매년 증가되고 있고, 관객의 폭도 확대되고 있으며, 국, 내외의 블록버스터 영화 제작 붐으로 스크린광고 시장은 지속적으로 성장할 것으로 예측된다. 현재 스크린광고시장은 〈표 6-2〉에서 볼 수 있듯이 상영관수, 시장선점성, 지역적 특성(예, 삼성동 메가박스 코엑스몰점)의 장점을 가진 CGV, 롯데시네마, 메가박스 등 대형 멀티플렉스 상영관들이 주도하고 있다.

극장 스크린광고를 게재하려면 메가박스 코엑스몰점 중심과 CGV 강변점을 중심으로 할 경우, 좋은 순서의 표출을 희망할 경우 약 1억원 이상의 광고비가 필요하게 된다. 따라서 소

그림 6-5 극장 스크린광고(메가박스)

형 광고주의 참여가 쉽지 않아 주로 중견기업 이상이 참여하고 있다. 이로 인하여 과거의 지역광고보다는 서울, 수도권, 지방 주요도시들을 포함하여 전국규모의 광고가 늘어나기 시작하였고, 광고주들의 업종 또한 다양화되었다([그림 6-5]). 한편 스크린광고 시장규모가 커지면서 광고효과에 대한 관심과 필요성이 대두되고 있다. 향후 과학적이고 객관적인 극장광고효과에 대한 연구가 필요할 것이다.

03 극장광고(非스크린광고)

2008년 메가박스 코엑스몰점의 관객 수가 최초로 5백만 명을 돌파하였다. 코엑스를 찾아 다양한 문화와 쇼핑을 즐겼던 사람까지 더하면 그 수는 이보다 훨씬 더 많을 것이다. 마케팅 활동을 펼치려는 기업의 입장에서 보면 이렇게 방문객이 많은 공간은 매력적인 타깃장소임에 틀림없다. 또한 과거에는 극장이 단순히 영화를 즐기기 위해 찾는 곳이었지만 이제는 복합적인 문화활동이 가능한 공간으로 변화함에 따라 새로운 마케팅 커뮤니케이션의 장으로서 활용가치가 한층 높아졌다고 할 수 있다.

전통적 극장매체인 스크린광고가 상영관 내에서 영화 시작 전에 표출되는 동영상 형태의 광고였다면 극장 관람객을 대상으로 상영관 밖에서 다양한 매체를 통하여 전달되는 광고를 非스크린광고(극장 내 스크린광고에 대비하여)라고 한다. 영화를 보기 위해 상영관을 찾은 관객들의 기다림과 이동동선 등을 모티브로 하여 개발된 신규매체의 일종인 것이다. 다른 말로는 'SD(Space Development)' 매체라고도 할 수 있는데 요즘 새롭게 부상되는 '일상생활(ambient) 매체'의 한 영역이라고 봐도 좋을 것이다. 다른 말로는 'Zoning Media' 라고도 불리기도 한다.

非스크린광고가 등장하기 시작한 초기에는 극장 티켓([그림 6-6])이나 팝콘 케이스 및 영화홍보 게시판 등 소극적인 공간을 활용했다. 극장운영을 위해 필요한 시설이나 콘텐츠를 활용한 경우로서 광고 중심의 매체운영이라고 보기엔 한계가 있었다. 그러나 최근에는 [그림 6-7]과 같이 실내 PDP TV(LCD포함)나 내부조명 라이트 박스(와이드칼라), 엘리베이터 및 벽면 래핑([그림 6-8]) 등 광고를 위한 공간들이 적극적으로 활용되고 있다. 특히 일부 극

그림 6-6 극장티켓-KTF 캠카페 이벤트 고지

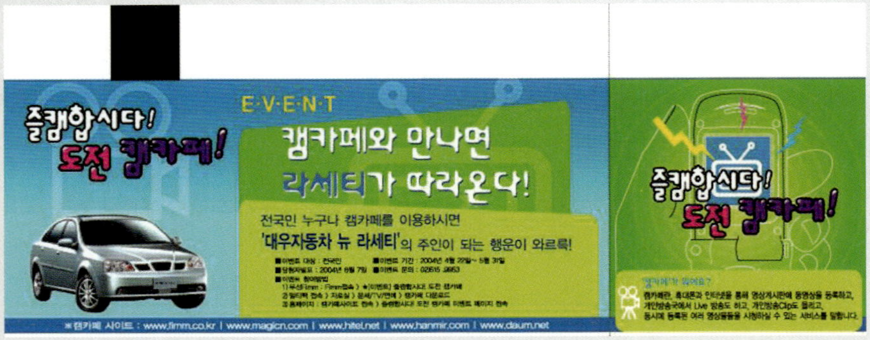

그림 6-7 극장 실내 전광판

그림 6-8 극장 벽면 래핑

그림 6-9 SM3 브랜드관 – 시너스 G

장의 경우에는 '브랜드관'이라는 공간을 만들어 전체 상영관을 하나의 광고주가 광고공간으로 활용함으로써 마치 광고주가 운영하는 상영관으로 착각을 불러일으키는 적극적인 형태를 띠기도 한다. 건물외벽 래핑과 같이 극장내부뿐만 아니라 극장외부를 활용하는 경우도 등장하고 있다. 법적공방의 대상이 되기도 하지만 매체적 관점에서 주목할 만하다. 관람객들에겐 노이즈로 보일 수 있어 개발에 있어 신중함이 요구되기도 한다.

여러 형태의 극장광고 중에서 스크린광고는 단연 광고주들에게 인기가 높다. 밀폐된 공간에서 자신만의 광고메시지를 자연스럽게 집중해서 전달할 수 있기 때문이다. 아직까지 상영관 밖을 활용한 광고가 정형화 되지 못한 한계가 있기 때문에 다양한 非스크린 매체가 등장하고 있음에도 불구하고 스크린광고가 가장 높은 매출을 보이고 있는 것이다. 그러나 非스크린광고도 광고주의 취향에 따라 다양한 형태로 발전하고 있다. 특히 대다수의 非스크린광고가 관람객의 행동을 유발하는 쌍방향적 특성의 광고로 발전하고 있다. 이러한 극장광고를 효과적으로 활용한 캠페인 사례로 SM3 캠페인을 들 수 있다. SM3는 2007년 캠페인에서 젊은층을 타깃으로 지하철 역사 내 래핑과 극장 스크린광고, 그리고 시너스G(현재 메가박스 강남) 극장의 브랜드관([그림 6-9])을 운영함으로써 차별화된 메시지 소구를 시도하였다. 단일매체를 이용하기 보다는 예산 범주 내에서 극장 내, 외의 다양한 매체를 활용하여 타깃의 이동동선에 맞춘 광고운영이 가능한 캠페인을 집행하였다. 저렴한 비용으로 효과적인 광고운영을 이루어낸 캠페인으로 평가된다.

스크린광고 이외의 극장광고를 활용한 여러 가지 사례가 있다. 우선 P&G는 스크린광고가 아니라 강남의 시너스G와 신촌 아트레온 극장의 여자 화장실 거울에 샴푸광고를 게재하여 주목을 끌었다([그림 6-10]). 이른바 '거울광고'를 극장화장실에 집행하여 자사의 제품을 알리는 새로운 시도를 꾀한 것이다. 이 거울광고는 다른 상품에도 확장되어 최근에 메가박

그림 6-10 P&G 팬틴 – 강남 시너스 G 화장실 거울 광고

그림 6-11 질레트 메가박스 코엑스점 프로모션

스 화장실에 이동통신사의 광고가 게재되기도 하였다. 한편 2008년에는 질레트가 신제품 출시에 맞추어 메가박스 코엑스몰점에 부스를 설치하여 제품을 전시하는 동시에 게임 참여를 유도하는 이벤트를 열어 많은 소비자들에게 샘플 사용을 유도하였다([그림 6-11]). 또한 메가박스 코엑스몰점에는 상영관 초입에 대형 실내 전광판이 설치되어 영화 예고뿐만 아니라 일반 상업광고까지 유치하여 광고매체로 활용되고 있다.

이 밖에도 다양한 매체에 다양한 광고주들이 참여하고 있는데, 업종, 캠페인 목적, 예산, 타깃특성에 따라 적합한 매체를 선정, 운영하는 것이 중요하다. 단, 불특정 다수가 모이는

장소인 극장에서 관객들의 불편함을 초래하지 않고 즐거움을 증폭시킬 수 있는 매체의 개발과 집행이 이루어져야 할 것이다.

04 특수매체 광고

소비자들의 삶이 윤택해지고 외부활동이 잦아지면서 옥외광고매체들의 영향력이 나날이 높아지고 있다. 전통적인 4대 매체라고 하는 TV, 라디오, 신문, 잡지와의 접촉이 줄어드는 대신 버스, 지하철과 같은 대안매체들과의 접촉기회가 많아지고 있다. 또한 소비자의 분중화와 개인화가 심화되면서 옥외광고와 같은 대안매체도 다양한 非대중성 매체가 등장하고 있다. 또한 기업들이 특정한 장소에서 개최하는 이벤트 현장에서 마주칠 수 있는 다양한 매체들이 등장하고 있다. 이들을 모두 묶어 특수매체로 규정하고자 한다.

우리는 흔히 옥외매체를 SP매체와 혼용해서 사용하는 경우가 많은데 엄밀히 봐서 이 둘은 다른 범주에 속한다. '옥외(Out of home media)'와 'SP(sales promotion)'의 정의를 살펴봄으로써 차이점을 명확히 알 수 있다. 옥외의 개념은 문자 그대로 집 밖에 위치하여 광고메시지를 전달하는 매체를 의미하며, SP는 판매를 촉진시키기 위한 마케팅 툴(tool)이자 요소이다. SP는 매체의 범위를 넘어서는 개념이기 때문에 매체와 분리해서 이해해야 한다는 것이다. SP를 판매촉진(sales promotion)으로 이해하고 그 구성요소 중의 하나가 매체라고 이해하는 것이 타당하다.

따라서 특수매체에는 크게 그 존재 자체만으로도 기존매체와 차별화되는 매체들과 프로모션 과정에 등장하는 이벤트 현장의(이하 SP매체로 통일함) 매체로 이루어져 있다고 보면 이해가 쉬울 것이다. 그렇다면 특수매체에는 어떠한 매체들이 포함되는지 살펴보기로 한다. 우선 기존매체의 업그레이드로 볼 수 있는 것들이 있는데 과거 2호선 강남역에 등장했던 쇼케이스를 들 수 있다. 기존 와이드칼라를 대체해 특수 제작 설치한 것으로 광고료뿐만 아니라 제작비가 고가인 프리미엄 매체라고 할 수 있다. 차내의 경우에는 기존 평면적인 노선도 광고물에 제품의 샘플을 입체적으로 끼워 넣음으로써 주목률을 높여 프리미엄 급으로 만든 광고물이 있다. 또한 브랜드트레인(편성열차)이라는 개념을 도입하여 기존의 판매 방식 자체를 변경하여 등급을 올린 사례도 특수매체로 볼 수 있다. 특수매체는 최근 각광받고 있는 BTL의 도구로서 가치를 평가할 수 있다.

한편 프로모션 매체라고 하면 모바일 전광판, 멀티큐브, 워킹비전, 비행선, 스쿠터 등을 떠올릴 수 있다. 그러나 큰 틀에서 보면 이들 뿐만 아니라 기존매체들도 특정 캠페인이나 프로모션에 사용되었다면 SP매체로 볼 수 있다. 예를 들어, 지하철 차내 광고물 중 프로모션과 함께 연계된다면 SP 매체에 해당될 수 있다. 이와 반대로 우리가 흔히 프로모션 매체로 알고 있는 것들을 정해진 기간에 정해진 장소에서 일정하게 운영하게 된다면 일반적 옥외매체에 해당될 수 있을 것이다. 예를 들어 모바일 전광판을 일정기간 동안 일정 장소에 광고를 게재하는 형식을 말한다. 다시 말하여 일반매체와 SP매체를 나누는 기준은 매체 자체에 있는 것이 아니라 매체가 어떻게 활용되는가에 따라 결정될 수도 있다는 것이다.

특수라는 말 자체의 의미가 광범위해서 어떤 매체가 존재하며 또 어떤 특징들이 있는지를 이야기 하는 것은 큰 의미가 없을 것이다. 따라서 실제로 광고주가 특정한 매체의 개발이나 프로모션을 통하여 매체를 활용한 사례를 통하여 의미를 알아보고자 한다.

광고주의 실제 참여사례를 통하여 특수매체를 이해하고자 할 때 좋은 예는 나이키의 쇼케이스이다. 나이키는 기존 와이드칼라의 평면성과 천편일률적인 제작방식을 개선하기 위하여 2호선과 역사라는 대중성을 바탕으로 기존 와이드칼라를 뜯어내고 쇼케이스(showcase)라는 이름으로 명명된 새로운 매체를 개발하여 주목률 극대화와 퍼블리싱 효과를 창출했다. [그림 6-12]와 같이 강남역과 이대역 등 역사에 따라 '나이키 에어'와 '나이키 우먼'으로 콘셉트를 잡고 실제 제품을 전시하거나 동영상을 표출함으로써 임팩트 있는 메시

그림 6-12 나이키 쇼케이스

나이키 에어

나이키 우먼

그림 6-13 페브리즈 모델

노선도 모형 부조광고 노선도와 액자형광고의 스토리텔링

지 전달을 시도하였다.

다른 예로 P&G의 '페브리즈'는 기존의 노선도와 액자형 매체를 연계하여 스토리텔링 기법의 광고를 게재하였다. [그림 6-13]과 같이 노선도 광고물을 차별화하여 주목률을 높이기 위하여 평면적 매체에 실제 제품의 모형을 입체스타일로 게재하였다. 연말연시 회식이 많은 시즌에 적합한 스토리텔링 기법이었다는 평가가 있었다.

한편 P&G의 '위스퍼'는 신제품 출시와 발맞추어 여대생을 타깃으로 무료 샘플링 행사를 실시하면서 아시아 지역에서 처음으로 옥외광고를 집행하였다. 신촌역과 이대역 사이의 거리를 타깃지역으로 정하고 샘플링 시점에 제품의 붐업을 꾀하기 위하여 이대역사의 와이드

그림 6-14 P&G 위스퍼 거리배너 광고

그림 6-15 코카콜라 '코크제로' 스쿠터 광고

주간 야간

칼라와 스크린도어 등 일반매체와 거리배너([그림 6-14])라는 매체를 개발하여 동시에 게첨하였다.

한국코카콜라의 경우에도 '코크제로' 신제품 출시에 맞추어 시음이벤트를 강남 주요 3개소와 강북 주요 2개소에서 2개월 동안 장기 집행하였다. 이때 [그림 6-15]와 같은 스쿠터 광고매체를 활용하였다. 소비자들의 이동 동선에 따라 기동성이 원활히 확보되었고 여러 대의 스쿠터를 도보 위에 세움으로써 메시지의 근거리 전달 및 시음 이벤트의 붐업을 꾀하기도 했다.

그리고 마지막으로 코카콜라는 [그림 6-16]에서 볼 수 있듯이 강남역사에 계단 래핑이라

그림 6-16 코카콜라 특수매체

강남역 계단래핑 브랜드트레인 - 편성열차

는 새로운 개념의 옥외매체를 집행하기도 하였고, 2호선 전동차의 차내와 외부의 기존매체를 모두 활용하는 편성열차를 집행하였다. 이는 특수매체와 일반매체의 특수매체화라는 복합적 의미의 매체 집행사례로 평가되고 있다.

LOCK

제7장 옥외광고의 효과

01 옥외광고 효과측정

광고효과란 집행된 광고가 광고주가 원하는 방향으로 소비자의 행동에 영향을 미친 정도를 말하는 것으로써 광고효과측정은 집행된 광고가 목표를 달성하였는지 여부를 확인하기 위해 실시한다. 옥외광고 시장의 양적 성장에 비하여 효과측정에 관련하여 현재까지 진행된 연구는 상대적으로 미비한 상태이다. 흔히 비과학성, 비효율성, 비투명성으로 요약되는 옥외광고 효과측정의 문제는 여러 가지가 요인으로 설명될 수 있다. 과학적인 옥외광고 효과측정이 이루어지지 못하고 있고 업계에서 표준화된 광고효과 측정기준을 제안하지 못하는 주요한 원인들을 살펴보면 다음과 같다.

첫째, 옥외광고의 효율에 대한 불확실성이 존재한다는 것이다. 옥외광고의 특성상 광고에 노출된 인원에 대한 정확한 측정에 어려움이 있기 때문에 효율성과 그 측정에 불확실성이 존재한다는 것이다. 즉 효과측정의 기본이 되는 1차자료인 교통량 및 유동인구 조사자료가 검증된 국가공인기관에서 제공되지 못하기 때문이다.

둘째, 옥외광고 효과 조사를 위한 기준과 그 측정단위에 대한 명확한 기준이 없다는 점이다. 현재 가장 많이 활용하고 있는 옥외광고 조사의 측정기준인 교통량조사나 미국광고주협회에서 활용하는 TAB(Traffic Audit Bureau for Media Measurement) 산출기법 등도 국내에 적용하기에는 다소 무리가 있기 때문에 보완이 필요하며, 국가 또는 업계 차원의 공인된 기관에서 과학적으로 측정되고 축적된 데이터와 체계화된 효과측정시스템을 개발할 필요가 있다. 우리 나라에서도 최근 미국의 TAB와 같은 공인기관이 생겨 옥외광고 효과측정을 위한 1차 기본자료를 제공해야 한다는 주장이 대두되고 있다.

셋째, 단순히 옥외광고물에 노출된 빈도만으로 측정하는 경우 옥외광고에 노출된 사람이 과연 얼마나 관심도 깊게 광고물에 대한 정보를 탐색하느냐에 차이가 있지만 이러한 점까지 고려하여 측정하기 어렵다는 점이다.

넷째, 옥외광고는 다른 광고매체와 함께 집행되는 경우가 많기 때문에 옥외광고만의 효과를 분리하여 측정하기 어렵다.

다섯째, 옥외광고에 영향을 미치는 광고물의 종류, 도로유형, 도로상황, 가시거리, 조명 높이 등 여러 가지 영향변수들이 존재하기 때문에 옥외광고 효과를 정확히 측정하기가 어렵다는 점 등이다.

이 외에도 옥외광고 효과측정을 어렵게 하는 여러 가지 요인들로 인해 그동안 옥외광고 효과측정 관련 연구는 다른 매체와 비교할 때 활발하게 이루어지지 않았다. 본 장에서는 제한적이지만 그동안 이루어졌던 옥외광고 효과와 관련한 학계 연구결과 및 업계의 측정모델, 해외의 효과측정모델을 살펴보고 옥외광고 효과 측정요인과 측정방법에 대해 알아보기로 한다. 또한 최근 양방향 기법의 도입으로 주목 받고 있는 디지털사이니지의 효과측정에 대한 내용도 함께 살펴보기로 한다.

02 학계의 옥외광고 효과 관련 연구

염성원 외 연구(2009)에 의하면 1990년대부터 2008년까지 국내 학술지에 게제된 국내 옥외광고 효과측정연구는 총 29편인 것으로 나타났다. 2004년까지는 주로 도시환경 및 옥외광고 개선방향과 크리에이티브와 관련된 주제가 가장 많은 비중을 차지하고 있었으나 2005년부터는 효과분석 및 측정에 대한 비중이 점차 증가하는 경향을 보이고 있다. 옥외광고 효과와 관련한 주요 연구들을 정리해 보면 다음과 같다.

국내 옥외광고효과 연구의 시초라고 할 수 있는 김재홍(1995)의 연구는 옥외광고물 중 옥상광고물, 뉴스속보 전광판, 야립광고물 등 대형 옥외광고물 총 9곳을 대상으로 효과조사를 실시하였다. 〈표 7-1〉에서 볼 수 있듯이 대형 옥외광고물에 대한 보다 체계적이고 실증적인 접근방법을 통해 효과측정을 실시하고자 광고효과 분석 항목으로 옥외광고물의 특성, 통과도, 접촉도, 광고기억도, 노출도를 중심으로 광고효과지수를 분석하고 이를 기반으로 총광고 노출량(GRPs)을 분석하였다.

서범석(1996)은 일본 NKB J-Vision의 분석방법과 아사히신문이 전광판 효과분석을 위해 사용한 분석방법인 CPM = 광고비 * 1,000/(도보이용 유동 인구 + 차량이용 유동인구)

표 7-1 옥외광고 효과측정 주요 세부 사항

분석 항목	분석 방법
교통량 조사	· 출/퇴근시간(06:00~09:00,17:00~20:00)대는 시간대별 15분간 2회 조사, 그 외 시간에는 시간당 15분간 1회 조사 · 샘플 시간대에 조사된 자료를 바탕으로 서울시경 자료의 시간별 지수를 적용 가중치 산출 이를 바탕으로 전체를 환산하여 시간대별로 추정
유동인구 조사	· 도로 위에 응답자의 이동선을 시간대별, 교통편별, 위치별로 기록하게 하여 각 지역별 상대빈도 분석을 통해 유동인구수 체크
특정 옥외광고물에 대한 접촉도/호감도 설문조사	· 조사대상 광고물을 주간/야간에 사진 촬영하여 보기카드 제시 · 조사 대상자는 20~54세 경제활동인구로서 자가운전자 300명, 일반 출퇴근자 300명 총 600명 조사 · 옥외광고물 설치가도 인지여부, 최근 1주일간 동지역 통과 빈도, 해당지역 옥외광고물 접촉여부, 최근 1주일간 옥외광고물 접촉 빈도,옥외광고물 기억도/노출도/영향 평가
도보통행인 설문조사	· 옥외광고물이 설치되어 있는 지역을 통과하는 도보통행인을 대상으로 설문조사 · 주간단위 통과빈도,주간단위 접촉빈도, 당일 접촉여부, 광고물의 기억도/노출도/영향 평가
옥외광고물 특성 조사	· 물리적 특성 : 광고물의 재질, 크기, 노출면수, 광고비, 주/야간 가시거리, 설치높이 등 실측 조사 · 지리적 특성 : 상가/사무실/주택가 등 지역특성, 상주 인구밀도, 주변 교통여건 등 2차 자료 활용

표 7-2 CPM 분석방법

분석 항목	분석 방법
옥외광고 CPM	광고비 * 유동인구(차량유동인구 + 도보유동인구)/1000 * 광고시청률
월간 유동인구	초당 유동인구 * 가시거리 * 광고시간 * 주목률 * 월간광고횟수
초당 유동인구	일일유동인구/일일 광고운영시간 * 3600
일일 유동인구	차량운행량 * 1.5 + 도보유동인구
주목률	설치된 지역의 옥외광고판 현황, 설치된 전광판의 크기, 종류, 가시거리 등에 좌우됨 가시거리 200m 이상, 컬러 동화상 전광판의 크기 12 * 9m, 주위에 옥외광고판이 없을 경우 1.0으로 산정

* 광고시청률을 이용하여 조선일보의 전광판 매체인 시티비전의 광고효과를 측정/분석하였다. 분석항목으로 사용된 CPM, 유동인구, 주목률 등의 산출방법은 〈표 7-2〉와 같다.

표 7-3 옥외광고 효과측정모델 항목

매체간 공통적 고려사항	· 타깃포함비율 · 유동인구(차량유동인구+도보유동인구) · 차량정체도(허용속도/평균속도) · 주/야 · 도로상황에 따른 정면도 · 광고물의 크기 · 설치높이 · 구좌수 · 간섭도(광고환경)
특수적 고려사항	· 매체의 희소성 · 영향력 · 이미지 전달성

이어서 2001년에는 타깃포함비율, 차량의 정체도, 주야현명도, 정면도, 옥외광고의 크기, 설치 높이, 구좌수, 간섭도, 유동인구를 이용하여 대형 옥외광고물의 효과를 측정하였다. 측정항목은 〈표 7-3〉과 같다.

위와 같은 측정항목을 기준으로 기존매체와의 효과를 비교할 때와 대형 옥외광고와의 효과를 비교할 경우 등 두 가지의 모델을 제시하였는데 세부모형은 다음과 같다.

2.1 기존매체와의 비교를 위한 옥외광고 효과 측정모델

Y = KX

= Target Market Reach = 소구대상 * 유효가시성

= 본원적 요인

K = f(a,b,c,d,e,f,g,h)

a : 타깃 포함비율	b : 차량 정체도
c : 주야 현명도	d : 정면도
e : 옥외광고의 크기	f : 설치높이
g : 구좌수	h : 간섭도

X = 유동인구 (도로 유동인구 + 차량 유동인구)

kx : k,x(DEC) = TGRPs, TCPM = cost(1)/kx, 365 * 1,000

2.2 대형 옥외광고와의 비교를 위한 옥외광고 효과 측정모델

Y1 = mY + nY * Z
=본원적 요인 + 촉진요인
Y = 본원적요인(kx)
Z = 촉진요인 = f(o,p,q)
m = 53%, n=46%
o : 희소성, p : 영향력(Impact), q : 전달성

한편 심성욱과 양병화(2007)는 개선된 옥외광고 효과측정을 위한 연구를 통하여 DEC(Daily Effective Circulation; 일일 유효 서큘레이션), 가시성, 차량 정체정도를 포함한 옥상광고 효과측정모델을 제안하였다. 이 모델은 광고효과에 양향을 미치는 본원적 요인으로 DEC를 규정하였는데, 옥상광고의 DEC는 광고물의 설치지역을 중심으로 해당지역을 통과하는 교통량(차량 이용 유동인구)과 도보이동 유동인구를 측정하여 산출하였다. 이 연구에서 제시한 옥상광고 효과 측정모델은 다음과 같다.

Y(옥외광고 총노출량)
= DEC * 가시각도 * 가시거리 * 차량 정체도(평균 주행속도) - DEC
= 차량유동인구[(버스 주평균 DEC * 15명)
+ (자동차 주평균 DEC * 1.3명)] + 도보 이동 유동인구
CPM(천 명당 도달 비용) = 광고비/[옥외광고 총노출량(Y) * 광고기간] * 1000

주) DEC는 일주일 평균으로 측정하기 때문에 광고기간은 일주일을 한 단위로 규정
가시각도 = 유효각도/최대 가시각도
가시거리 = 유효 가시거리/최대 가시거리
차량정체도(평균 주행속도) = 허용속도/평균속도

직접적인 옥외광고 효과연구는 아니었지만 서우범, 심성욱, 한상필(2009)은 온라인 조사를 통하여 버스중앙차로 승강장 광고의 효과를 조사하였다. 매체 접촉형태를 분석하여 중앙차로 승강장 광고노출이 소비자 만족도와 구매의향에 미치는 영향을 조사하였다. 결과에 의하면 성형사인을 이용한 옥외광고가 평면 옥외광고보다 소비자들의 주목도가 높고 호감도 또한 높아 구매에 영향을 미치는 것으로 나타났다. 효과측정을 위하여 주요 변수로 광고노출량을 활용하였다.

이상의 연구 이외에도 많은 연구들이 이루어졌지만 연구자 간에 효과측정을 위하여 사용한 변인들에 많은 차이가 있고, 변인들의 상대적 효과에 대한 가중치가 서로 달라 통일된 효과측정모델을 찾아보기 힘들다. 또한 신뢰할 수 있는 공인된 자료가 부재한 상황에서 효과의 신빙성 문제가 제기되고 있다. 이러한 문제를 극복하기 위하여 도보 및 차량 이용 이동인구를 정확하게 파악할 수 있는 조사가 주기적으로 이루어져야 한다는 의견이 제기된 바 있고(박현수, 2006), 이를 위해 미국의 TAB와 같은 기능을 가진 기구가 설치되어야 하며, 광고주, 광고회사, 미디어렙 등 관련회사와 조직이 공동으로 하나의 기구를 구성하여 필요한 조사와 객관적이고 공식적인 자료를 생산하는 것이 바람직하다는 주장이 제기되었다. 이와 함께 노출대비 비용효율성, 중복노출 규명 및 노출 빈도 분포추정을 통한 미디어 모델의 개발과 지속적인 개선/보완이 이루어져야 한다는 의견도 제시되었다.

03 업계의 옥외광고 효과 측정모델

업계에서는 주로 대형 종합광고대행사를 중심으로 정량적 수치를 바탕으로 한 옥외광고 효과측정 시스템개발이 진행되어 왔다. 국내의 주요 대행사가 개발한 효과 측정모델에 대하여 간략히 소개하자면 다음과 같다.

3.1 제일기획의 'Optimax Outdoor'

제일기획은 과학적인 매체기획력을 꾀하기 위하여 매체별로 양적, 질적인 장 · 단점을 고려하여 효과를 측정하고 이를 객관적으로 분석할 수 있는 시스템인 C-Map Optimax-Media를 개발하였고, 이의 일부분으로서 전광판, 네온사인, 빌보드, 야립 광고 등 네 가지 형태의 옥외광고물의 평가를 위한 'Optimax Outdoor'라는 모델을 개발하였다. 이 모델은 주요지역의 유효노출 인구수를 기초로 하여 광고물의 유형별로 광고 주목도를 추출하여 예측 광고CPM을 확인할 수 있도록 고안되었고, 광고물 자체의 특수성이 고려된 평가가 이루어질 수 있도록 구성되었다. 또한 옥외광고물 자체의 특수성을 고려해 평가할 수 있도록 만들었다. 유효노출인구, 차량, 유동인구, 가시거리 등 그 동안 매체평가에 활용되었던 구성요소들을 좀 더 합리화, 구체화함으로써 실제로 어느 지역의 어떤 형태의 옥외광고물이 보다 효과적인지를 비교, 평가할 수 있는 모델이라는 점에서 긍정적인 평가를 받고 있다.

3.2 HS애드의 'm.POS'

HS애드는 2002년 구축한 m.POPS를 활용하여 다양한 매체정보를 웹상에 구현하여 실제 매체운영에 활용하고 있다. m.POPs는 모두 31개의 분석모델로 구성되어 매체업무프로세스의 과정을 지원해주는 시스템으로서 웹방식으로 개발되어 인터넷환경이 구축된 어느 장소에서나 접속하여 사용할 수 있다. 특히 SP미디어로 분류되어 있는 옥외광고는 매체의 종류가 너무 다양하고 4대 매체에 비하여 자료가 많지 않아 정확한 효과에 근거한 매체기획과 집행이 어렵지만 m.POPS에는 국내는 물론 해외의 3만여 건이 데이터베이스에 등록되어 카테고리(옥외, 교통, 스포츠, 특수광고 등), 아이템(옥외광고에는 옥상빌보드, 전광판, 야립, 입간판, 애드벌룬 등) 별로 자료를 제공하고 있다. 매체별로 카테고리, 아이템, 매체사, 사이즈, 장소, 단가, 사진(최대 6개) 등의 정보를 포함하고 있으며, 해당 매체를 클릭하면 노출대상, 세부장소, 사양, 계약기간, 매체 특성뿐만 아니라 지역성, 노출도, 품위, 화제성에 따라 매체를 평가한 결과까지 산출할 수 있다. 이처럼 다양하고 방대한 미디어를 체계적으로 DB화하여 활용하는 것은 국내에서 m.POPS가 최초라고 할 수 있는데, 이 시스템은 지역성과 노출도, 품위, 화제성 등의 평가항목을 이용하여 매체평가표를 도출/활용하고 있다. 또한 아래와 같이 가시거리, 차량정체도, 노출시간, 독점성, 품위 등의 요소를 반영하여 노출지수를 산출하고 이를 바탕으로 DEC와 CPM을 도출하고 있다.

DEC = 노출가능인구(유동차량 * 1.3명 + 유동인구) * 주목률
CPM = 월광고료 / 30일 / DEC * 1,000

3.3 TBWA 코리아의 OOH Media-DB

TBWA 코리아는 옥외광고 평가시스템으로 2002년 OOH Media-DB시스템을 개발하여 활용하고 있다. 이 시스템 역시 웹상에서 구현되는데 옥외광고물의 가시거리 및 노출도 등 평가항목을 활용하여 매체별로 등급을 산정하여 광고주가 적절하게 활용 매체를 집행하고 있는지 평가하여 결과치를 제공하고 있다.

이상과 같이 광고대행사들도 평가시스템을 구축하여 옥외광고에 대한 평가와 효과를 검증하는데 다양한 노력을 경주하고 있다. 그러나 업체별로 효과측정모델과 평가요인들이 제각각 다르기 때문에 객관성과 신뢰성 측면에서 한계가 있고, 대표성이 확보되지 않아 지속적으로 이용하는데 있어 제한적이다. 이에 따라 미국이나 영국 등 광고 선진국가에서 개발되어 활용 중인 모델에 대한 연구와 이를 토대로 우리 나라 실정에 맞는 공신력 있는 평가시스템을 개발하는 것이 필요하다는 데 의견이 모아지고 있다.

04 해외 옥외광고 효과 측정모델

해외의 옥외광고 효과측정은 미국과 영국의 사례를 중심으로 살펴보기로 한다.

4.1 미 국

미국은 공고 혹은 포스터 패널 등과 같은 빌보드 이외에도 버스 승강장광고, 교통광고, 경기장광고, 도로시설물, 건물내 내부광고, 도로변/건물의 대형 네온사인, 벽화 등을 옥외광고물로 분류하고 있다. TAB(Traffic Audit Bureau for Media Measurement)라는 공인된 기관이 유동인구와 교통량을 객관적으로 측정하여 노출도 산출업무를 수행하고 있다. TAB는 1993년 미국광고대행사협회(The American Association of Advertisign Agencies), 미국광고주협회(The Association of National Advertisers), 옥외광고협회(The Outdoor Advertising Association of America) 등이 공동으로 설립한 단체로서 광고주, 광고회사, 옥외광고회사 등의 회원사들이 납입하는 회비와 감사 수수료, 교육, 컨퍼런스 등의 개최 수입으로 운영되며 객관적이고 공정한 옥외광고 관련 데이터를 회원들에게 제공하는 비영리단체이다.

TAB는 〈표 7-4〉와 같이 개별 지역 간의 비교, GRP, CPM 분석을 통하여 노출도의 측정 표준을 세워 타 매체와의 비교를 위한 단일한 기준을 제시하고 있다. 타 매체와의 비교를 위

표 7-4 미국 도시 중심지역의 GRP별 포스터 수와 월간 광고비

Market	24일간 GRPs		50일간 GRPs		100일간 GRPs		100일간 GRPs 획득에 필요한 포스터의 평균 광고비($)
	포스터 수	광고비 ($)	포스터 수	광고비 ($)	포스터 수	광고비 ($)	
애틀랜타	30	15,000	60	30,000	120	60,000	500
덴버	21	11,700	39	21,000	78	41,000	526
디트로이트 메트로	45	33,525	90	67,050	180	134,100	745
라스베이거스	9	5,175	17	9,518	33	17,599	533
로스앤젤레스 메트로	120	85,200	240	169,000	480	333,600	695
미네아폴리스/세인트폴	56	30,800	112	61,600	224	123,200	550
배턴 루지	10	5,215	20	9,710	40	14,205	355
투싼	10	5,700	20	10,900	40	20,500	513
시애틀/타코마	40	25,800	80	51,660	160	103,200	645
세인트루이스 메트로	32	16,000	64	32,000	128	64,000	500

자료 : William F. Arens, "Contemporary Advertising" McGraw-Hill, Irwin.

한 TAB지수는 노출도 측정표준으로 HAMS(Harris Audience Measurement System)을 이용하여 도달률과 빈도를 산출하여 기준으로 사용하고 있다. 옥외광고의 일반적인 효과는 GRPs를 이용하여 측정하고 있는데 GRPs를 활용하기 위해서는 앞서 언급한 DEC(Daily Effective Circulation)가 안정적으로 제공되어야 하며, DEC는 모든 지역에서 수집되어 활용되고 있다.

TAB에서 제공하는 시장 평균수치는 광고회사가 제안하는 패키지의 GRP수치를 검증하는데 이용되며, TAB는 구매자들이 직접 구입한 지역의 개별 DEC를 가지고 그 패키지를 검증한다. TAB는 정부기관에 의해 산출된 교통량을 기초로 옥외광고 Circulation을 측정하는데 TAB의 데이터는 미국시장의 80%를 다루고 있다. 또한 옥외 통행시간, 소득수준, 자가용 보유 유무 등과 같은 Circulation의 특성을 옥외광고 시장에 맞게 표준화하여 제공하고 있다.

4.2 영 국

영국은 유럽 옥외광고의 중심이라고 할 수 있는데, 특히 런던은 미국 뉴욕의 타임스퀘어와 함께 세계에서 가장 옥외광고가 발달한 지역으로 꼽힌다. 영국시장에서 이용되는 대표적인 옥외광고 효과측정모델은 크게 세 가지를 꼽을 수 있다.

(1) COPLAND모델

이 모델은 영국의 밀스 앤 록클리(Mills & Rockleys)사가 옥외광고 캠페인의 규모와 기간이 광고에 대한 회상과 밀접한 관계가 있는 것에 착안한 모델이다. 1952년부터 최초로 옥외광고 수용자에 연구의 필요성을 바탕으로 소비자의 이동습관을 조사하였고, 이후 지역별 수용자 크기의 차이와 게시된 옥외광고의 가시성의 차이를 기준으로 지속적인 연구를 수행하였고, 그 결과를 바탕으로 아래와 같은 효과측정모델을 개발하였다.

$$Y = AS + B$$

Y = 캠페인이 진행중인 도시안의 S 지역이 평균 빈도
A = 각 도시의 인구크기로 유추할 수 있는 기울기의 값
S = 특정 광고캠페인이 진행 중인 지역의 개수
B = 전체인구와 수용자 간의 평균 빈도차

표 7-5 OSCAR 모델의 가시성 요인

교통 이용 유동인구	도보 이용 유동인구
· 최대 가시거리 · 도로의 각도 · 다른 광고물과의 경쟁관계 · 가시권으로부터 방향전환 지점 · 가시장애의 정도 · 광고물의 높이 · 광고물의 조명	· 광고물 가시비율 · 다른 광고물과의 경쟁관계 · 광고물의 조명

(2) OSCAR모델

이 모델은 영국의 옥외광고협회(OAA)와 매체사와 광고주, 광고대행사 등이 참여한 옥외광고 수용자 연구를 위한 공동산업위원회(JICPAR)가 주축이 되어 1985년 개발되었다. OSCAR모델은 교통 이용 유동인구와 도보 이용 유동인구를 추정하는 통계적 모델과 영국 옥외광고협회 회원사의 옥외광고가 설치되어 있는 지역의 세분화된 도로변 인구조사, 개별 옥외광고 장소에 대한 특성 정보를 포함하고 있다. 개별 옥외광고의 특성에 근거해 주당 통행자 수를 산출하고, 이렇게 산출된 수치인 총 수용자수는 몇 가지 항목으로 구분되며 점수화되어 개별 옥외광고의 가시성 기준에 근거해 조정되어진다. 〈표 7-5〉에 제시된 가시성 요인의 항목별 점수는 도보 이동 및 교통 이용 유동인구를 합의된 공식에 의해서 조합하여 산출된다. 이렇게 산출된 각 항목별 점수는 순수 오디언스 또는 OTS(Opportunities To See)를 파악하기 위해서 총통과지수에 적용되어 계산된다. OSCAR는 1989년 ~ 1995년까지 활용되었고 1995년에 POSTAR라는 모델로 교체되었다.

(3) POSTAR

POSTAR는 옥외광고 수용자조사 실시기관으로 JICPAR(Joint Industry Committee for National Readership Survey)과 OSCAR를 대체하여 1996년 설립되었다. POSTAR는 광고판을 실제 보았거나 또는 주의해서 볼 가능성을 동시에 조사하는데, 이 모델은 광고주가 타깃으로 하는 소비자에게 얼마나 노출되었는지 알 수 있는 커버리지와 도달률과 얼마나 자주 노출되었는지에 관한 평균빈도를 산출하기 위하여 수용자들의 이동경로를 조사하여 정

표 7-6 POSTAR 모델의 옥외광고 효과측정 요인

· 평균 속도 · 광고물의 크기 · 도로의 가시각 · 가시거리 · 혼잡도 · 조명도 · 장애물 · 도로로부터 광고물이 설치된 거리

보를 획득한다. 이동경로조사는 지역적인 조사 이외에도 수용자의 인구통계학적 특성이나 타 매체의 노출정도, 쇼핑습관, 교통수단의 이용 등 다각적인 특성을 파악할 수 있는 조사를 병행하기 때문에 유용한 정보를 획득할 수 있다.

결국 POSTAR조사는 개별광고판에 대한 교통 유동인구와 도보 유동인구수를 추정하고, 실제로 광고판을 보는지에 대한 가시성 요소를 추가하여 조사하고 있다. 영국 옥외광고 산업에서 표준 연구방식으로 이용되는 POSTAR는 매년 〈표 7-6〉에 포함된 다양한 요소를 활용하여 옥외광고 효과를 측정하고 있으며, 최근에는 GPS시스템과 웹 기반 인터뷰시스템 같은 새로운 측정기술을 활용하여 옥외광고 매체에 대한 포괄적인 측정 및 이해가 가능토록 하고 있다.

05 옥외광고 효과 측정요인과 효과 지표

5.1 측정요인

앞 장에서 옥외광고의 효과측정과 관련한 국내 학계의 연구, 업계의 현황, 해외의 측정모델을 살펴보았다. 연구자, 업체별로 다소의 차이를 보이고는 있지만 옥외광고의 효과측정에 활용되는 주요 요인으로 교통량, 광고물의 노출 특성, 광고물의 물리적 특성, 광고물 주

변상권의 특성 등을 활용하는 것을 알 수 있다. 이 중 가장 기본적인 효과측정 지표가 되고 있는 교통량 산출을 위한 DEC(Daily Effective Circulation)는 광고물에 노출될 가능성이 있는 통행량을 뜻하는 것으로서 차량이용 유동인구와 도보이용 유동인구를 중심으로 산출된다. DEC는 평일과 휴일로 구분하여 시간대별, 차종별로 유통량을 측정한 후 자체 계산법에

표 7-7 일본의 DEC 작성법 사례

"도로교통 센서스" 데이터만으로 실제 교통량을 정확히 파악하기 어려운 경우 다음의 순서로 "카운트 조사"를 함께 실시해 주시기 바랍니다. "카운트 조사"란 카운터를 사용해서 실제 통행량을 측정하는 것이며, 이를 통해 DEC를 계산하는 방법입니다.

1) 준비할 일

① 카운터 : 백화점 등에서 팔고 있는 카운터를 준비해 주십시오.
② 조사원 : 본인 혹은 아르바이트, 또는 조사회사에 의뢰하십시오
③ 기입포맷 : "도로 교통 센서스" 데이터의 경우와 같은 순으로 입력하십시오.

2) 조사 실시 방법

① 측정시간 : 측정시간은 평일(화~목) 중 하루를 골라 오전 7시 ~ 오후 7시, 휴일(일요일) 하루 총 2일간. 단, 12시간 내내 조사하는 것이 아니고 다음의 4개(시간대 구분)에서 각각 임의로 15분을 조사합니다. 예를 들면 오전 시간대 교통량을 측정하는 경우 "10시에서 13시까지" 3시간 가운데 어느 15분간을 측정하는 것입니다. 아침 시간대: 7시 ~ 10시, 오전 시간대: 10시 ~ 13시, 오후 시간대: 13시 ~ 16시, 저녁 시간대 : 16시 ~ 19시

② 조사 대상 : "보행자", "자전거", "자동차류"(각 이동수단별). "자동차류"는 상/하행 가운데 해당 광고가 보이는 방향만 조사합니다. "보행자", "자전거"는 진행방향을 고려하지 않습니다. 다만 업혔거나 유모차를 탄 유아는 제외합니다.

③ 조사 장소 : 어느 도로, 어느 지점에서 조사하는가에 대한 판단이 망설여지는 경우가 발생하면, 그 옥외광고물이 잘 보이고(정면으로 보이는 등 양호한 시계) 또한 그 광고물이 주요 대상으로 하고 있는 보행자 또는 자동차의 교통량이 많은 장소를 적어도 1개소를 조사원의 판단으로 결정. 경우에 따라서 장소를 복수로 결정

④ DEC 계산방법 : "카운트 조사에 의한 계산표"를 활용하십시오. 아래와 같이 평일, 휴일별로 계산하여 평일, 휴일별로 각각 DEC를 산출해야 합니다.

— 아침 시간대 계측결과 *4*3 + 오전 시간대 계측결과 *4*3 + 오후시간대 계측결과 *4*3 + 저녁 시간대 계측결과, *4*3=DEC

* 아침 시간대 계측결과 *4*3이란 오전 7시부터 3시간 가운데 임의로 고른 15분간을 측정하므로 (15분의 측정치)*4배(1시간)의 3시간이라는 의미임

— 다음으로 위에서 산출한 평일, 휴일별 DEC를 사용하여 1주간의 평균 DEC를 산출(평일 DEC * 5 + 휴일 DEC * 2) / 7 = 1주간 평균 DEC

자료 : 시미즈, 2003, 한국옥외광고학회 특별 세미나 발표

의하여 1주일간의 평균치를 계산하여 활용한다. 야립광고의 경우 주로 자동차 전용도로에서 집행되므로 차량이용 유동인구만을 활용하여 광고효과를 측정하지만, 옥상광고의 경우에는 차량이용 유동인구와 도보이용 유동인구를 모두 고려하여 광고효과를 측정한다. 도보이용 유동인구의 경우 기본적인 보행인구뿐만 아니라 지하철 출구 및 버스정류장에서 유입되는 유동인구도 측정한다. 〈표 7-7〉에서 일본의 DEC 작성법의 사례를 알 수 있다.

이와 함께 광고물 주변을 통행하는 차량의 평균 주행속도도 교통량 산출에 고려되는 중요한 요소이다. 옥외광고의 특성상 차량이 빠르게 주행할 경우 광고물을 인지하지 못할 가능성이 높기 때문이며, 차량의 평균 주행속도는 광고물 인지가능성과 밀접한 상관관계를 갖는다.

또한 광고물의 가시성도 효과에 영향을 주는 중요한 요소로 고려되고 있다. 가시성의 측정은 크게 가시각도, 가시거리, 노출시간 등 세 가지를 고려한다. 가시각도란 광고물이 식별 가능한 영역을 뜻하는 것으로 광고물의 위치에 따라 노출될 수 있는 각도가 변화될 수 있기 때문에 이를 가중치로 반영하여 노출 가능성을 고려하는 것이다. 가시거리는 광고물이 최초 인지된 시점으로부터의 거리를 뜻한다. 노출시간은 광고물에 노출될 가능성이 있는 시간을 뜻하는 것으로, 주변 환경에 영향을 받지 않고 지속적으로 광고물에 노출될 수 있는 시간을 말한다. 이렇게 환산된 가시성을 DEC에 가중치로 부여함으로써 수용자들이 실제 광고물에 노출될 가능성을 산출하게 된다. 가시각도와 가시거리의 측정에는 광고물의 크기, 위치 및 범위 등도 측정에 포함된다.

5.2 옥외광고 효과의 평가와 지표

전체적인 옥외광고의 효과를 평가할 수 있는 효과지표에는 서큘레이션, CPM, GRP 등이 있다. 먼저 서큘레이션(Circulation)이란 일반적으로 광고매체의 전달유포 정도를 의미한다. 옥외광고의 경우 서큘레이션은 어느 특정 옥외광고를 접촉할 기회를 가진 보행자의 수, 차량 탑승자의 수를 의미한다. 즉 총서큘레이션이란 해당 옥외광고 근처를 이동한 경험이 있는 사람의 총수로 도보이동 유동인구, 차량 이용 유동인구, 기타 대중교통 이용 유동인구의 합을 의미하며, 유효 서큘레이션은 해당 옥외광고를 실제로 접촉한 사람의 수를 의미한다.

다음으로 CPM(Cost Per Thousand)이란 일반적으로 1,000명의 수용자에게 광고를 노출하는데 드는 비용을 의미한다. 광고효과의 측면보다는 매체 간 또는 비히클 간의 비용효율성을 비교, 평가하는데 사용되는 지표로서 옥외광고의 경우 CPM은 매체의 잠재적 수용자(Potential Viewer) 1,000명에게 도달하기 위해 소요되는 비용을 의미한다. 옥외광고에서 CPM 산출을 위하여 사용되는 몇 가지 사례를 소개하면 다음과 같다.

- Wilkins Outdoor Network사의 측정방식
  = [Cost Per Panel / (일일 평균 유효 서큘레이션 * 노출기간)] * 1,000
- 고바야시 타사브로의 측정방식
  = [광고비 / 연 광고 접촉자 수 (DEC * 광고게재기간)] * 1,000
- 일본 NKB 및 아사히 신문사의 전광판 측정방법
  = [광고비 / (도보유동인구 + 차량유동인구) * 광고시청률] * 1,000

이들 측정방식은 도달률과 도달기간의 산정방식에 따라 다소 차이는 있지만 도달률에 도달기간을 곱한 값을 집행된 광고비로 나누는 기본방식은 동일함을 알 수 있다.

마지막으로 옥외광고 효과지표로 사용되는 GRP는 일본의 덴츠에서 처음으로 도입하여 옥외광고효과를 측정하였다. 하루 평균 유효서큘레이션(ADEC)을 광고시장 인구로 나눈 값을 옥외광고의 GRP로 규정하고 있다.

- 일본 덴츠의 GRP
  = 평균 데일리 유효 서큘레이션(ADEC) / 광고시장인구

06 디지털사이니지의 효과측정

최근 옥외광고 중 가장 주목 받고 있는 새로운 매체인 디지털사이니지는 불과 몇 년 전까지만 해도 생소한 미디어로 간주되었으나 디지털기술의 발달에 따라 소비자의 생활 깊숙이 파고들면서 광고매체로서의 역할 및 중요성이 점차 확대되고 있다. 디지털사이니지에 대한

상세한 내용은 9장 및 10장에서 논의하기로 하고 본 장에서는 디지털사이니지에 대한 간략한 개념 정리 및 정의와 광고효과에 대하여 살펴보기로 한다.

6.1 디지털사이니지의 개념 및 정의

업계와 학계에서 디지털사이니지에 대한 다양한 정의가 이루어지고 있다. 예를 들면 이후종(2011)은 디지털사이니지를 "옥외, 점두, 공공 공간, 교통기관 등 모든 장소에서 전자적 표시기구를 이용하여 정보를 발신하는 시스템"이라고 정의하였다. 실무를 담당하고 있는 업계에서는 디지털사이니지를 "네크워크를 통한 원격제어가 가능한 디지털디스플레이를 공공장소나 상업공간에 설치하여 정보, 엔터테인먼트 프로모션, 광고 등 다양한 콘텐츠를 제공하는 디지털미디어"로 정의하기도 하며, "공공장소와 상업공간에서 LCD, PDP, LED 등의 디스플레이 패널을 통하여 다양한 정보와 광고 등의 콘텐츠를 표출하는 디지털미디어"로, 또는 "하드웨어 측면만을 강조한 DID(Digital Information Display)와는 달리 소프트웨어, 하드웨어, 콘텐츠, 네트워크 등 다양한 IT 기술이 복합적으로 접목된 디스플레이 정보매체"로 정의하기도 한다(팝사인, 2010; DMC 미디어, 2011).

이들의 견해를 종합적으로 살펴보면 단어나 표현의 미미한 차이가 있지만 디지털사이니지의 개념과 본질에 대한 이해는 크게 다르지 않다고 할 수 있다. 현재까지 제시된 디지털사이니지에 대한 논의와 정의를 바탕으로 디지털사이니지의 특성을 정리하면 다음과 같다.

첫째, 기술적 측면에서 디지털사이니지는 디지털디스플레이, 컴퓨터, 통신네크워크 기술의 발전에 기반한 커뮤니케이션 도구이다.

둘째, 정보, 내용적 측면에서 디지털사이니지는 광고 동영상과 뉴스, 홍보 영상들이 그대로 표출되기 때문에 개인 디바이스인 TV와 유사성을 가지고 있다.

셋째, 장소적 측면에서 디지털사이니지는 개인 디바이스와는 달리 공용 공간에서 운영된다는 특징을 가지고 있다.

넷째, 접촉방식 측면에서 디지털사이니지는 휴대폰, IPTV 등과 같이 사용자가 필요에 의해 가입하거나 영화관, 공연장과 같이 목적성을 가지고 방문하는 공간이 아닌 열려있는 공간에 능동적으로 이용하는 미디어라는 특징을 가지고 있다.

6.2 디지털사이니지의 광고 효과

디지털사이니지는 기본적으로 옥외에 유동인구 밀집지역에 설치되는 개방형 매체라는 점에서 기존 옥외광고와 다르지 않다. 따라서 디지털사이니지의 광고효과를 기존의 옥외광고효과측정방식을 통해 효과를 측정해 볼 수 있는데 국내의 옥외광고의 효과측정 연구에서는 주로 앞 장에서 논의한 GRPs와 CPM을 활용하여 효과를 측정하고 있다. 그러나 디지털사이니지는 기존의 옥외광고물과는 달리 디지털이라는 개념이 융합된 네트워크를 기반으로 한 인터랙티브형 광고매체이기 때문에 기존의 방식과는 다른 방식으로 광고효과를 측정할 수 있다. 즉 디지털사이니지는 디지털이라는 장점을 살려 광고에 노출된 또는 광고와 상호작용 경험이 있는 소비자에 대한 데이터를 축적할 수 있으며, 데이터 분석을 통해 소비자 행동에 대한 패턴 및 광고효과를 측정할 수 있다(전종우, 박현, 천용석, 2012).

2010년 이후 디지털매체 관점에서의 디지털사이니지의 광고효과에 대한 연구가 활발하게 진행되고 있다. 특히 디지털사이니지를 통해서 이루어지는 소비자와 직접적인 상호작용 경험을 중심으로 활발한 연구가 이루어지고 있다. 예를 들면, 김진숙, 김재영(2011)의 연구에서는 실험연구방법을 사용하여 수용자의 인구통계학적 요인과 모바일 쿠폰 사용경험이 디지털사이니지 광고에 대한 태도, 상표태도, 구매의도에 유의미한 영향을 주는 것으로 나타났다. 여성과 남성 모두 모바일 쿠폰 사용 경험자가 비 경험자에 비하여 디지털사이니지 광고에 대한 태도, 상표태도, 구매의도가 높게 나타났는데 성별에 따른 차이를 검증한 결과 남성보다 여성이 광고태도, 상표태도, 구매의도가 높은 것으로 나타났다. 성별에 따른 이러한 차이는 디지털사이니지의 양방향적 특성이 남성보다는 여성에게 더 어필하는데서 비롯된 것으로 추론할 수 있다. 즉 기존의 옥외광고 매체에 비하여 다양한 표현방식이 추가된 디지털사이니지의 특성이 여성의 감성적 속성에 잘 융합되기 때문에 감정적 반응에 있어서 성별에 따라 차이가 있다는 해석이 가능하다.

신일기, 심성욱(2011)의 연구에서는 모바일 쿠폰과 연계된 형태의 디지털사이니지 광고효과를 고찰하였다. 이 연구는 디지털사이니지 중 사용자와 상호작용을 유발하는 인터랙티브 옥외광고를 연구대상으로 설정하고 옥외광고의 광고지각 속성인 정보성, 짜증, 오락성과 상호작용 구성요인인 개인화, 반응성, 통제성, 효용성이 각각 광고의 지각된 침입성과 몰입에 어떠한 영향을 미치는지를 살펴보았다. 결과에 의하면 인터랙티브 옥외광고의 정보성, 짜증, 오락성과 같은 광고속성은 광고의 지각된 침입성과 몰입도에 영향을 주는 것으로 나타났고, 침입성과 몰입도는 광고태도에도 연쇄적인 영향을 주는 것으로 나타났다. 특히 몰입도는 광고태도와 공유의도에도 영향을 미치는 것으로 나타났다.

이어진 심성욱, 고아한(2012)의 연구는 QR코드를 활용한 디지털사이니지의 효과를 조사하였다. 즉 디지털사이니지의 이용동기와 QR코드 이용동기가 사이니지 콘텐츠에 대한 태도, 광고 태도, QR코드에 대한 태도, 행위의도, 구매의도에 어떠한 영향을 미치는지 조사한 결과에 의하면, 디지털사이니지 이용동기 중 정보추구 요인이 모든 콘텐츠에 대한 태도에 유의한 영향을 미치는 것으로 나타났고, 정보추구 요인을 포함한 유행선도, 혜택 요인은 광고에 대한 태도와 QR코드에 대한 태도에 유의미한 영향을 주는 것으로 나타났다. 이들 연구결과는 디지털사이니지의 효과와 관련하여 의미 있는 시사점을 제공하고 있다. 즉 디지털사이니지는 기존의 옥외광고와 달리 수용자, 즉 소비자와 직접적인 상호작용을 통하여 커뮤니케이션 효과에 영향을 미친다는 것이다.

한편 이하나(2011)의 연구는 디지털사이니지에서 제공되는 콘텐츠에 대한 사례연구를 실시하였다. 광고매체로서 디지털사이니지의 형태에 따라 소비자에게 제공되는 콘텐츠의 유형을 정리하였는데, 강남역 미디어폴의 경우에는 공공정보, 실시간 뉴스 등 각종 정보 검색과 게임, 영화정보와 같은 콘텐츠가 주를 이루고 잇으며, 서울시내의 지하철역사(1~4호선)에 설치된 다음의 디지털뷰의 경우에는 역 주변의 지도 및 지역 정보, 실시간 뉴스를 주로 제공하는 것으로 나타났다. 서울시내 버스 정류장에 설치된 유-쉘터는 버스의 이동상황을 알려주는 영상정보시스템과 현재의 날씨, 온도, 습도 등 기상정보를 함께 제공하고 있는 것으로 나타났다. 이렇게 매체별로 차별화된 콘텐츠가 제공된다는 것은 디지털사이니지의 효과측정 방법이 기존 옥외광고의 효과측정에 사용되는 단순노출 지표(GRDPs, CPM 등)와는 다른 새로운 측정방법과 지표가 필요함을 암시한다고 할 수 있다. 예를 들면, 수용자와의 상호적용적 메시지 전달의 효과를 측정할 수 있는 지표의 개발이 필요할 것이다.

6.3 디지털사이니지 광고효과 측정사례 – CGV Cloud : 레드불(Red Bull) 캠페인

전종우, 박현, 천용석(2012)의 연구는 CGV내에 설치된 'CGV Cloud'(그림 7-1)라는 디지털사이니지의 광고효과를 분석함으로써 디지털사이니지의 인터랙티브 광고효과를 검증하고자 하였다. 이를 위하여 모두 10개의 CGV 지점에 설치된 CGV Cloud에 에너지 음료

그림 7-1 CGV 내 디지털사이니지, 'CJ Cloud'

'레드불(Red Bul)'의 광고물을 하루 기준 약 45회, 1회당 약 10분간 집행한 후 효과를 측정하였다.

광고효과는 노출효과와 인터랙티브 효과로 구분하여 측정하였는데, 노출효과는 광고가 특정 캠페인 기간 중 시청자에게 보여지는 횟수를 뜻하는 임프레션(Impression)을 이용하여 측정하였고, 인터랙티브 효과는 광고요소를 클릭하여 다른 웹 사이트 위치로 리다이렉팅하는 이용자의 행위를 측정하는 클릭행위의 수와 광고노출 대비 클릭비율을 뜻하는 CTR(Click Through Rate)을 계산하여 측정하였다. 또한 캠페인이 진행되는 동안 설정한 이벤트에 참여한 참가지수를 뜻하는 Action과 노출대비 Action비율인 ATR(Action Through Rate)을 이용하여 측정하였다. 연구결과에 의하면 디지털사이니지는 단순히 집밖에서 접할 수 있는 기존의 옥외매체와는 달리 수용자의 직접적인 참여 행위를 이끌어 냄으로써 브랜드와 밀접하고 끈끈한 유대관계를 형성하는데 효과적인 매체라는 점이 확인되었다. 이 연구의 자세한 결과는 9장에서 소개하기로 한다.

LOCK

제8장 옥외광고 관련 법규

01 국내 옥외광고 관련 법령 및 이슈

1.1 옥외광고물 관련 법령의 제정 연혁

(1) 1960년대 이전 ~ 1980년대

1960년대 이전의 옥외광고물 관련 법령은 일제시대의 '도로취체규제'에서 찾아볼 수 있으며, 당시에는 옥외광고를 설치할 때 경찰의 허가를 받도록 되어 있었다(박종민 외, 2005). 실제로 광복 전까지 옥외광고 위반사항에 대해서 경찰국 보안과에서 광고물 단속규칙을 적용하고 있는 것으로 나타났다(서범석, 2001).

광복 이후 국내에서 최초로 광고물 관리에 관한 법령은 '광고물단속법'이라는 이름으로 1962년 1월 7일자로 제정되었다. 광고물단속법 역시 구체적인 규제는 모두 각 시/도 규칙으로 정하도록 규정하고 있으나 시/도지사의 권한을 관할 경찰서장에게 위임할 수 있도록 명시하고 있어, 이 당시에도 옥외광고물에 대한 규제는 경찰업무였다고 볼 수 있다.

이후 1980년대에 들어서면서 '광고물등단속법'은 '광고물등관리법'으로 명칭이 개정되었으며, 옥외광고물 규제기관을 경찰에서 행정기관으로 이관하게 되었다(서범석, 2001). '광고물관리법'이 개정됨에 따라 내무부에서는 '광고물등관리법시행규칙 준칙'을 개정하였으며, 서울시는 이에 따라 1980년 2월 8일에 '서울특별시광고물등관리법시행규칙'을 개정하여 공포하였다.

(2) 1990년대

1990년대에 들어, '광고물등관리법'을 '옥외광고물등관리법'으로 법제명을 개정하고 3차 법개정을 하게 되었다. 1991년 1월 8일에는 행정자치부의 '옥외광고물등관리법시행령'이 제정되었으며, 각 시 · 도에 위임되어 관리되었던 옥외광고물 관련 법령을 중앙정부의 시행령으로 이관하게 되었다. 이후 '옥외광고물등관리법시행령'은 99년 2월 26일까지 4차에 걸쳐 개정되었다. 한편 1991년 4월 23일 '서울특별시옥외광고물등관리조례'가 제정되

표 8-1 옥외광고 관련법규의 변화과정(1913년 ~ 1999년)

시기		중앙정부(행정자치부)		서울특별시		주요내용
		법	시행령	시행규칙	조례	
1960 이전	'13. 5.29	도로취체규제(총독부령)				간판 경찰 허가
	'45. 8.15	광고취체령		광고취체에 관한 시 · 도령		
1960 년대	'62. 1.7	광고물등 단속법 제정				권한 일부 경찰서 위임. 구체적 규제는 시 · 도 규칙
	'62. 6.1			광고물등단속법 시행 규칙제정		
	'63. 11.11	광고물등 단속법 1차 개정				광고물에 전단 추가, 관할관청에 부산직할시 추가
	'67. 11.30			시행규칙 4차개정		
	'69. 5.15			시행규칙 5차개정		전문개정
1970 년대	'70. 3.14			시행규칙 6차개정		전문개정
	'70. 9.1			시행규칙 7차개정		
	'72. 10.10			시행규칙 8차개정		
	'73. 11.16			시행규칙 9차개정		금지구역 확장
	'74. 12.23			시행규칙 10차개정		지하철, 지하도 게시물 규정
	'76. 3.19			시행규칙 11차개정		기준미달 야립광고물 기간연장
1980 년대	'80. 1.4	광고물등 관리법 2차개정				명칭변경, 규제기관을 경찰에서 행정기관으로 이관
	'80. 2.8	시행규칙 제정		광고물등관리법		
1990 년대	'90. 8.1	법 3차개정				전문개정, 올림픽광고물
	'91. 1.8		옥외광고물등 관리법시행령 제정			
	'91. 4.23				제정	현행 체계에 의한 관리로 전환
	'91. 12.27		시행령 1차 개정			대통령령 제 13517호
	'92. 12.8	법 4차 개정				한국광고사업협회 설립근거
	'93. 1.13				1차개정	
	'93. 2.24		시행령 2차 개정			대통령령 제 13856호
	'93.11.30				2차개정	옥상간판 규제확대 등

<table>
<tr><th colspan="2" rowspan="2">시 기</th><th colspan="2">중앙정부(행정자치부)</th><th colspan="2">서울특별시</th><th rowspan="2">주요내용</th></tr>
<tr><th>법</th><th>시행령</th><th>시행규칙</th><th>조례</th></tr>
<tr><td rowspan="7">1990
년대</td><td>'97. 2.6</td><td></td><td>시행령
3차 개정</td><td></td><td></td><td>옥상간판, 애드벌룬 규정 등</td></tr>
<tr><td>'98. 3.10</td><td></td><td></td><td></td><td>3차개정</td><td>안전, 애드벌룬의 표시방법 등</td></tr>
<tr><td>'99. 1.18</td><td>법 5차 개정</td><td></td><td></td><td></td><td>협회 관련사항 외</td></tr>
<tr><td>'99. 2.26</td><td></td><td>시행령
4차개정</td><td></td><td></td><td>표시방법 조례에 위임 등</td></tr>
<tr><td>'99. 4.26</td><td></td><td></td><td></td><td>4차개정</td><td>공공시설물이용 광고</td></tr>
<tr><td>'99. 6.30</td><td></td><td></td><td></td><td>5차개정</td><td>특별정비 지원, 규제완화</td></tr>
<tr><td>'99.11.15</td><td></td><td></td><td></td><td>6차개정</td><td>영 위임사항, 표시방법 완화 등</td></tr>
</table>

자료 : 서울특별시 건축지도과 내부자료, 2000. 6; 서범석, 2001 재인용

었으며, 1999년 11월 15일까지 6차례에 걸쳐 개정되었다.

1992년 12월 8일에는 '옥외광고물등관리법' 4차개정이 이루어졌으며 한국광고사업협회의 설립근거를 마련하였다. 이후 1999년 1월 18일에는 5차개정이 이루어졌으며, 협회 관련 사항에 대한 부분이 일부 변경되었다. 한편 '서울특별시옥외광고물등관리조례'는 지속적으로 개정되면서 옥상간판에 대한 규제확대, 애드벌룬의 표시방법, 공공시설물이용 광고에 대한 세부적인 법 개정이 이루어지게 되었다. 이상과 같은 2000년 이전의 옥외광고 관련 법규는 〈표 8-1〉에 요약하여 제시하였다.

(3) 2000년대 ~ 현재

2001년에는 '옥외광고물등관리법'이 6차 개정되었으며, 이 당시 시 · 도지사의 옥외광고물에 관한 권한을 시장 · 군수 · 구청장의 권한으로 위임하게 되었다(김현애, 2010). 이후 2004년 12월 23일 옥외광고물등관리법이 개정되었으며, 2006년 6월에 이에 대한 후속 개정령으로 옥외광고업이 신고제에서 등록제로 전환되어 시행되었다. 당시 시행령에는 등록제로 전환되면서 등록 시행에 필요한 기술자격 및 등록취소 등의 기준, 폐업 등의 신고에 대한 기준 등을 포함하고 있었다. 2007년에는 '옥외광고물등관리법시행령'이 일부 개정되었는데, 건물의 벽면, 창문을 덮는 광고물 표시를 제한적으로 허용하였으며, 교통수단에 대한 광고를 창문을 제외하고 전면 허용하는 내용을 포함하고 있었다. 또한 시공 중인 건물의 가림막에는 하나의 광고물만 부착하도록 하였으며, 전광류의 공공목적 표출비율을 25% 이내

로 완화한다는 내용 역시 담고 있었다. 이와 더불어 기존에 문제점이 제기되어왔던 불법 입간판에 대한 즉시 폐기를 가능(심성욱 외, 2012)하게 하여, 도시미관을 저해하는 광고물에 대한 규제를 더욱 강화하였다고 볼 수 있다.

현재 옥외광고물에 관한 법령은 행정안전부의 '생활공감정책과'에서 담당하고 있으며, '옥외광고물등관리법'은 2011년 3월 29일에 법률 제 10466호로 일부 개정되어, 2011년 9월 30일부터 시행되었다. 2011년에 개정된 '옥외광고물등관리법'은 쾌적한 생활환경을 조성하고 광고물 등을 정비하기 위한 '옥외광고정비기금'을 설치 · 운영하도록 하였으며, 기금의 운용 및 관리에 필요한 사항은 도 · 시 · 군 · 자치구 조례로 정하도록 하였다. 또한 광고물의 디자인과 도시경관과의 조화 등을 심사하기 위한 '광고물관리 및 디자인심의위원회'를 설치하도록 하였다. 이는 옥외광고물이 아름답고 쾌적한 도시환경을 건설하기 위한 중요한 한 가지 요소라는 점이 점차 부각되었기 때문으로 보인다. 옥외광고물이 도시환경에 미치는 영향에 대해서는 국회 문광위 간판문화개선소위원회가 제시한 '쾌적한 도시환경 개선을 위한 옥외광고물관리와 진흥에 관한 법률안'에서도 살펴볼 수 있다. 본 간판소위 대체법안은 옥외광고물 진흥정책추진을 통해 옥외광고물을 지방 자율적 관리로 전환하여 규제의 실질화, 유연화를 통한 아름다운 국토경관문화를 조성한다는 취지를 담고 있었다.

2011년 10월 10일에는 '옥외광고물등관리법시행령'이 개정되었으며, 시 · 도지사의 옥외광고에 대한 권한 강화와 열차 차량광고를 허용하는 등의 내용을 담고 있다(심성욱 외, 2012). 특히 교통시설 및 공공이용 광고물과 옥상간판, 지주이용간판을 제외한 모든 광고물의 설치 및 표시방법을 시 · 도 조례로 위임하여 각 지자체별 자율성과 재량권을 확대했다. 기존에는 11개종의 광고물에 대해서 대통령령에서 설치 · 표시방법을 규정하였지만, 중앙부처간 협의가 필요한 광고물(교통시설이용광고물 및 철도역, 공항 등)과 광역적 성격의 광고물(버스, 택시 등), 도시미관이나 안전에 영향을 미치는 광고물 등의 5가지만 대통령령으로 남겨두고 나머지 광고물은 시 · 도 조례로 위임하도록 명시하고 있다. 본 시행령에서는 옥외광고물을 지방 자율적으로 관리할 수 있도록 함으로써, 규제의 유연성을 확보할 수 있도록 하였으며, 보다 실질적인 법 적용이 가능하도록 하였다고 볼 수 있다.

최근에는 2012년 7월 9일자로 대통령령 제 23939호 '옥외광고물등관리법시행령'이 일부 개정되었으며, 2012년 7월 9일에 시행되었다. 개정된 시행령은 2011년 10월 10일에 공포되었던 개정안의 내용과 크게 다르지 않으나, 제 6장의 제 27조에서 '광고물 등 자율관리구역 및 광고물등 정비시범구역' 항목에 따라 자율관리협정을 체결하는 자는 현정 체결자들 간의 자율적 기구로서 '주민협의회'를 구성하여 운영하도록 하고 있는 점을 주목해 볼 만하다. '주민협의회'는 광고물 등의 유지 · 관리 및 감시 활동을 하며, 자율관리협정의 작성 및 자율관리구역 지정의 신청 등을 할 수 있도록 명시하고 있다.

1.2 국내 옥외광고물 관련 법령

국내 '옥외광고물 관련 법령'은 중앙정부 소관의 법과 시행령이 있으며 각 시 · 도별 조례로 구성되어 있다. 옥외광고물 조문의 구성을 보면 '옥외광고물등관리법'은 전문 21조와 부칙으로 구성되어 있으며, 대통령령인 '옥외광고물등관리법시행령'은 전문 55조와 부칙으로 구성되어 있다(〈부록〉 참조, 2012년 기준). 한편, 서울시의 경우 '서울특별시 옥외광고물 등 관리조례'가 31조와 부칙으로 구성되어 있다.

'옥외광고물등관리법(법률 제 10466호)'은 2011년 3월 29일자로 개정되었으며, 2011년 9월 30일부터 시행되었다. 주요 내용으로는 옥외광고물의 목적과 정의, 광고물의 허가 및 신고사항, 광고물등의 금지 또는 제한, 금지광고물, 다른 법령 또는 국가 등의 광고물 제한, 광고물관리 및 디자인 심의위원회, 법령 적용의 배제 조항, 위반에 대한 조치사항, 광고물의 안전점검, 옥외광고업의 등록조항, 광고물등에 관한 교육, 허가의 취소사항, 등록의 취소와 영업정지 사항 등을 담고 있으며, 총 21조로 구성되어 있다. '옥외광고물등관리법'은 옥외광고물의 질적 향상을 위한 기반을 조성하고, 옥외광고물의 표시 및 설치 등에 관한 사항을 정하여 아름다운 경관과 미풍양속을 보존하고 공중에 대한 위해를 방지하며, 건강하고 쾌적한 생활환경을 조성하는 것을 제정 목적으로 하고 있다.

'옥외광고물등관리법시행령(대통령령 제 23939호)'은 2012년 7월 9일자로 개정되었으며, 2012년 7월 9일부터 시행되었다. 주요내용은 옥외광고의 분류 및 대상 교통시설/수단을 명시하고 있으며, 옥외광고의 허가 및 신고사항, 신고대상 광고물 및 게시시설, 허가 및 신고의 절차, 광고물 등의 표시방법, 표시방법의 완화, 광고물 등의 금지 및 표시방법의 강화, 광고물 등 자율관리구역 및 광고물 등 정비시범구역, 공공목적 및 기금조성용 광고물 등의 설치 등의 사항, 옥외광고 관련 위원회 구성 및 운영에 대한 사항, 안전점검에 대한 사항, 불법 광고물의 제거에 대한 사항, 옥외광고업의 등록 및 교육에 대한 사항, 과태료 등 대한 사항 등 총 55조로 구성되어 있다. '옥외광고물등관리법시행령'은 '옥외광고물등관리법'에서 위

표 8-2 국내 옥외광고물 관련 법규 체제

옥외광고물등관리법	옥외광고물등관리법 시행령	서울특별시 옥외광고물등 관리조례
제 1조 (목적) 제 2조 (정의)	제 1조(목적) 제 2조(교통시설 및 교통수단의 범위) 제 3조(옥외광고물의 분류)	제 1조(목적)
제 3조 (광고물 등의 허가 또는 신고)	제 4조(허가 대상 광고물 및 게시시설) 제 5조(신고대상 광고물) 제 6조(허가 및 신고지역등) 제 7조(허가 및 신고의 절차) 제 8조(허가 및 신고수리기준) 제 9조(변경허가 및 변경신고) 제 10조(광고물 표시기간 연장) 제 11조(광역단위 광고물 허가)	
제 4조 (광고물등의 금지 또는 제한) 제 5조 (금지광고물 등) 제 6조 (다른 법령 또는 국가등의 광고물 제한)	제 12조(일반적 표시방법) 제 13조(건물 등 벽면 이용 광고물 표시방법) 제 14조(전기사용 광고물 표시) 제 15조(옥상간판의 표시방법) 제 16조(지주 이용간판의 표시) 제 17조(공공시설물 이용 광고물의 표시방법) 제 18조(교통시설 광고물 표시) 제 19조(교통수단 이용 광고물 표시) 제 20조(그 밖의 광고물표시) 제 21조(표시방법의 완화) 제 22조(표시방법에 대한 특례) 제 24조(광고물등의 표시 금지되는 지역 장소 및 물건) 제 25조(표시방법의 강화) 제 29조(공고목적 광고물의 표시방법) 제 30조(기금조성용 옥외광고사업 및 광고물 등의 설치기준)	제 2조(광고물의 일반적 표시방법) 제 3조(간판형 간판의 표시방법) 제 4조(세로형 간판의 표시방법) 제 5조(돌출간판의 표시방법) 제 6조(공연간판의 표시방법) 제 7조(전기를 사용하는 광고물의 표시방법) 제 8조(옥상간판의 표시방법) 제 9조(지주 이용 간판의 표시방법) 제 10조(공공시설물 이용 광고물의 표시방법) 제 11조(현수막의 표시방법) 제 12조(현수막 지정게시대의 설치 및 관리기준) 제 13조(애드벌룬의 표시방법) 제 14조(벽보의 표시방법) 제 15조(전단의 배부방법) 제 16조(선전탑 및 아치광고물의 표시방법) 제 17조(창문 이용 광고물의 표시방법) 제 18조(표시방법의 완화) 제 19조(표시방법 등에 대한 특례) 제 20조(광고물 등의 표시가 금지되는 물건) 제 21조(표시방법의 강화)

옥외광고물등관리법	옥외광고물등관리법 시행령	서울특별시 옥외광고물등 관리조례
제 7조 (광고물관리 및 디자인심의위원회)	제 32조(광고물관리 및 디자인심의위원회 구성 및 운영) 제 33조(심의위원회 기능) 제 34조(옥외광고정책위원회의 구성 및 운영)	제 22조(광고물관리 및 디자인심의위원회의 구성 및 운영) 제 23조(심의위원회의 기능)
제 8조 (적용 배제)		
제 9조 (광고물등의 안전점검)	제 36조(안전점검 대상 광고물) 제 37조(안전점검의 기준 시기 및 방법) 제 38조(안전점검 업무의 위탁)	제 24조(안전점검 대상 광고물)
제 10조 (위반에 대한 조치)	제 40조(제거된 광고물등의 보관 및 처리) 제 41조(광고물등의 반환 등) 제 42조(미반환 광고물등의 귀속) 제 43조(이행강제금의 부과)	
제 11조 (옥외광고업의 등록)	제 44조(옥외광고업의 등록 및 절차) 제 45조(변경등록) 제 46조(등록증의 재발급 신청) 제 46조(휴업/폐업 및 재개업)	
제 12조 (광고물등에 관한 교육)	제 49조(옥외광고업 종사자 등에 대한 교육) 제 50조(교육의 위탁 등)	제 25조(광고물등의 교육)
제 13조 (허가 취소 등)		
제 14조 (등록의 취소와 영업정지)	제 51조(행정처분의 기준) 제 52조(행정처분의 통보) 제 53조(관할구역 외의 옥외광고업자에 대한 제재 등)	제 28조(불법 유동광고물 방지 및 제거)
제 15조 (청문)		
제 16조 (광고물 실명제)		제 26조(광고물 실명제)
제 17조 (수수료)		제 27조(수수료)
제 18조 (벌칙) 제 19조 (양벌규정) 제 20조 (과태료) 제 21조 (적용상의 주의)	제 55조(과태료의 부과)	제 31조(권한의 위임)

자료 : 옥외광고물등관리법, 옥외광고물등관리법 시행령, 서울특별시 옥외광고물 등 관리조례

임된 사항과 그 시행에 필요한 사항을 세부적으로 규정함을 목적으로 하고 있다.

'서울특별시 옥외광고물등관리조례(조례 제 5362호)'는 2012년 9월 28일에 제정되었으며, 2012년 9월 28일부로 시행되었다. '서울특별시 옥외광고물등관리조례'는 1991년 4월 23일 처음 제정되었으며, 이후 여러 차례 개정작업을 거쳤다. 가장 최근에 제정된 조례안은 2012년 9월 28일부로 새로 제정된 것으로 서울특별시 옥외광고물 규제에 관한 사항을 담고 있다. 주요내용으로는 광고물의 일반적인 표시방법 및 각종 유형의 옥외광고물의 표시방법, 표시방법의 완화, 표시방법에 대한 특례사항, 광고물 등의 표시가 금지되는 사항, 광고물관리 및 디자인심의위원회의 구성 및 운영에 대한 사항, 안전점검 사항, 광고물의 교육, 수수료 및 불법 광고물 방지/제거에 대한 사항, 우수광고물 발굴 및 시상에 대한 사항 등 총 31조와 부칙으로 구성되어있다. '서울특별시 옥외광고물등관리조례'는 '옥외광고물등관리법' 및 '옥외광고물등관리법시행령'에서 위임된 사항과 그 시행에 관하여 필요한 사항을 규정함을 그 제정의 목적으로 하고 있다.

'옥외광고물등관리법', '옥외광고물등관리법시행령', '서울특별시 옥외광고등관리조례'는 모두 도시공간의 쾌적하고 아름다운 경관의 유지와 미풍양속의 유지, 그리고 국민의 생명과 재산에 대한 안전확보를 공통된 목적으로 하고 있다. 이와 같은 국내 옥외광고물 법규 체제는 〈표 8-2〉와 같다(각 법률의 자세한 조항은 〈부록〉 참조).

1.3 옥외광고특별법

국내 옥외광고물 관련 법령에서는 '옥외광고물을 설치하는 것을 업(業)으로 하려는 자는 그 기술능력, 시설 등을 갖추어 시장, 군수 또는 구청장에게 등록(옥외광고물법 제 11조)'하면 누구나 사업을 할 수 있다고 명시하고 있다. 그러나 특별법 옥외광고물은 조직위원회, 기념재단, 국민체육진흥공단 등에 한해서 허용되고 있으며(표 8-3 및 표 8-4 참조), 이들은 특정한 사업을 위한 재원마련이라는 측면에서, '공익적 목적'을 달성하기 위한 일종의 특별한 권리를 허용받아 광고를 할 수 있게 된다.

'공익사업의 특허'란 국가나 지방자치단체가 사인(私人)에게 일정한 공익적 사업에 대하여 특별한 권리, 의무를 내용으로 하는 경영권을 설정하여 주는 행위를 뜻한다(김동희, 2006). '공익사업의 특허'는 ⓐ 공익사업에 대하여(사업의 대상), ⓑ 당해 사업의 원활하고 적

정한 수행을 위하여 특별한 권리를 부여하고, 그에 따른 의무를 부과(규제의 목적, 내용), ⓒ 특별한 권리, 의무를 설정하여 주고(형성행위), ⓓ 그에 대한 특별한 보호, 감독을 행한다는 점에서 일반적인 '영업허가'와 구별된다(손봉숙, 2006)고 할 수 있다. 공익사업의 특허라는 측면에서 옥외광고특별법이 적용되는 것은 일반인에게 인정되지 않는 특별한 권리가 부여되는 것이며, 매우 제한적으로 허용되는 것임을 알 수 있다.

(1) 옥외광고특별법 도입과 연혁

① 서울올림픽조직위원회(1984~1988)

특별법에 의한 옥외광고는 '86 아시아경기대회'와 '88 서울올림픽' 개최를 목적으로 설치되었다. 국제적인 스포츠 행사로서 가장 큰 규모인 올림픽을 성공적으로 개최하기 위하여, 1981년에 설치된 서울올림픽조직위원회는 대회의 준비 및 운영에 필요한 기금조성이라는 특별하고 한시적인 목적으로 1984년부터 옥외광고사업을 시행하였다.

② 국민체육진흥공단

서울올림픽지원사업이 종료된 1989년 이후부터 옥외광고특별법은 국민체육진흥공단으로 이관되어 국민체육진흥기금 조성을 위한 사업과 각종 대회지원을 위한 수익사업으로 활용되었다. 이를 통해 1993년 대전세계박람회와 97년 동계 유니버시아드대회, 99년 강원 동계아시아대회지원을 위한 옥외광고물은 국민체육진흥공단에 이관된 광고물의 일부를 활용한 대회들이다.

③ 제18회 동계 유니버시아드대회 및 제4회 동계아시아경기대회 지원법(1995~2000)

1997년 개최되었던 제18회 동계 유니버시아드대회 및 1999년 개최되었던 제4회 동계 아시아경기대회의 준비를 위하여 조직되었던 '재단법인 97 무주/전주 동계 유니버시아드대회 조직위원회 및 재단법인 제4회 동계 아시아경기대회 조직위원회'가 해당 스포츠대회 관련 시설을 지원하기 위하여 만들어진 특별법이다. 특히 해당 조직위원회는 경기대회의 준비 및 운영에 필요한 자금을 충당하기 위한 방안의 하나로서 옥외광고물을 활용하며, '옥외광고물등관리법' 및 '전기사업법'의 규정을 대통령령으로 정한다고 명시하고 있다. 특히 이를 통해 해당 경기대회를 지원하고, 성공적으로 개최함으로써 국민체육을 진흥하고 국위선양과 국가발전에 이바지하기 위함을 목적으로 만들어진 특별법안이다.

표 8-3 각종 국제대회 옥외광고특별법 관련 지원법

대회명	법률명	제/개정	비고
'86 아시안게임 '88 서울올림픽	서울올림픽대회 조직위원회지원법 (1989.12.31~1989.12.31)	제정 1981.12.31(3535호)	옥외광고사업 허용
		개정 1982.03.20(3540호)	
	서울아시아경기대회 올림픽대회조직위원회지원법 (1982.12.31~1989.12.31)	개정 1982.12.31(3611호)	
		개정 1984.12.31(3780호)	
		개정 1986.12.31(3883호)	
	국민체육진흥법 (1989.03.31~1998)	개정 1989.03.31(4105호)	체육진흥공단 이양
'93 대전세계박람회	국제무역산업박람회 조직위원회지원법	개정 1989.03.31(제 4105호)	
	대전세계박람회지원법 (1991.01.14~1994.12.31)	제정 1989.12.12(4136호)	옥외광고사업 허용
		개정 1991.01.14(4323호)	
		개정 1991.03.08(4339호)	
		개정 1993.03.06(4541호)	
		개정 1993.08.05(4570호)	
	대전엑스포기념재단법	제정 1993.08.05(4570호)	
'97 동아시아 경기대회 & '02 아시아 경기대회	제 14회 아시아경기대회지원법 (1995.12.29~2003.12.31)	제정 1995.12.29(5075호)	옥외광고사업 허용
		개정 1998.09.16(5551호)	
		개정 1999.02.08(5893호)	
		개정 1999.02.08(5911호)	
		개정 1999.02.08(5914호)	
		개정 2002.12.30(5914호)	
'97 동계U대회 & '99 강원 동계아시아대회	제 18회 동계유니버시아드대회 및 제 4회 동계아시아경기대회 지원법 (1995.12.30~2000.12.31)	제정 1995.12.30(5130호)	옥외광고사업 허용
		개정 1997.12.31(5491호)	
		개정 1998.09.16(5551호)	
		개정 1998.09.16(5559호)	
		개정 1999.01.21(5654호)	
2002 월드컵 축구대회	2002년 월드컵 축구대회지원법 (1997.01.13~2003.12.31)	제정 1997.01.13(5278호)	
		개정 1998.09.16(5551호)	
		개정 1999.02.08(5893호)	
		개정 1999.02.08(5911호)	
		개정 1999.02.08(5914호)	
		개정 2000.01.12(6127호)	옥외광고사업 허용
'03 대구 유니버시아드	제 22회 하계 유니버시아드대회지원법 (2001.03.28~2006.12.31)	제정 2001.03.28(6444호)	옥외광고사업 허용
		개정 2004.01.29(7130호)	
		개정 2004.12.31(7289호)	지원법 연장

자료 : 손봉숙, 2006

표 8-4 각종 특별법에 근거한 옥외광고사업의 추진내역

주요대회	특례광고물	기금조성액	비고
서울올림픽 ('84~'88)	지주이용광고(120기), 전광네온광고(20개), 시내버스외부광고(18,350) 택시표시등광고(26,130대) 탑광고(100개) 지하철광고(290개), 비행선광고(1식)	265억원 (5년)	• 체육진흥광고물 • 체육진흥공단 소관사업 이양
대전엑스포('93)	전광네온광고(27개) 애드벌룬광고(100개) 차량탑재영상광고(3기)	60억원 (3년)	• 체육진흥공단 소관사업 • 각 대회 지원을 위해 부분이양
동계U대회('97)	지주이용광고(23기), 전광네온광고(25기), 차량탑재영상광고(3대)	45억원 (2년6개월)	
강원동계아시아('99)	옥상광고(7기), 지주이용광고(41기)	20억원 (2년)	
부산아시아경기대회 ('99~2002)	옥상광고(8기), 지주이용광고(136기), 시내버스외부광고(25,000대), 영업용택시표시등광고(40,000대), 공중전화부스광고(6,100대), 차량탑재영상광고(3대), 영업용화물자동차광고(30,000대), 전세버스광고(10,000대), 시외버스광고(8,000대)	520억원 목표 (4년)	• 부산아시아경기대회 조직위원회로 광고사업 이양
월드컵축구대회 (2001~2002)	지주광고(41기), 옥상광고(12기), 소형지주이용광고(80개), 축구조형물광고(120개), 애드벌룬광고(60개), 빌딩벽면이용광고(200개), 배너광고(10,000개)	100억원 (2년)	• 월드컵축구대회 조직위원회로 광고사업 이양
대구유니버시아드대회 (2002~2006)	전기광고(46기), 홍보탑광고(67기), 벽면광고(25기), 차량탑재광고(38대), 전화부스광고(2000대), 옥상광고(14기), 지주광고(173기)	579억원 (5년)	• 대구U대회 조직위원회로 이양

자료 : 손봉숙, 2006

④ 2002년 월드컵축구대회조직위원회(1997~2003)

2002년에 개최된 월드컵을 성공적으로 개최하기 위해서도 역시 옥외광고물 특별법이 활용되었다. 특히 이전의 스포츠 대회들을 지원하기 위해 국민체육진흥공단으로 이관되었던 옥외광고사업은 2002년 월드컵축구대회를 지원하기 위하여 2002 월드컵축구대회조직위원회로 전량 이관되었다.

⑤ 제22회 하계 대구유니버시아드대회조직위원회(2001~2006)

2003년 개최되었던 제 22회 대구 하계유니버시아드대회를 지원하기 위한 방안으로 옥외광고특별법이 제정되었다. 특히 이 법안은 2001년에 제정된 이후 2번의 개정을 거친바 있으며, 대회가 끝난 이후인 2004년에 추가로 2년을 더 연장하게 되었다. 대구 하계유니버시아드 대회를 지원하기 위한 지원법의 하나로 마련된 법안이었음에도 불구하고, 해당 대회가 종료된 이후 2년간이나 옥외광고사업을 추가로 시행하도록 하는 무리한 법 개정이었다는 부정적인 평이 높다. 또한 실제로 정관계 로비와 편법으로 도마에 오르던 옥외광고사업의 문제점이 드러나 여러 정관계 인사가 처벌되기도 하였던 사례가 있다.

(2) 옥외광고특별법 허가와 평가

국내 옥외광고특별법을 통해 정부에서는 지난 20여 년간 1,600억원 이상의 수익을 거두었다. 글로벌 스포츠 빅이벤트의 개최시에 적용되어왔던 옥외광고특별법은 해당 스포츠이벤트의 성공적인 개최를 위한 각종 지원사업과 대국민 홍보를 통한 관심고조 등을 위해 허용되어왔다. 특별법으로 제정된 옥외광고물에 대해서는 '허가기간이 만료되거나 취소되었을 경우 광고물을 자진철거하도록' 명시하고 있으며, 미풍양속을 해치지 못하도록 명시하고 있다. 허가청에서 제시하는 특별법 옥외광고물 허가조건은 〈표 8-5〉와 같다.

옥외광고특별법은 제정 당시부터 그 유효기간을 미리 정하는 한시법이라고 할 수 있다(조정찬, 1998). 이러한 한시법을 제정하는 이유는 크게 세 가지로 들 수 있는데, ⓐ 국가사업의 효율적이고 신속한 목적달성을 위해서 폭 넓은 기금조성사업을 수반하는 정책수행의 기능을 들 수 있으며, ⓑ 두 번째로, 특별법을 제정함으로써 국민들에게 강한 관심을 갖게 하고, 국가정책에 대한 대국민홍보와 국민의 이해와 협조를 구하는 상징적 기능이 있다. ⓒ 세 번째로는, 기본법의 제정보다는 비교적 간단하고 빠르게 법안을 제정/개정 할 수 있는 편의적 기능이 있다(이훈동, 2004). 앞서 살펴본 스포츠이벤트를 위한 옥외광고특별법의 제정 역시,

표 8-5 허가청에서 제시하는 특별법 옥외광고물 허가조건(제 22회 대구하계유니버시아드대회 지원법)

1. 허가내용 및 규격을 임의로 변경할 수 있다.
2. 허가기간이 만료되었거나 취소되었을 때에는 광고물을 자진 철거하여야 한다.
3. 미광풍치 및 미풍양속에 위반하는 행위를 하여서는 아니된다.
4. 광고물설치로 발생하는 민원사항에 대하여는 민원이 되는 원인을 제거 또는 보완/수정해야 한다.
5. 조명시설을 하지 못하며 미관저해 및 안전상 위험이 없도록 해야 한다.
6. 옥외광고물등관리법 및 제 22회 대구하계유니버시아드대회 지원법 및 관리/지침을 준수하여야 한다.
7. 수허가자는 광고물로 인한 민/형사상 변상책임 등 모든 책임을 진다.
8. 도시계획사업등에 저촉시에는 허가기간중이라도 철거 또는 이전하여야 한다.
9. 광고물 설치 후 잔디를 재식재하여 녹지대가 노출되지 않도록 하고, 광고물을 철거 한 후에는 구조물 제거 및 잔디를 식재하여 원상복구 한다.
10. 허가취소 가. 전 1항~9항을 위반시 허가를 취소할 수 있다. 나. 옥외광고물등 관리법 및 동법시행령, 동조례 등을 위반하여 발하는 명령에 불응할 경우 다. 옥외광고물등관리법 제 13조에 해당하는 경우 라. 교통표지판 및 교통신호등과의 운전자 인식에 지장이 있을 경우 마. 공익상 필요하거나, 교통사고의 위험이 있을 경우
11. 허가기간이 만료되면 즉기 철거를 이행한다는 이행보증금 등 제출 및 안전도검사 합격을 조건으로 허가한다.

자료 : 손봉숙, 2006

각 대회의 성공적인 개최를 위한 기금 마련 등의 관련 사업을 지원하기 위하여 입법되었으며, 이를 통해 해당대회의 대국민 홍보와 신속한 목적달성을 위해서 폭 넓은 기금조성사업을 수행할 수 있었다.

그러나 이러한 옥외광고특별법에도 여러 가지 문제점이 제기되어왔는데 크게 두 가지 이유로 살펴볼 수 있다. ⓐ 먼저 '평등의 원칙'에 어긋나는 점이다. 옥외광고특별법은 한시법의 특징을 갖고 있으며, 일정한 시간에 특정대상물을 일정 범위안의 사람만을 대상으로 하고 있다는 점에서 법이 가지고 있는 본질의 기본인 평등의 원칙에 모순이 될 수 있다. 특히 국제적인 스포츠이벤트를 위한 옥외광고 계약의 대부분이 수의계약으로 이루어졌던 부분은 이러한 '평등의 원칙'에 위반되는 것은 아닌지 되짚어볼 필요가 있다(손봉숙, 2006). ⓑ 두 번째는 특별법안이 한시법으로서 일시적 사정에 대처하거나 기본법의 예외적인 부분을 허용할 수 있어 기존 법률과 저촉되는 부분이 있을 수 있다는 점이다(이훈동, 2004). 따라서 한

시법은 사전에 명시한 기간을 반드시 엄수해야 하며, 적용시한을 연장할 경우 문제가 발생할 수도 있다는 점을 명시해야 한다. 앞서 살펴본 대구유니버시아드대회의 경우에도 입법취지의 목적인 대구유니버시아드대회가 종료된 이후에도 특별법안을 연장하여 시행하는 등 많은 문제점이 나타난 바 있다. 이후 옥외광고특별법은 2008년 일반법으로 흡수되었으며, '옥외광고물등관리법'과 '옥외광고물등관리법시행령'이 개정되어 2009년부터 옥외광고센터가 기금조성용광고사업을 시작하였다(심성욱 외, 2012).

1.4 옥외광고 관련 법령의 한계점과 개선방향

디지털시대의 도래는 다양한 미디어의 출현과 융합을 가속화시켰다. 미디어의 변화와 그 흐름을 함께하는 광고 역시 마찬가지로 변화와 진화를 거듭하고 있으며, 옥외광고도 예외는 아니다. 이미 디지털사이니지 등으로 옥외광고 형태가 변화하고 있으며, 이와 함께 옥외광고에 대한 인식도 변화하고 있다. 과거의 옥외광고는 더 눈에 띄고 화려하게 집행하는 것이 일반적이었지만, 이제는 옥외광고 자체가 도시미관의 한 가지 요소로서 도시 미관을 아름답고 쾌적하게 만드는데 중요한 역할을 하고 있다는 것을 많은 사람들이 인식하고 있다.

광고는 문화와 환경을 반영하고 있다. 우리 나라의 광고 역시 한국의 문화와 환경을 반영하고 있으며, 이를 얼마나 아름답게 표현할 수 있는가라는 문제가 옥외광고에는 매우 중요한 부분이다. 외국의 경우에는 옥외광고물을 교통이나 건설, 혹은 환경 관련 부처에서 관리하고 있는데, 이는 그 해당 국가의 옥외광고물에 대한 인식을 반영하고 있는 것이라 할 수 있다. 국내에서는 행정안전부에서 옥외광고물을 관리하고 있으며, 법적 체계와 규제가 행정의 운영에 초점을 맞추고 있어, 옥외광고물 설치기준 및 위반사항에 대한 부분이 법률의 핵심이라 할 수 있다. 광고물의 안전이나 도시 미관과의 조화 등에 대해서는 별다른 규제사항이 없는 것이 사실이며, 이와 같은 문제점은 이미 지속적으로 제기되어 왔다. 그 동안 법령의 체계가 없고, 구체적이지 못해 법 적용의 혼란을 야기시킬 수 있다는 문제점이 제기되어 왔으며, 결국 2010년 10월에 '옥외광고물등관리법'이 대폭 개정되었다. 그러나 여전히 옥외광고물 관련 법령은 몇 가지 한계점을 가지고 있으며, 이러한 부분은 국내 옥외광고 발전을 위해서 개선되어야 한다.

첫째, 국내의 옥외광고는 도시 경관과의 조화를 독려하기 위한 방법보다는 규제에만 초점을 맞추고 있다고 할 수 있다. 지금 현재 '옥외광고물등관리법'에서는 법의 제정 목적을 '아름다운 경관과 미풍양속을 보존하고 공중에 대한 위해를 방지하며 건강하고 쾌적한 생활환경을 조성함을 목적으로 한다'라고 명시하고 있다(2011.09.30 개정). 도시는 자연경관과 인공경관으로 구성되며, 이 중 인공경관의 대표적인 것이 도시의 건물들이다. 옥외광고는 도시건물들의 외벽을 구성하는 요소이며, 따라서 옥외광고물이 도시경관을 구성하는 중요한 요소라고 할 수 있다(이명희, 2007). 그러므로 옥외광고물은 그 자체적으로 도시경관의 중요한 구성요소이며 단순한 광고매체 이상의 도시경관적 차원으로 법률에서 다루어져야 한다. 이미 옥외광고물은 무분별한 활용으로, 도시경관을 해치는 한 가지의 공해요소로 지적받고 있다. 따라서 이제는 옥외광고물을 도시경관을 조성하는 한 가지 중요한 요소로서 도시경관과의 조화를 독려할 수 있는 방법으로 규제가 구성되어야 한다.

둘째, 구체적이고 현실적인 법률 조항마련으로 실행이 보다 쉽도록 해야 한다. 현재 우리나라의 옥외광고물의 불법율은 60%이상으로 추정되고 있다(심성욱 외, 2012). 법률이 존재하지만 잘 지켜지지 못하고 있는 현실이며, 이에 대한 규제 또한 쉽지 않다. 옥외광고물을 활용하는 업체들이 법률 조항을 잘 반영하지 않고 광고집행을 하기 때문이기도 하지만, 구체적이거나 현실적이지 못한 현재의 법령도 그 한 가지 원인으로 작용한다. 예를 들어 '옥외광고물등관리법시행령'의 제 19조 1항에서 보면, '창문부분을 제외한 차체의 옆면에 표시하여야 한다', '표시면적은 각 면 면적의 2분의 1이내여야 한다'라고 명시하고 있다. 그러나 현재 차량전체를 래핑한 광고물을 쉽게 볼 수 있으며, 옆면뿐만 아니라, 앞면과 뒷면에도 광고를 집행하고 있기도 하다. 이러한 불법 래핑광고는 차량뿐만 아니라 건물에서도 볼 수 있다. 이러한 법률조항이 지켜질 수 있도록 구체적인 법안을 제정하거나, 혹은 보다 현실적으로 규제를 개선해주는 것이 불법광고를 최소화 할 수 있는 방법이다.

셋째, 옥외광고의 안전에 대한 법령 개선이 필요하다는 점이다. '옥외광고물등관리법'의 제 1조에서도 명시하고 있듯이 옥외광고는 '공중에 대한 위해를 방지'할 수 있도록 국민들의 안전에 주의해야 한다. 그러나 현재의 법령은 안전도 검사의 지시에만 그 내용이 한정되어 있으며, 사고의 발생시 그에 대한 책임이나 대책에 대한 부분은 명시하지 않고 있다. 또한 옥외광고물은 실외에 설치되는 것이 일반적이므로 자연재해로 인한 사고 등에 대비할 수 있도록 보다 세부적인 법조항 마련이 필요하다. 따라서 옥외광고물과 관련하여 안전도 검사를 철저히 할 수 있는 구체적인 법령이 마련되어야 하며, 사고가 발생했을 경우 이에 대한 대책을 마련할 수 있는 방법도 구체적으로 명시하는 것이 국민들의 안전을 위해서 반드시 필요하다.

마지막으로 디지털사이니지(Digital Signage) 등, 디지털기술의 발달로 인해 나타나는 매체의 변화를 적극적으로 반영할 수 있는 법 조항이 부재하다는 것이다. 디지털사이니지는 날로 그 인기를 더해가고 있으며 점차 활용범위도 넓어지고 있다. 처음에는 지하철과 대로, 영화관 등에서 활용되었지만, 이제는 병원 쇼핑몰, 백화점 등 일상과 관련된 다양한 공간에서 디지털사이니지를 쉽게 만날 수 있게 되었으며, 기존의 옥외광고물이 디지털사이니지로 교체되고 있기도 하다. 디지털사이니지는 기존의 옥외광고가 가지고 있던 표현의 한계와 관리의 어려움을 해결해 줌과 동시에 소비자들의 라이프스타일에 접목시킬 수 있는 생활밀착형 광고매체로서 잠재력이 매우 크다고 평가되고 있다. 디지털사이니지는 멀지 않은 미래에 개개인의 관심사를 반영하여 정보를 제공할 수 있는 매체로서, 단순히 영상을 보여주는 형태에서 벗어나 타겟 맞춤형 옥외광고 매체로 진화할 것이다. 이처럼 변화의 폭과 잠재력이 큰 디지털사이니지가 일반화되어 기존의 법령으로는 적용하기 어려운 형태의 옥외광고가 가능해질 것이다. 따라서 이러한 변화를 적극적으로 반영할 수 있는 법령이 마련되어야 하며, 디지털사이니지로 인해 가능해지는 크리에이티브의 다양성 역시 보호할 수 있는 방법으로 옥외광고 법령이 개선되어야 할 것이다.

02 국외 옥외광고 관련 법령

2.1 미 국

(1) 미국 옥외광고물의 법적 정의와 분류

미국 옥외광고협회(Outdoor Advertising Association of America, OAAA)는 옥외광고를 "일정한 규격과 디자인 그리고 광고판의 구성에 부합된 것으로서 가정 밖에서 광고메시지를 소비자에게 전달하는 많은 유형의 광고매체"라고 정의하고 있다. 미국의 옥외광고물 규제는 '주정부'의 소관이며, 연방정부에서는 도시설계기준에 대해 규정하고 있다. 옥외광고물관련법률은 연방정부의 도시설계기준 부분에 포함되어 옥외광고에 대한 규제를 하고 있다. 이로써 미국의 옥외광고물은 50개의 주마다 각기 다른 체계와 법적 근거를 가지고 있어, 옥외광고물에 대한 규제 역시 주정부에 따라 다르게 관리되고 있다. 옥외광고물은 각 지역별로 지역적, 산업적 특징을 가지고 있어, 각기 주별로 다른 허가범위와 규제내용을 가지고 있으며, 각 지역적인 특성을 활용할 수 있도록 하고 있다.

미국의 옥외광고물은 '업소광고물(On-premise sign)'과 선전광고물(Off-premise sign)로 구분되며, 선전광고물의 경우 주에 따라 엄격하게 금지하는 곳도 있다. 한편 미국에서는 옥외광고물을 영역과 종류에 따라 크게 4개의 영역으로 분류하기도 하는데 빌보드(Billboards), 스트리트 퍼니처(Street Furniture), 교통매체(Transit), 대체매체(Alternative)로 구분된다. 이 네 가지의 광고유형을 다시 분류를 하면, 빌보드의 경우 오래된 전통매체로, 나머지 세 가지의 유형은 비전통매체로 구분할 수도 있다.

(2) 미국 옥외광고물 법령의 특징

미국의 옥외광고물은 연방과 주 단위에서 옥외광고규제는 모두 교통국의 업무에 속하며 연방에서는 고속도로사무소법(The Highway Beautification Act)에 의해, 주 단위에서는 주법(State Statute)에 의해 주 교통국(Department of Transportation)이 담당한다. 고속도로 주변의 옥외광고물을 관할하는 것이 교통국의 임무이므로 그 외의 도로나 장소에 대한 관할권은 하위단위의 지자체가 행사한다(Virginia Code 33.1-353). 따라서 옥외광고법령의 내용에서 통행의 안전유지 및 교통효율성 제고는 가장 중요한 원칙이며 주요 도로주변에 대해 강력한 공공성을 요구하며 상세한 규제 조항이 뒤따르고 있다.

미국은 옥외광고물과 자연경관과의 조화를 매우 중요시여기고 있으며, 이를 옥외광고 관련법령의 제정목적으로 명시하고 있다. 미국의 경우 50개의 주에서 각각 지역에 적합한 옥외광고물 관련 법규를 주정부에서 지정하여 적용하고 있으므로 각 지역적 특성을 반영하고 있으며, 법규 또한 각 주별로 상이하다 할 수 있다. 그러나 대부분의 주에서 거의 비슷하게 적용하고 있는 옥외광고물 관련 법규의 원칙이 있는데, 크게 다음의 7가지로 구분해 볼 수 있다.

첫째, 옥외광고물 허가와 관련된 조항으로 광고주와 광고제작사가 사전에 지켜야 할 광고물 제작 가이드라인에 관한 부분이다. 광고물 제작 가이드라인은 광고물의 크기 및 위치,

높이 및 조도 등 조명과 관련된 사항에 대한 것을 담고 있다.

둘째, 허가 신청 후의 심사기준이며 광고물의 안전성에 대한 부분에 중점을 담고 있다. 이에 따라 광고물을 제작할 때 광고물에 대한 세부설계, 광고물부착과 지지방식, 치수 등을 표기하고 시공 역시 법령의 규정을 준수하여 설치해야 한다.

셋째, 고속도로변의 옥외광고물에 대한 부분으로 교통안전 목적에 부합할 수 있도록 집행되어야 한다.

넷째, 옥외광고물과 옥외광고물 주변의 환경은 청결을 유지하여야 하며 부식 등의 이유로 안전성에 위협이 되지 않도록 해야 한다.

다섯 째, 외설적인 내용을 담고 있거나 움직이는 형태의 광고물은 금지된다.

여섯 째, 광고물의 표현방식에 대한 규정부분으로 사람, 살아있는 동물, 영화필름 등을 활용하는 광고물은 집행이 불가능하다.

마지막으로 상업용이 아닌 차량에 광고물을 부착하는 것은 금지된다(박응격, 2002; 권수미 외, 2010 재인용).

이와 같은 사항은 미국 옥외광고물의 일반적인 규제사항이며, 미국의 각 주별로 해당 지역별 특성에 따라서 차별적인 규제사항 및 특징을 반영하고 있다. 몇 가지 대표적인 주를 살펴보면 다음과 같다.

(3) 미국 각 주별 옥외광고 관련 법령의 특징

① 플로리다주(Florida Statutes Chapter 479, 2010; Florida Administrative Code Chapter 14-10, 2010)

플로리다주에서는 플로리다 교통국에서 '전미도로규정(National and State Highway System)'에 의거하여 옥외광고에 대한 관련 규제권한을 갖는다. 플로리다주에서 금지되고 있는 광고는 다음과 같다(권수미, 김성훈, 2010).

- 주요 고속도로 경계선으로부터 660피트 이내의 광고물
- 도시지역을 벗어날 경우 주요 통행도로 운전자에게 노출하려는 목적의 광고는 주요 고속도로 경계선으로부터 660피트이상 벗어난 경우라도 금지대상
- 도시구역 밖의 고속도로 경계에서 15피트 이내의 광고물
- 주요 고속도로 인근에서 나무에 못으로 박거나 조이거나 부착된 광고 또는 안전하지 않거나 보기 흉하게 게시된 광고물

- 도시구역 밖에 있는 교회, 학교, 묘지, 공원, 공공보호구역, 놀이터, 국유림이나 공유림으로부터 100피트 이내의 광고물
- '멈춤'이나 '위험' 등의 단어를 사용하는 광고 또는 그러한 의미를 함축하는 광고나 공공사인을 모방하는 광고물로서 주요 도로와 인접한 것
- 주요 고속도로와 인접한 위치에 있는 광고물로서 곡선형 도로의 안쪽에 설치되어 운전자가 앞에서 다가오는 자동차를 분간하는데 혼란을 줄 수 있는 광고물
- 주요 고속도로 노면 상에 게시된 광고물

플로리다주 옥외광고물의 관할범위는 주간고속도로 및 간선 및 지선고속도로에서 660피트 이내의 지역이며, 도시지역을 벗어나면 660피트를 벗어나더라도 시야가 닿는 범위까지 관할범위를 확대하여 적용된다. 플로리다 주의 광고물은 특히 도로교통 옥외광고물에서 안전성을 강조하고 있으며, 운전자의 안전운전을 방해하거나 운전자의 시야에 부담을 주는 등의 광고물을 금지하고 있다. 또한 광고물의 설치 이후에도 지속적인 관리로 광고물의 부식 등으로 도시미관을 해치지 않도록 명시하고 있다.

② **버지니아주**(Virginia Code 33.1, 2010; Virginia Administrative Code 24 VAC 30-120, 2010)

버지니아주에서도 플로리다 주에서처럼 도로교통 방해여지가 있는 광고물을 금지하고 있다. 특히 고속도로에서 일정 거리 이내의 상업광고를 금지하고 있으며, 간선/지선 고속도로에서는 주변의 점멸등 등의 광고 및 주변의 자연물을 이용한 광고들을 금지하고 있다. 또한 버지니아 주에서는 플로리다 주와는 달리 공원주변의 경관을 보존하기 위해 국립공원 주변의 경우에도 일정범위 내의 광고물 게시 금지조항을 두고 있다. 버지니아주에서 금지되고 있는 광고물은 대표적으로 다음과 같다(권수미, 김성훈, 2010).

- 도로 양쪽 또는 중앙에 조경을 한 모든 공원도로 및, 공공묘지, 공원, 공공놀이터, 국유림이나 공유림에서 660피트 이내의 지점에 게시된 광고물(Virginia Code 33.1-369)
- 광고물의 일부분이 움직이거나 반사되거나 동영상인 광고물
- '멈춤', '위험' 등의 단어를 사용하는 광고
- 움직이는 광고물 또는 섬광이나 소음으로 주행하는 운전자의 주의력을 산만하게 하는 광고물
- 국도나 고속도로 휴게소, 공원, 경관지구에 설치한 광고물

- 움직이는 광고물 또는 섬광이나 소음으로 주행하는 운전자의 주의력을 산만하게 하는 광고물
- 초록, 빨강, 노랑 빛 또는 반사물질을 사용하는 광고물로서 교통신호기의 광원과 유사하며, 도로에서 눈에 띄는 위치에 설치된 광고물

③ 뉴 욕

뉴욕은 다른 주보다도 미국적이고 상업적인 느낌이 날 수 있도록 옥외광고에 대한 법률을 완화해 주고 있으며, 이로 인해 뉴욕의 옥외광고는 화려하고 큰 규모를 자랑하게 되었다. 특히 브로드웨이와 맨하튼의 타임스퀘어와 같은 거리는 매우 화려한 옥외광고물로 도시가 꾸며져 있다. 뉴욕에서는 뉴욕이라는 도시가 가지고 있는 활기차고 화려한 이미지를 유지할 수 있도록 다른 주보다도 관대한 규제를 적용하고 있으며, 주변 환경과의 조화를 위한 규정 등 기본적인 법령만 제정하여 옥외광고를 관리하고 있다. 뉴욕의 옥외광고에 대한 기본적인 법령은 다음과 같다.

- 주거지역에서는 1평방피트를 초과하지 않는 건물에 한하여 명칭만을 표시한 광고를 하나씩만 허가함
- 도로경계선에서는 15피트 이내 또는 대지경계선에서 6피트 이내에는 설치가 불가하며 주차지역의 유도사인은 면적이 2평방피트, 높이는 7피트를 초과할 수 없음
- 돌출간판은 12인치 이상 돌출될 수 없으며 어떤 사인도 1층보다 높게 설치하거나 개수는 비조명 부속사인과 병원 및 관련시설 조명 등을 제외하고는 하나씩만 허가됨
- 타임스퀘어를 포함한 3개 지구에서는 광고물의 크기, 유형, 면적, 조명, 높이 등에 제한을두지 않고 광고를 허가, 설치를 할 수 있음(팝사인, 2007)

뉴욕은 이러한 융통적이고 관대한 옥외광고법령을 적용함에 따라 상업적이고 미국적인 대표도시로서 이미지를 형성할 수 있었으며, 세계적인 관광지로서 자리매김 할 수 있게 되었다.

④ 보스턴(Boston Zoning Code)

보스턴은 지역지구제법(Boston Zoning Code)에 의해 주거지역과 비거주지역으로 구분하여 옥외광고법령을 적용하고 있으며, 옥외광고물 표시에 관한 가이드북을 발행하여 도심재개발구역, 건축 역사적 랜드마크 등의 구역에서 특별규제를 적용하고 있다. 보스턴의 옥

외광고물 규제 법령을 살펴보면 다음과 같다(서범석, 2006).

- 개수규제의 개념은 없고, 총면적 규제는 주거지역은 절대 수치로, 비주거 지역은 전면 도로의 폭과 도로에 면하는 업소의 폭에 의해 규제함
- 병원, 호텔 등의 경우에는 비상시에 대로변에서 눈에 띄어야 하기 때문에 허용 면적상 일반간판으로 취급함
- 성인 유흥지역을 제외한 모든 곳에서는 점멸등은 허용하지 않고, 움직임도 허용되지 않음
- 색깔에 대한 규제는 없으나 재질에 대한 규제는 엄격함
- 임시 배너도 천보다는 지속성이 있는 재료로 유도

2.2 일 본

우리 나라의 옥외광고물 역시 각 지역별 조례를 적용하지만 법과 시행령에서 대부분의 항목을 다루고 있는 것과 달리 일본의 옥외광고물은 지방자치단체를 중심으로 지방의 특성에 맞는 옥외광고물 규제를 적용하고 있다(박종민 외, 2005). 일본의 행정체계는 정부, 도도부현, 중핵도시, 시정촌(3,000여개)으로 나뉘어지고 옥외광고물의 관리 주체는 지방자치단체장인 도도부현의 지사장이다(김현애, 2010). 따라서 도시별로 조례 및 조례의 시행규칙이 다르기 때문에 지역별로 규제의 내용 역시 동일하지 않다. 대표적으로 도쿄도와 교토시의 옥외광고물의 조례에서 명시하고 있는 옥외광고물의 분류는 다음과 같다.

(1) 일본 옥외광고물의 법적 정의와 분류

일본의 옥외광고물법이 정의하는 옥외광고물의 정의는 '일정한 시간 계속해서 옥외에서 공중에게 표시되는 간판, 입간판, 부착지, 벽보 또는 광고탑, 건물의 공작품 등에 부착되거나, 표시되는 것'으로 정의된다(유경진, 2008). 일본의 옥외광고물은 각 지역의 조례와 시행규칙에 의하여 규제되고 있으며, 지역별로 옥외광고물의 분류기준 역시 다르다. 예를 들어 '도쿄도'에서는 ⓐ 토지에 설치하는 광고탑과 광고판, 건축물의 옥상에 이용하는 광고탑, ⓑ 건축물의 벽면을 이용하는 광고물과 돌출하는 형식의 광고물, ⓒ 전신주, 가로등을 이용

하는 광고물, ⓓ 도로변, 철도, 공항내의 노선 용지 내에 광고탑과 노선용지의 야립을 이용하는 광고물, ⓔ 전차, 버스 또는 자동차의 바깥 면을 이용하는 광고물, ⓕ 버스정류소, 소화전, 피난표식, 안내도판 등의 표식을 이용하는 것의 총 여섯 가지로 옥외광고물을 구분하고 있다. 이와 달리 '교토시'에서는 ⓐ 건물 등에 표시되는 광고물, ⓑ 부지 등에 독립해서 표시되는 광고물, ⓒ 그 외(애드벌룬, 차량광고, 래핑광고 등)의 세 가지로 옥외광고물을 구분하고 있다.

(2) 일본 옥외광고물 법령의 특징

일본의 옥외광고 관련 법령의 특징은 크게 5가지를 꼽을 수 있다. 먼저 일본의 옥외광고물은 법의 규제주체가 중앙정부가 아닌 각 지방자치단체에 위임되어 있다는 점이다. 지자체의 조례를 중심으로 옥외광고 관련 법령이 적용됨으로써, 각 지역적 특성을 반영하기 쉽고 각 지역의 개성을 표현하는데 긍정적인 작용을 하는 것으로 보여진다. 두 번째는 주거지역과 상업지역을 이원화하여 법령을 적용하고 있다는 점이다. 주거지역과 상업지역을 구분하여 규제를 적용함에 따라 지역별로 분위기와 개성이 다르게 나타날 수 있다. 세 번째는 광고와 도시미관과의 조화를 중요시한다는 점이다. 일본은 특히 일찍 광고물과 도시경관조화의 중요성을 깨닫고 체계적이고 제도적인 다양한 경관사업을 추진해왔다. 이 때문에 일본은 거리와 건물, 그리고 옥외광고물이 함께 조화되어 발전할 수 있었으며, 간판의 일체화가 실현될 수 있는 발판을 마련하였다. 네 번째는 광고업을 등록할 때, 디자인 자격 소지자의 채용을 의무화하고 있다는 점이다. 옥외광고물을 도시경관을 형성하는 중요한 요소로 인식하고 있는 일본은 광고업을 등록 할 당시, 광고업자의 자격에 대해 보다 세밀하고 엄격한 기준을 적용함으로써 옥외광고물의 난립을 방지하고 전문화할 수 있도록 하였다. 다섯 번째는 옥외광고물의 실행 및 심의에 전문가 및 시민들이 자율적으로 참여할 수 있도록 개방하고 있다는 점이다. 일본은 옥외광고물의 규제에 있어 창의성에 의한 자율규제 및 규제완화를 명시하여 지역주민들이 도시환경을 만드는데 참여하고 협의할 수 있는 장을 마련해 주었다고 할 수 있다.

(3) 일본 옥외광고물의 규제 내용

일본에서는 시민들의 안전상 위협이 될 수 있는 옥외광고물에 대해서는 금지하고 있으며, 도로 신호와 유사하여 보행자와 운전자에게 혼동을 줄 수 있는 광고물 역시 제한하고 있다. 이와 더불어 옥외광고 집행을 금지하고 있는 장소 및 광고물은 다음과 같다(박종민 외, 2005).

- 주거전용지역, 미관지구, 풍치지구 또는 녹지보전지구에서는 광고물이 금지됨
- 문화재보호법에 의해 지정된 건축물 및 그 주변의 범위 내에 있는 지역
- 삼림법에 의해 지정된 보안팀이 있는 곳
- 자연환경보전법에 의해 지정된 자연환경보전지역
- 도시공원법에 의한 도시공원 지역
- 고적, 묘지 및 그 주변의 지역에서 지사가 지정하는 구역
- 도로교통 안전에 방해할 소지가 있으며 차량 운행에 지장을 주는 광고물
- 채도가 높은 색은 주위의 경관에 영향을 주므로 지양해야 함
- 지하철의 경우 개폐표시등과 비상구표시 등과 비슷한 색상은 금지됨
- 운전자의 주의력을 저하시키는 스토리가 있는 4칸 만화와 영상표시로 구성된 디자인은 금지

2.3 영 국

영국 옥외광고물 법령의 기본 준수사항은 크게 다섯 가지로 구분할 수 있는데, 첫째는 청결하고 정돈되어야 한다는 것이며, 두 번째는 안전하게 관리해야 한다는 점이다. 셋째는 게시장소의 소유자로부터 사용승낙을 받아야 한다는 것이며, 네 번째는 공공도로/철도/수로 및 항공기 관련 교통표지판의 식별을 방해하여 교통수단의 운행 및 이용에 장애를 주어서는 안 된다는 것이다. 마지막 다섯 번째는 도시계획국의 요구가 있을 시에는 광고물을 안전하게 제거해야 한다는 점이다(권수미 외, 2010).

영국의 옥외광고물 관련 법령은 한국과 미국, 일본보다는 보다 더 융통성 있고 관대하다고 볼 수 있다. 영국의 옥외광고물을 허가와 관련하여 세 가지로 나누자면, 먼저 공공기관의 허가가 필요하지 않은 광고물과 옥외광고 규정을 준수할 경우 공공기관의 허가가 필요하지 않은 광고물, 그리고 마지막으로 공공기관의 명시적 허가가 필요한 광고물로 구분할 수 있다. 이 중 첫 번째와 두 번째는 특별한 경우가 아닌 이상 허가를 면제해 주는 광고물로 구분

할 수 있으며, 특히 첫 번째의 경우는 옥외광고물 관련 법령의 규제를 받지 않는 광고물이라고 정의할 수 있다. 이러한 조건에 해당하는 광고물은 크게 9가지로 구분할 수 있으며, 세부적인 내용은 다음과 같다(권수미 외, 2010).

- 폐쇄지역에 게시된 옥외광고물로서 철도역 정면의 조경 공간 내부 · 버스 셀터 내부 · 운동경기장 내부 · 쇼핑물 내부의 광고물
- 운행하는 차량이나 선박의 벽면이나 내부광고물
- 건축물 자체 외벽에 음각이나 양각 등의 기법으로 새겨진 광고물
- 상품 더미 · 주유기 · 자동판매기 등에 부착된 가격표시나 상품 표시
- 총선 · 유럽총선 · 지방선거 · 국민투표와 관련된 광고물
- 의회의 명령이나 법령에 의해 게재된 광고물
- 교통표지판
- 국기 종류로서 영국과 기타의 국기/ EU국기/ 자치구 상징기 등
- 밖에서 볼 수 있는 건물 내부의 디스플레이 광고

이처럼 영국은 한국과 미국보다는 관대한 옥외광고법령을 적용하고 있으며, 허가면제 광고물 역시 다양하게 허용해 주고 있다. 또한 전문성을 요구하는 일본의 법령과 달리 전문성에 대한 요구 역시 적다는 점에서 보다 개방적이라고 할 수 있다.

제9장 디지털사이니지

01 디지털사이니지의 개념과 특징

디지털사이니지는 '디지털'과 '사이니지'가 결합된 옥외 장치물을 말한다. 사이니지는 흔히 옥외의 간판과 표지판을 의미하는데 이러한 사이니지를 사용하여 콘텐츠를 담아내는 매체가 옥외매체(OOH, Out of home media)이다. 소비자들에게 친숙한 건물의 대형간판, 고속도로 주변의 광고판, 버스정류장의 광고물, 거리와 건물의 안내표지판 등이 대표적인 옥외광고(OOH advertising)로 취급된다. 이러한 옥외광고물에 디지털기술이 융합된 것이 바로 디지털사이니지이다. 좀 더 구체적이고 개념적으로 정의하자면 디지털사이니지는 네트워크를 통해 원격제어가 가능한 디지털디스플레이(LCD, LED 등)를 공공장소나 상업공간에 설치하여 정보, 엔터테인먼트, 광고 등을 제공하는 디지털매체를 의미한다(채송화, 2012). 최근의 디지털트렌드 변화와 맞물려 광고주들의 많은 관심을 끌고 있는 디지털사이니지는 전통매체 광고효과의 감소와 소비자 참여형 인터페이스의 발달로 더욱 확산될 전망이다. 디지털사이니지는 단순히 디지털정보를 보여주는 디지털정보 디스플레이가 아니라 다양한 소프트웨어, 하드웨어, 콘텐츠, 네트워크기술이 융합된 양방향 커뮤니케이션 매체이다. 이러한 특성을 활용하여 디지털사이니지는 광고매체로서 과거 단순한 커버리지 효과에 국한되었던 기존의 옥외광고에서 탈피하여 수용자와 광고주 간의 관계를 인터랙티브 기능으로 연결시킴으로써 상품구매로까지 이어지게 하는 고리로 활용되고 있다(유승철, 2011). 또한 다양한 크기와 소재의 광고를 전달할 수 있다는 점, 과거 유동인구가 많은 번화가나 지하철, 공항과 같은 교통장소에 주로 이용되던 것이 이제는 대형 할인매장, 편의점, 일반 매장과 같이 이용할 수 있는 공간이 확대되고 있는 점(양윤직, 2010; KT 경제경영연구소, 2010)에서 큰 주목을 받고 있다.

기존의 옥외광고(건물옥상, 벽면, 도로변, 지하철, 철도, 경기장, 기타 생활공간 광고 등)와 비교할 때 광고매체로서 디지털사이니지는 다음과 같은 몇 가지 차별적 이점을 갖는다(표 9-1 참조). 첫째, 광고콘텐츠의 형태가 전통적 옥외광고의 경우 문자와 시각정보로 한정되어 신문, 잡지와 같은 인쇄매체의 한계를 갖고 있는 반면 디지털사이니지는 애니메이션, 동영상, 인터랙티브 콘텐츠 등 멀티미디어 형태의 광고콘텐츠를 전달할 수 있다. 따라서 광고의 주

표 9-1 전통적 옥외광고와 디지털사이니지의 비교

구 분	전통적 옥외광고	디지털사이니지
광고 콘텐츠 형태	문자 및 시각 정보	애니메이션, 동영상, 양방향 콘텐츠
콘텐츠 업데이트	고비용, 10일-한 달 주기	저가, 수 초 단위로 가능
정보량	한정적	무한
수용자 분석 방식	수동	자동
수용자 접촉 방식	단순 노출형	터치, 제스처, 모바일 등
주 광고효과	커버리지	구매와 직접 연결

목도나 제품이미지 형성과 강화에 상대적인 이점이 있다. 둘째, 기존의 옥외광고는 광고콘텐츠, 즉 광고소재의 교체에 비교적 많은 비용이 드는데 비하여 디지털사이니지는 적은 비용으로 수시로 소재교체가 가능하다는 장점이 있다. 다시말해 '벽지효과'의 단점을 극복할 수 있고 광고효과의 감퇴현상(Wear-out effect)을 막는데 유리하다고 할 수 있다. 셋째, 디지털사이니지는 전달할 수 있는 광고정보의 양에 거의 제한이 없는 반면 기존의 옥외광고는 제한된 지면에 한정된 양의 정보전달만이 가능하다는 점에서 차이가 있다. 광고효과측정을 위한 수용자 측정방식에서도 커다란 차이가 있다. 기존 옥외광고는 수동식으로서 보행자수나 차량수를 직접 측정하거나 광고인지도, 상기도 등을 설문조사를 통해서 측정할 수 있다.

그러나 디지털사이니지의 경우 과학적이고 객관적인 인터랙티브광고의 측정방식을 이용하여 광고효과를 측정할 수 있다. 단순노출효과는 지하철 역사내 라이브TV나 스크린도어 광고판, 옥외전광판, 전자현수막과 같은 사이니지의 경우 직접설문방식이나 유동인구수, 통행차량수를 측정하는 방식으로 분석할 수 있지만 지하철 내 디지털뷰나 QR코드삽입형 광고물, 멀티터치스크린과 같은 인터랙티브 광고물의 경우에는 소비자의 반응은 물론 2차 정보 요구수나 판매실적 등을 자동적으로 입수하여 분석이 가능하다.

또한 카메라 기술과 관련솔루션의 개발로 사이니지에 접촉하는 이용자수를 파악할 수 있고 주변을 지나치는 유동인구수, 광고물을 주시하는 사람의 수 등을 자동으로 측정하는 것이 가능하다. 광고효과를 즉시 정확하게 측정할 수 있기 때문에 매체의 효과성을 입증할 수 있다는 장점과 함께 옥외광고 집행의 당위성과 정당성을 제공할 수 있다. 그 동안 논란이 되었던 옥외광고 매체효과에 대한 신뢰성 문제를 해결할 수 있게 된 것이다. 수용자의 접촉방식도 기존 옥외광고의 경우 대중매체광고와 같이 일방향적인 비자발적 단순노출인 경우가 대부분이다. 그러나 디지털사이니지는 스크린터치, 신체움직임, 모바일 접속 등 자발적이고 능동적인 접촉방식이 가능하다. 따라서 기대할 수 있는 광고효과도 기존 옥외광고는 반복노출이나 대중매체로 도달하기 힘든 타깃층에 대한 커버리지 보완의 효과에 그치지만 디지털사이니지의 경우 클릭수, 터치수와 같은 행동반응과 직접구매까지 유도할 수 있다는 장점이 있다.

02 디지털사이니지의 유형분류

디지털사이니지는 기술적 측면에서 시스템 구성, 서비스 형태, 콘텐츠의 형식과 내용에 따라 여러 가지 유형으로 분류될 수 있지만 광고매체로서 효과를 고려할 때 설치장소의 특성과 사이니지의 기능에 따라 다음과 같이 분류할 수 있다(표 9-2).

첫째, 일반옥외는 건물, 교차로, 도로변에 설치되는 사이니지를 말한다. 즉 차량이나 유동인구가 많은 건물옥상이나 외벽, 주요교차로, 고속도로나 시내 주요 도로변 등에 설치된다. 기존의 옥외광고물을 가장 흔히 볼 수 있는 장소로서 옥외광고물들은 점차 국내 디지털사이니지의 절반 이상을 차지하는 대형 LED 디스플레이나 LCD, PDP 형태의 디지털디스플레이 광고물로 교체되고 있다. 최근에는 서울 강남대로변이나 문정동 로데오거리와 같이 젊은층 유동인구가 많은 지역에 미디어폴이라는 새로운 형태의 광고물이 등장하여 업계의 관심을 끌고 있다. 인터랙티브 특성을 적절히 활용한 새로운 형태의 옥외광고물로 관심을 끌고 있는 미디어폴은 쉽게 말해 미디어와 아트가 결합된 첨단 가로시설물이라고 할 수 있다. 트렌드 변화에 민감한 젊은층 유동인구가 많은 지역에 설치하여 소비자와의 양방향 커뮤니케이션을 도모하는 매체이다. 기기 하단에는 키오스크를 설치하여 포토메일, 디지털신문, 지역정보, 교통정보, 게임 등의 서비스를 제공하거나, 중단에는 터치스크린에서 교통정보와 뉴스 등의 공공정보를 서비스하고 여기에 일반광고나 인근 매장정보를 삽입하여 제공하고 있다 (그림 9-2).

표 9-2 디지털사이니지의 유형분류 (장소 및 기능)

구 분		전통적 옥외광고	디지털사이니지
일반 옥외	건물	뉴스속보	보행자 및 차량운전자
	교차로	홍보현수막	
	도로변	미디어폴	
교통	지하철	차량운행정보(역내, 차내)	공공교통 이용자
		편의시설물	
		지하철홍보안내	
	버스	차량운행정보 (승강장)	
		뉴스속보	
	철도	뉴스속보	
		철도청홍보판	
		편의시설물(역내)	
	공항	공항홍보판	
		편의시설(공항내)	
유통 및 서비스	극장	홍보판, 편의시설	이용고객
	대형마트	쇼핑정보, 편의시설	
	쇼핑몰	쇼핑정보, 이벤트홍보, 오락물	
	호텔, 체인점, 커피숍, 식당, 은행 등	제품/서비스 정보, 매장홍보, 판촉지원 등	
	전자, 통신매장		
스포츠	경기장	경기알림판, 중계판 등	경기관람객
생활공간	병원	정보안내, 대기순서판	환자 및 가족, 병원직원
	아파트	아파트알림판, 주변매장 알림판	아파트 주민
	학교	알림판	학생, 교직원
	스포츠센터	매장호보, 정보알림판	이용고객

자료 : 심성욱, 박현(2012)과 채송화(2012)의 분류체계를 토대로 재정리

둘째는 지하철, 택시, 철도, 항공 등 공공교통을 이용하기 위한 장소에 설치되는 디지털 사이니지이다. 흔히 공공부문 사이니지라고 분류되는데, 이용자들의 관심을 끌기 쉽고 신

그림 9-1 강남대로와 문정동 로데오거리의 미디어폴

그림 9-2 지하철 라이브TV

뢰도가 높은 장점이 있지만 실외에 설치되는 경우 디스플레이 화면이나 주요장치가 외부환경에 견딜 수 있도록 설계되어야 한다는 제한이 있다. 지하철 디지털사이니지의 가장 대표적인 예는 '라이브TV(행선안내기, 가이드 TV)'라고 할 수 있다(그림 9-2). 승강장 주변에 위치하여 42인치 PDP를 통하여 지하철 도착과 관련한 정보를 제공하면서 동영상 광고를 함께 노출시키기 때문에 주목률이 높은 매체이다. 디지털사이니지 접촉빈도와 선호도에 관한 업계의 조사결과에 따르면 라이브TV는 같은 지하철내 디지털사이니지 중의 하나인 디지털뷰나 유통매장의 사이니지, 대형마트의 사이니지에 비하여 모든 연령대에서 훨씬 높은 접촉빈도를 보여주었다(DMC미디어, 2012).

그림 9-3 지하철 역내 디지털뷰

또 다른 지하철 역내 매체로는 터치스크린 방식의 키오스크를 설치하여 이용자와의 적극적인 의사소통을 노리는 지하철 '디지털뷰'를 들 수 있다(그림 9-3). 서울지하철 1-4호선 117개 역사에 설치되어 단일 플랫폼으로는 우리 나라 최대의 디지털 옥외광고 커버리지가 가능하다. 크게 세 개의 유형으로 세분할 수 있는데, 첫째는 지도서비스를 통하여 역사 주변 정보, 지하철/버스노선 검색, 날씨, 뉴스 생활정보 를 제공한다. 둘째는 엔터테인먼트 서비스로서 디지털의 특성을 잘 반영하여 영화나 스포츠 이벤트, 연예가 소식을 실시간 웹을 통하여 제공하는 서비스이다. 셋째는 브랜딩 플랫폼으로서 쿠폰, 이벤트 등 다양한 양방향광고를 실행할 수 있다. 최근에는 디지털뷰 형태가 적용된 버스정류장도 늘어나는 추세다.

넷째는 유통 및 서비스 매장에 설치되는 디지털사이니지이다. 최근 몇 년 간 구매와 소비현장에 설치됨으로써 직접 판매에 도움을 줄 수 있고 매장에서 진행되는 판촉행사를 알리는데 효과적이라는 장점으로 쇼핑몰, 대형마트, 편의점, 프랜차이즈 매장과 같은 유통매장이나 극장, 골프장, 서비스 업소에 디지털사이니지의 활용이 급속히 확대되고 있다. 대표적인 예는 젊은층의 이용이 많은 멀티플렉스 극장에 설치된 대형 인터랙티브 사이니지이다. 유동인구가 많고 혁신성향이 높은 얼리어답터 세대의 문화생활의 핵심공간 중의 하나가 극장이라는 점에서 젊은층을 타깃으로 한 효과적인 마케팅매체라고 할 수 있다. 서울의 주요 10개점에 점당 1개 패널씩 10개가 운영되고 있는 CGV의 '씨네라이브'가 좋은 예이다(그림 9-4). 월 평균 1,700만 명 이상이 이용하므로 높은 커버리지를 확보할 수 있고, 70인치의 초대형 스크린에 선명한 화면을 통하여 콘텐츠를 제공하므로 주목도가 높다. 터치스크린,

그림 9-4 멀티플렉스 씨네라이브

그림 9-5 이마트내 '이마트라이브' 광고판

인터넷, 웹카메라, 블루투스 등 다양한 인터랙티브 기술을 접목한 광고판이라는 점에서 젊은층에 어필할 수 있다. 명동, 대학로, 구로, 센텀시티, 송파, 타임스퀘어, 상암, 왕십리 등 10개소에 점당 각 1개 패널씩 모두 10개 패널이 운영되고 있는데 유동인구의 특성 상 의류, 화장품 업종의 광고주들이 많이 참여하고 있다. '씨네라이브' 운영사의 자체 광고효과조사 결과에 의하면 매체 점유율, 임프레션, 주목도, 인지도 등 다양한 측면에서 효과가 있는 매체인 것으로 나타났다.

다음은 대형마트 내에 설치된 디지털사이니지로서 소비자들이 매장에 머무르는 시간 동안 장시간 노출이 가능하다는 장점이 있다. 이마트의 경우 전국 50여 개 매장에 약 천대의 46인치 LCD광고판인 '이마트 라이브'가 설치되어 있다(그림 9-5 참조). 월평균 약 2천만 명에 노출되고 있는 우리 나라 최대의 인스토어 광고판이라고 할 수 있는데, 특히 무빙워크, 매장내, 계산대 외 쇼핑동선을 따라 연속적으로 설치되어 있기 때문에 평균 1시간 반 이상 쇼핑시간 동안 반복적으로 노출된다는 점이 특징이다. 전국적인 커버리지를 확보할 수 있고 밀폐된 공간에서 높은 주목의 효과를 얻을 수 있는 장점이 있다. 삼성 홈플러스 매장에도 'SP-Box'라는 대표적인 마트 내 디지털사이니지가 설치되어 있다. 42인치 PDP형 광고판으로서 전국 30개 매장에 약 300대가 운영되고 있으며, 동선을 따라 계산대, 휴게공간, 푸드코트, 매장 입구 등에 설치되어 역시 반복노출과 장시간 노출효과를 얻고 있다.

편의점에도 디지털사이니지의 활용이 높아지고 있다. CU, 세븐일레븐, GS25 등 우리 나라의 대표적 편의점 3사가 점포 방문객을 상대로 하여 각종 생활정보와 오락콘텐츠를 제품광고와 함께 보여주는 매장내 '디지털 TV'를 말한다(그림 9-6). 중앙서버에서 동영상과 이미지 등의 디지털 콘텐츠를 유/무선 네트워크를 통해 실시간으로 제공하는 디지털매체로서 전국을 커버하는 대규모의 매장수로 높은 도달률과 외부음향효과로 인하여 주목도가 높은 것이 강점이라고 할 수 있다. CU의 경우에는 2011년 10월 현재 서울과 수도권의 천 여개의 점포에 46인치 대형패널을 점포당 2개씩 설치하여 매장 내 판매상품과 이벤트광고를 비롯하여 뮤직비디오, 영화예고편, 공연정보, 뉴스와 날씨 등 실시간 생활정보를 제공하고 있다. 일종의 매장 내 '디지털매거진'이라고도 할 수 있는데 편의점 사이니지 광고의 선두주

그림 9-6 편의점 디지털사이니지

그림 9-7 쇼핑몰 디지털사이니지 – 코엑스몰의 '코몰라이브'

자격인 GS25는 2007년부터 매장입구에 'GSTV'라는 디지털패널을 통하여 각종 TV프로그램의 실시간 방송은 물론 생활영어, 시사상식, 여행정보, 주간운세 등 다양한 콘텐츠를 자체 제작하여 내보내고 있다. 세븐일레븐도 2011년부터 계열 광고대행사인 대홍기획을 통해 300여개 점포에 대형 LCD TV를 점포당 2~3대씩 설치하고 상품광고와 문화, 연예, 오락프로그램을 방송하고 있다. 편의점 사이니지는 매장 내에 설치된 구매시점 광고매체라는 점에서 소비심리와 구매결정력을 자극해 구매를 촉진시킬 수 있다는 점에서 주목을 받고 있고, 주이용층인 10~30대 구매고객을 대상으로 한 타깃마케팅이 가능하다는 점도 강점이 될 수 있다.

또 다른 형태의 유통매장 디지털사이니지로는 쇼핑몰인 코엑스몰 전역을 커버하는 양방향매체인 '코몰라이브'가 있다(그림 9-7). 1일 유동인구가 약 20여 만 명에 달하는 코엑스몰의 주요동선 15개 사이트에 70인치 크기의 초대형 LCD와 40인치 크기의 PDP 30대를 각각 설치하여 소비성이 강한 20-30대 젊은층의 최대 밀집지인 코엑스 전역을 커버하는 인터랙티브 매체라고 할 수 있다. 터치스크린 방식을 도입하여 몰(Mall)안내와 매장정보, 쇼핑정보 등을 제공하는 일종의 인터랙브 키오스크 시스템으로서 기존의 안내도를 대체한 디렉토리면과 광고면으로 구성되어 있다. 이와 함께 스탠드형 라이트박스인 '코몰라이트'를 16개 사이트에 30대를 설치하여 다양한 패키지 광고를 게재하고 있다. 광고면에는 터치스크린과 디지털카메라를 적용하여 다양한 인터랙티브 광고 캠페인이 가능하도록 설계되었으며, 기존의 일반적인 동영상 광고와 달리 플래시 기법을 최대한 살린 역동적인 비주얼로 관

그림 9-8 프랜차이즈매장 디지털사이니지 – 올리브 영

심을 끈다. 길찾기 안내는 코엑스몰의 매장과 편의시설을 손쉽게 접근할 수 있도록 설계되었고, 매장찾기는 카테고리별 검색과 터치 키보드 자판을 이용한 직접검색으로 다양화하였다. 여기에 매장별 상세정보를 추가적으로 제공함으로써 디지털 디렉토리의 장점이 잘 적용되어 있다. 보고, 만지고, 반응하는 인터랙티브 매체의 특성을 잘 살려 소비자와의 교감을 형성하고 강화하는데 효과적인 매체라고 할 수 있다.

프랜차이즈 매장에도 광고매체로서 디지털사이니지가 도입되고 있다. 프랜차이즈 업종에 맞는 타깃광고가 가능하며, 고객과의 접점인 영업매장에서 역동적이고 사실적인 광고를 제공할 수 있으며, 매장 방문객은 물론 보행자들에게도 노출도가 높고, 디자인을 살린 외관과 외부 스피커 음향으로 광고주목도가 높다는 장점이 있다. 20-30대 여성의 헬스, 뷰티쇼핑공간인 올리브영 매장의 '올리브영 라이브'가 좋은 예라고 할 수 있다. 2012년 현재 서울과 수도권을 중심으로 60여 개의 매장에 100여대의 46인치 LCD(가로형 및 세로형) 패널이 운영되고 있다(그림 9-8 참조). 또한 우리 나라의 대표적인 패밀리레스토랑인 빕스 매장에도 서울 및 수도권 및 5대 광역시의 70여 개 매장에 '빕스라이브'라는 사이니지가 설치, 운영되고 있다.

최근 몇 년 간 급속한 증가세에 있는 커피 전문점에도 디지털사이니지가 도입되어 주요 고객층인 20-30대를 대상으로 패션, 뷰티, 트렌드 등 다양한 정보와 및 이벤트, 제품광고 영상을 제공하고 있다. 커피그루나루, 주커피, 디초콜릿 등 200여 개의 커피 전문점에 설치되어 있는데 케이블채널의 최신 스타일 및 트렌드 정보프로그램과 다양한 자체제작 프로그

그림 9-9 커피 전문점의 디지털사이니지 - 커핀그루나루

램을 제공하고 있다(그림 9-9). 매장방문고객의 특성 상 패션, 뷰티, IT업종의 광고에 적합하다고 할 수 있는데, 주문한 커피를 기다리는 동안 주변매장의 홍보영상이나 제품광고를 노출한다.

2012년 가을에는 헤어숍에도 전용디지털사이니지인 '매거진TV'가 도입되었다(그림 9-10). 헤어숍의 고객용 거울에 10.1인치 크기의 LCD 화면을 설치하여 패션, 뷰티, 여행, 영화, 뮤직비디오, 스마트폰 앱 등을 제공하고 있다. 주요 고객이 20-40대의 여성 및 유행에 민감한 남성인 점에서 차별화된 콘텐츠를 제공함으로써 매장 홍보 및 제품광고의 기회

그림 9-10 헤어숍의 디지털사이니지

를 얻을 수 있다. 이를 위하여 패션, 뷰티, 라이프스타일, 여행, 영화, 음악 분야의 콘텐츠 제공사와의 제휴관계를 맺어 인터랙티브 서비스를 제공한다. 매거진TV의 콘텐츠는 무선 네트워크를 통하여 단말기로 전송되기 때문에 매장별로 일정 분량만큼 자체 정보를 지정해 별도로 노출시킬 수 있다. 2012년 10월 현재 약 60여 개의 매장에 단말기 700대가 보급된 상태이다. 무료한 미용 서비스 시간에 정보를 제공함으로써 목표 타깃에게 반드시 광고가 노출되며 고객들에게 높은 집중력을 발휘할 수 있기 때문에 광고효과 측면에서 다른 사이니지와 비교하여 커다란 이점을 갖는다.

다음은 스키장이나 골프장 등 경기장에 설치되는 디지털사이니지로서 비교적 고소득층인 이용객의 특성에 맞는 제품광고가 집행되고 있다. 실외골프장의 경우 옥외환경에 강한 고휘도 LCD 디스플레이가 인천공항 인근의 스카이72 골프클럽에 설치되었는데 46인치 LCD 디스플레이 두 대가 한 세트로 구성되어 상단에는 제품, 기업광고를 실시하고 하단 디스플레이에는 라운딩정보, 골프장 이벤트, 날씨 정보를 제공하고 있다(그림 9-11). 야외라는 특수성으로 일반 LCD TV 보다 6배 이상 밝은 화면을 사용하여 세밀하고 생생한 영상을 전달하며, 외부 날씨에 문제없이 작동하도록 방진, 방수 기술을 적용하고 있다. 최근에는 실내 골프장인 스크린 골프장에도 디지털사이니지가 도입되었다. '골프존 사이니지'가 바로 그것인데 유무선 네트워크를 동하여 매장의 공지사항이나 이벤트, 골프 관련 콘텐츠를 동영상, 이미지의 형태로 27인치 LED 화면으로 이용객들에게 전달한다(그림 9-11). 또한 포털과의 제휴를 통하여 골프레슨 영상, KLPGA 영상정보, 대회중계, 재테크정보, 날씨정

그림 9-11 골프장 디지털사이니지

그림 9-12 아파트 엘리베이터 디지털사이니지

보, 연예뉴스 등 유익한 정보를 제공한다. 실외 골프장에 비하여 스크린골프 매장은 사계절 이용이 가능하며, 이용자의 대다수인 구매력 있는 30~40대 이용자들에게 실내매장의 주요 지점에서 주목도 높은 광고를 노출할 수 있다는 장점이 있다.

아파트, 병원, 학교, 스포츠센터 등 다양한 생활공간에도 디지털사이니지가 등장하고 있다. 아파트의 경우 거주민의 필수 이용수단인 엘리베이터 내에 설치하여 밀폐공간에서 주목도가 높은 특징이 있다(그림 9-12). 주로 아파트 공지 및 지역정보 등 주거환경에 맞는 다양한 콘텐츠를 제공함으로써 역시 높은 주목도를 얻을 수 있다. 전국에 약 2만 여대가 운영되어 커버리지를 확보하고 있으며, 광고주의 필요에 따라 특정 목표지역을 선별적으로 선택하여 운영할 수 있어 특히 지역의 중, 소광고주에게 효율적인 광고매체라고 할 수 있다. 콘텐츠도 TV광고, 인쇄형 고지광고, 기업PR, 이벤트, 프로모션 고지 등 다양한 형태의 광고집행이 가능하며, 인터넷을 통해 광고주가 언제 어디서든 실시간 검수가 가능하다는 점도 장점이다.

대학 캠퍼스도 디지털사이니지의 주요 사이트로 등장하고 있다. 트렌드에 민감하고 혁신성향이 높은 소비자, 또는 미래 잠재고객이라고 할 수 있는 대학생을 타깃으로 한 광고주에게는 매력적인 장소라고 할 수 있다. 즉 불특정 다수가 아니라 특정 연령대의 타깃이 밀집된 특별한 장소라고도 할 수 있다. 주요 업종으로는 통신, 스낵, 음료, 라면, 커피, 화장품, 게임, 스포츠, 영화, 컴퓨터, 놀이공원 등 다양한 광고주들의 관심을 끌고 있다. 예를 들면 KT가 운영하는 'Biz-Campus'는 서울지역 40여개 대학을 중심으로 약 700여 대의 사이니지

그림 9-13 대학내 PDP 사이니지

를 운영하고 있다. 42인치와 50인치 2종의 PDP를 통하여 뉴스와 같은 방송프로그램이나 자막뉴스를 비롯하여 대학관련 정보 등 다양한 콘텐츠와 광고를 제공한다. 도서관, 휴게실, 학생회관, 기숙사, 체육관, 교내식당, 취업관리실, 학생동아리 연합 등 학생들이 밀집하는 지역에 설치하여 노출도가 높다(그림 9-13 참조). 광고주의 캠퍼스 현장 프로모션이나 이벤트 프로그램에도 효과적으로 활용할 수 있는데, 예를 들어 신제품 런칭 행사나 캠퍼스 로드쇼, 공동구매 행사 등 실질적인 매출증대 프로그램의 운영에도 기여할 수 있다.

03 디지털사이니지 시장규모와 트렌드

우리 나라 광고시장에 디지털사이니지가 본격적으로 도입된 것은 2000년대 초반 이후이다. 도입초기에는 디지털화면에 고지광고를 단순 노출하는 형태가 대부분이었지만 이후 다양한 인터랙티브 기술과 사용자의 이용에 편리한 UI가 개발되면서 소비자와의 직, 간접적 의사소통이 가능한 양방향 광고매체로 발전하고 있다. 유, 무선 네트워크를 통한 디지털데이터 전송이 가능해지면서 콘텐츠 측면에서도 교통, 관광, 생활정보에서 지역정보, 방송프로그램, 게임, 엔터테인먼트 등을 망라한 다양한 콘텐츠를 전달함으로써 광고매체로서 위상을 다져가고 있다.

KT경제경영연구소(2010)에 따르면 전세계 디지털사이니지 시장규모는 2010년 약 2조 5천억원(US $3억)에서 2012년 약 4조 8천억원으로 거의 두 배 성장하였고, 2015년에는 12조원 대에 이를 것으로 전망된다(그림 9-14 참조). 매년 35% 이상의 고성장을 이어갈 것으로 예상되는 가운데 우리 나라는 이보다 더 가파른 성장이 예상되고 있다. 2009년 약 1,000억

그림 9-14 디지털사이니지 시장규모

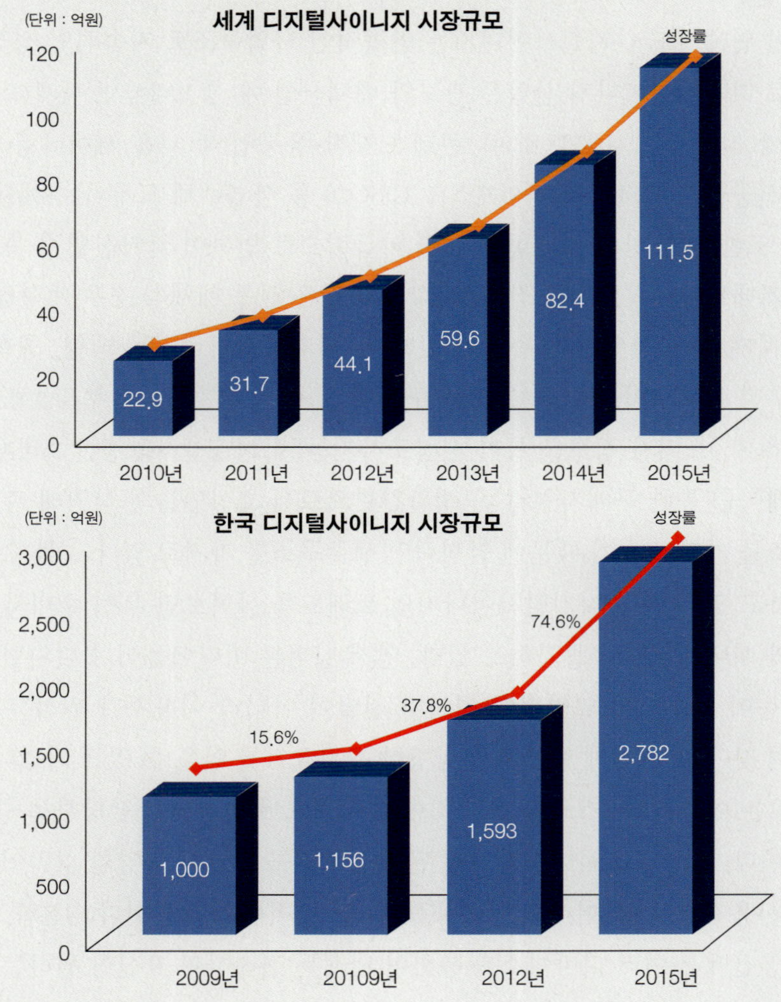

자료 : KT경제경영연구소, 2010

원 규모에서 2012에는 약 60% 성장한 1,593억원으로 예상되며, 2015년에는 약 2,700억원으로 규모가 확대될 것으로 전망하고 있다. 전체 옥외광고 시장규모를 약 1조원 내외로 예상했을 때 30% 수준의 점유율을 보일 것으로 예측되고 있다. 기기 설치대수도 2011년 약 5만대에서 2012년에는 약 8만대에 이를 것으로 추정되고 있다(채송화, 2012). 향후 디지털사이니지 시장의 성장은 네트워크를 활용하는 인터랙티브 사이니지가 주도할 것으로 예측되는데, 기술적 특성상 통신서비스와 콘텐츠의 강점을 가진 KT, LG U+등 통신사와 CJ파워캐스트 등이 시장을 주도하고 있어 앞으로도 연평균 30% 이상의 가파른 성장세가 예상된다(KT경제경영연구소, 2010).

질적인 면에서도 디지털사이니지는 안정적인 사업구조로 지속적인 성장이 예견된다. 구조적으로 디지털사이니지 산업은 광고와 매체산업(예: 광고대행사, 매체사)은 물론 하드웨어 제조업(예: 삼성, LG, 현대IT, 소니), 콘텐츠 제작/유통업(예: 다음, 네이버 등 인터넷 포털), 그리고 솔루션공급자(예: KT, CJ파워캐스트, CISCO) 등 사업주체 모두가 수혜를 받을 수 있는 구조이다. 또한 연관 산업에 대한 커다란 파급력으로 인하여 국가산업적 측면에서도 높은 공헌도가 기대된다. TV, 신문, 잡지, 라디오와 같은 전통 매체의 경우 대형광고주에의 의존도가 지나치게 높아 불안정한 측면이 있지만, 디지털사이니지는 대형, 중형, 소형 광고주들 모두로부터 광고수익을 얻을 수 있는 구조이고, 여러 가지 툴(예: 쿠폰발행)을 통한 수익창출이 가능하며, 소비자 정보를 통한 시장조사기능(예: 자동센서를 통한 소비자 동향 분석), 점내 디스플레이를 통한 구매지원기능, 생활간판으로서 소상인들의 상거래 촉진기능 등 다양한 수익구조를 가지고 있기 때문에 안정적인 생존구조를 가지고 있다고 볼 수 있다.

진화하고 있는 최근 디지털사이니지의 트렌드를 살펴보면 우선 소비자 친화적인 개인용 콘텐츠와 서비스모델이 증가하고 있다. 앞서 살펴본 미디어폴이나 디지털뷰와 같이 인터랙티브 기능이 강화되어 일방적인 메시지 전달이 아니라 이용자가 원하는 콘텐츠를 스스로 선택하여 찾아볼 수 있게 함으로써 양방향 광고효과를 얻을 수 있게 되었다.

둘째로는 이른바 N-스크린 전략 하에서 아웃도어의 영역을 담당하는 중심매체로 활용된다는 점이다. N스크린 서비스란 공통된 운영체계를 탑재한 다양한 디바이스에서 공통된 콘텐츠를 사용자가 언제 어디서든 이용할 수 있는 서비스를 말한다(김윤화, 2010). 즉 가상의 컴퓨팅 공간에서 여러 디바이스를 통하여 언제든 접속하여 자신이 원하는 콘텐츠를 이용할 수 있는 서비스를 말한다. N스크린 서비스가 급속히 증가함에 따라 이제 소비자들은 각자의 취향에 따라 원하는 콘텐츠를 원하는 시간과 장소에서 다양한 기기를 가지고 소비할 수 있게 되었다. 매체이용이 개인화되고 있다는 것을 의미하는데, 이러한 상황에서 마케터들은 소비자들이 어떤 장소에서, 어떤 매체를 통하여, 어떤 콘텐츠를 소비하는가를 파악함으로써 다양한 커뮤니케이션 접점을 확보함으로써 원하는 효과를 얻을 수 있다. 이러한 N-스크린 시대를 주도하는 이른바 스마트미디어라고 불리는 스마트폰, 태블릿, 스마트TV와 기존의 PC, TV와 함께 디지털사이니지는 개인 미디어의 접점으로서 중요한 역할을 수행하고 있다(그림 9-15). 즉 다양한 형태의 플랫폼을 소비자들이 움직이는 주요 동선, 주요 교통시설, 아파트, 학교, 병원 등 필수 생활공간, 또는 제품구매와 소비가 이루어지는 매장 등에 설치함으로써 거의 모든 아웃도어 생활공간에서 소비자와의 접점을 확보할 수 있게 된 것이다.

셋째, 이미 보급률이 70%에 이른 스마트폰의 대중화에 따라 디지털사이니지를 페이스북, 트위터와 같은 SNS와 연동하여 소비자가 직접 참여하고, 정보를 공유하며, 다른 소비자들에게 확산하는 매체로 발전하고 있다. 포털과의 제휴를 통하여 SNS서비스를 포함한 각종 생활정보와 실시간 핫이슈까지 제공하며, 스마트폰용 바코드(QR코드)를 활용한 프로모션이나 스마트폰과의 연동이벤트를 등을 구현하고 있는 것이다.

넷째, 기존 전통옥외매체에서는 볼 수 없었던 과학적이며 객관적인 광고효과측정이 이루어지고 있다. 주간 단위로 광고가 노출된 지역별/매체별 노출시간, 노출빈도, 광고도달률

그림 9-15 N-스크린 미디어의 활용

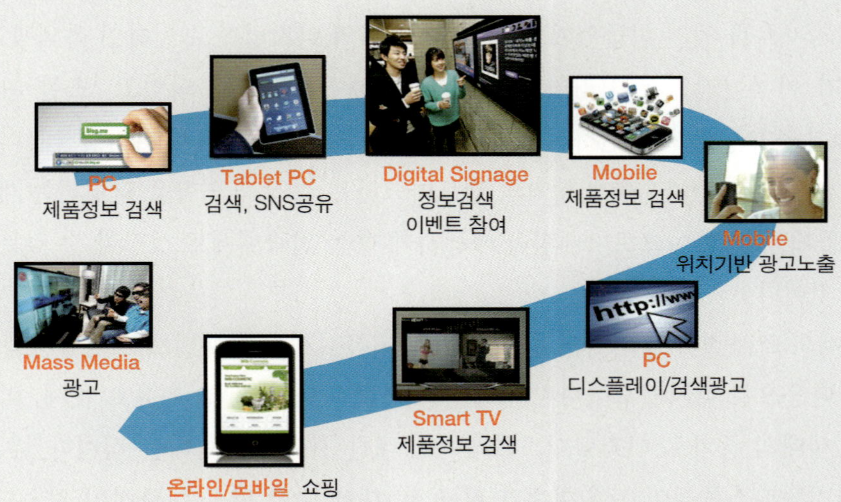

(디지털콘텐츠 정상플레이 여부), 인터랙티브광고에 대한 반응회수 등의 광고 데이터가 수치화되고 정량화되어 광고주에게 전달된다. 또한 최근에는 성별, 연령 구분이 가능한 안면인식 기술을 통해 보다 정밀하게 타깃별 효과를 수집할 수 있으며, 이를 통해 특정타깃을 선별하여 접근하거나 각 광고타깃별로 차별화된 광고를 전달할 수 있다.

04 디지털사이니지의 전망

소비자의 옥외 체류시간이 증가하고 있고, 매체이용행태의 세분화와 다중매체이용, 다양한 디지털매체의 등장과 이로 인한 BTL 활용도의 증가, 광고효과측정과 효과분석의 과학화로인하여 디지털사이니지는 안정적인 성장이 전망된다. 세계광고시장을 이끌고 있는 미국시장의 변화를 분석해 보더라도 전통적 옥외광고는 성장 정체가 예상되지만, 교통, 도로변, 생활공간에 설치되고 있는 대안적 옥외매체인 디지털사이니지의 규모는 점점 확대되어 앞으로 옥외광고 산업성장의 견인차 역할을 할 것으로 예견된다.

그 동안 광고주들의 매체믹스에서 옥외광고가 자리 잡기 힘들었던 중요한 원인은 광고효과지표나 효과조사의 객관성 부족 등으로 인하여 매체전략의 타당한 근거를 찾기 힘들다는 데 있었다. 즉 광고주들이 옥외매체의 효과에 대하여 신뢰할만한 과학적이고 객관적인 효과자료를 얻기 힘들었기 때문이다. 매체의 디지털화로 인하여 옥외광고의 정량화, 과학화가 이루어지면서 이러한 문제에 대한 해결책이 제시되었고, 또한 최근에는 GIS 및 RFID기술의 발전으로 인하여 조사방법이 더욱 정교화되면서 디지털사이니지 비즈니스 성장에 일조하고 있다. 과거 지역의 랜드마크라는 상징적 역할을 담당하는 매체에서 타깃소비자들에 대한 마이크로마케팅을 가능하게 하는 전략매체로 성장할 수 있는 제반여건이 형성된 것이다.

업계의 조사결과에 의하면 향후 기업의 커뮤니케이션 채널로서 성장가능성은 인터넷/모바일 다음으로 디지털사이니지가 높은 것으로 나타났다. 그 이유로 첫째, 비주얼 매체에 익숙한 세대의 증가로 디지털디스플레이에 대한 친숙도가 높다는 점이다. 우리 나라 소비자의 디지털디스플레이 보유대수가 평균 3.4대에 달할 만큼 대중적인 친숙도가 긍정적으로 작용할 수 있다. 둘째, TV, 신문, 잡지, 라디오 등 전통적 4대 매체의 영향력이 감소하고 있는 점이다. 소비자의 광고에 대한 무관심, 회피현상이 증가하고 있고 반대로 뉴미디어의 영향력이 증가하고 있다. 셋째, 디스플레이 패널가격이 지속적으로 하락하고 있는 점도 긍정적으로 작용할 것이다. 넷째, 정교한 소비자 세그먼트 분석에 따른 행동 타깃팅에 대한 광고주의 관심이 증가하고 있는 점이다. 향후 4대 매체는 TV와 3개의 인터랙티브 성향의 매체들, 즉 인터넷, 모바일, 옥외매체로 구성될 것이라는 전망도 제기되고 있다. 디지털사이니지는 모바일과의 크로스미디어 전략의 최전방에서 최적의 효과를 발휘할 것으로 예측되며, IMC의 새로운 프레임을 제공할 것으로 전망된다.

앞으로 거대한 네트워크 상에서 소비자의 삶 자체가 컴퓨팅의 연장선인 유비쿼터스시대로 변화하고 있기 때문에 기업의 마케팅 커뮤니케이션활동은 큰 틀에서 통합될 것으로 예측된다. 따라서 기업의 마케팅조직은 미디어의 변화를 아우르고 이끌어 나갈 수 있는 수평적인 조직으로 변화할 것이다. 이러한 시장상황에서 디지털사이니지는 다양한 미디어와 융합과 해체를 반복하면서 진화할 것으로 보인다. 즉 기존의 옥외광고시장을 흡수함과 동시에 모바일, 스마트 매체와 연계하여 새로운 통합적 마케팅의 틀을 제시할 것이며 그 안에서 중요한 역할을 할 것으로 전망된다. 즉, 디지털사이니지가 옥외광고 산업에서 뉴미디어화를 주도할 것이다.

이제 광고시장은 성숙기시장을 넘어섰다는 평가가 지배적이다. 광고대행사들 간에는 첨예한 경쟁이 이루어지고 있지만 경쟁사와 차별화된 아이디어나 전략은 보여주지 못하고 있다. 많은 광고주들이 이제는 전문가 수준의 지식과 통찰력을 갖고 있으며, 소비자들은 영리해지고 광고를 회피할 수 있게 해 주는 다양한 방법들이 개발되었다. 매체의 세분화와 개인화 현상 역시 원하는 광고효과를 얻는데 부정적인 영향을 주고 있는 것이 사실이다. 미국의 사회학자인 올든버그는 '집'은 제1의 공간, '직장'은 제2의 공간, 다른 사람과 교류하는 '커뮤니티'를 제3의 공간이라고 규정한 바 있다. 기업의 마케팅활동은 앞으로 제3의 공간에서 치열한 경쟁이 이루어질 것이다. 소셜미디어, 스마트미디어와 함께 옥외광고, 특히 디지털사이니지가 바로 이 제3의 공간의 핵심적인 마케팅 수단으로 자리 잡고 있다. 성숙기 시장에서 디지털사이니지는 광고대행사 입장에서는 다른 경쟁우위요소로 수익창출의 돌파구가 될 수 있을 것이며, 마케터 입장에서는 영리해진 소비자들과의 새로운 소통과 교류의 창구가 될 것이다.

05 디지털사이니지의 광고효과

일반적으로 마케팅 커뮤니케이션 활동의 효과는 장기적 관점에서 보면 강력하고, 독특하며, 호의적인 브랜드 이미지를 구축하여 소비자와의 유대관계를 형성하고 그것을 지속적으로 유지, 강화하는데 있다고 할 수 있다. 그러나 인터넷과 다양한 IT기술, 미디어 관련 기술의 발전으로 인하여 미디어는 하루가 다르게 변화하고 있고, 스마트폰과 태블릿, SNS를 활용한 마케팅, N-스크린 등 새로운 개념이 도입되면서 현대 마케팅 커뮤니케이션의 패러다임에 큰 변화가 오고 있다. 전통매체 위주의 수직적인 매체구성으로 진행되었던 기존의 통합 마케팅 커뮤니케이션의 비용효율성에 대한 문제가 제기되는 가운데 브랜드관리와 매출달성을 한꺼번에 추구하는, 즉 효율과 성과가 동시에 요구되는 현장중시형 캠페인이 대세를 이루고 있다. 이러한 현장 중심의 마케팅환경에서 디지털사이니지는 과연 어떠한 공헌을 할 수 있을 것인가? 라이프스타일이 급변하고 있는 소비자들이 집과 직장에서 벗어나 소비와 구매접점에 가장 쉽게 접근할 수 있고, 다양한 기술을 접목하여 매장을 지능형 마케팅 공간으로 바꿔가고 있는 이른바 '매장 내 구매접점 매체'가 디지털사이니지라면 과연 어떠한 커뮤니케이션 효과를 얻을 수 있을 것인가?

기존의 옥외매체와 비교하여 디지털사이니지가 갖고 있는 가장 큰 특징이라면 멀티미디어적 특성을 갖는 메시지의 형태와 소비자의 일방적 메시지 수용이 아닌 양방향 커뮤니케이션을 유도할 수 있다는 점일 것이다. 따라서 디지털사이니지는 일반적으로 소비자의 시선을 끄는 주목도 측면에서 장점이 있고 직접구매를 유발하는 행위유발효과가 크다고 할 수 있다. 그러나 앞서 제시한 것과 같이 디지털사이니지는 다양한 유형으로 구분되며, 유형별로 광고효과에도 차이가 있을 것이다. 그동안 업계와 학계에서 이루어진 디지털사이니지의 광고효과에 관한 조사, 연구의 결과를 살펴보기로 한다.

디지털사이니지에 대한 일반적인 소비자 접촉도 및 인식을 사이니지 유형별로 비교한 DMC미디어(2012)의 최근 조사결과에 의하면, 디지털사이니지의 접촉경험은 지하철의 라이브TV가 70% 이상으로 압도적으로 높은 것으로 나타났다(그림 9-16). 이어서 역시 지하철역의 디지털뷰가 접촉률이 높았고, 다음으로 편의점을 비롯한 유통매장의 사이니지가 약

그림 9-16 디지털사이니지 유형별 접촉률

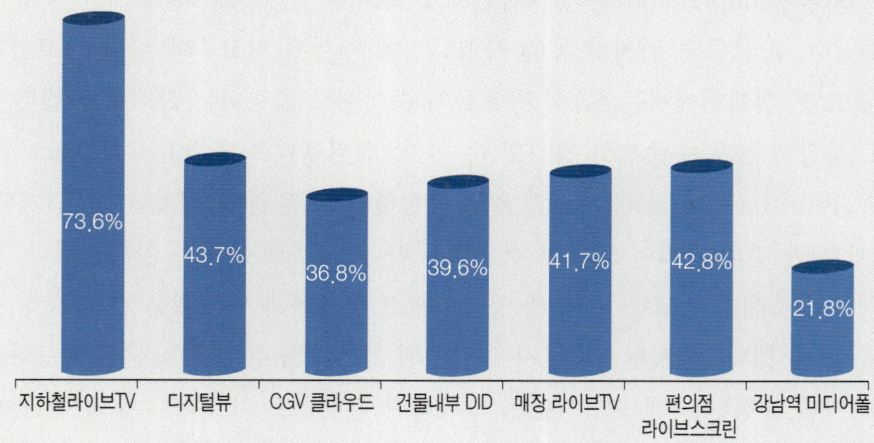

40%대의 접촉경험이 있는 것으로 나타났다. 연령대와 라이프스타일에 따라 접촉매체의 분포는 차이가 있는 것으로 나타났지만 전반적인 선호도에서는 역시 지하철 라이브TV, 디지털뷰의 순으로 높게 나타났다. 한편 인터랙티브 디지털사이니지 중 가장 이용이 빈번한 기능은 티켓예매 및 발권인 것으로 나타났고, 이어 주변지역 및 건물 내부 지도보기, 지하철 및 버스 노선 검색의 순으로 높은 이용률을 보여주었다. 인터랙티브 광고에 대한 전반적인 만족도는 다른 기능에 비하여 높았고, 매체가 위치한 지역과 관련된 광고에 대한 반응이 좋았으며, 디지털사이니지의 콘셉트와 디자인의 독특성, 재미에 호감을 보이는 것으로 나타났다. 회상도 측면에서도 TV와 비교하여 디지털사이니지 광고를 더 잘 회상할 수 있다는 응답이 높게 나타났다.

디지털사이니지의 구체적인 노출효과와 소비자와의 상호작용 경험에 대한 다양한 조사가 수행되고 있는 가운데 전종우(2012)의 연구에서는 전국 10개 CGV내에 설치된 'CGV Cloud'를 통하여 한 달 동안 진행된 '레드불'라는 에너지음료 브랜드의 인터랙티브 광고에 대한 효과조사를 실시하였다. 이 캠페인의 구현방식은 인터랙티브 광고물을 영화 관람객에게 무작위 노출되는 것을 기본으로 하고, 디지털사이니지를 빔프로젝터와 연결시켜 사이니지에서 이용자들이 생성한 사진 콘텐츠와 게시물들을 직접 빔프로젝터 대화면으로 이동시킬 수 있게 설계되었다.

또한 스마트폰과 연계하여 이용자의 휴대폰에 SMS를 전송하거나 SNS에 전송할 수 있는 기능을 추가하였다. 광고효과는 크게 노출효과와 인터랙티브 효과로 나누어 측정하였는데, 먼저 노출수(Impression)는 전체관람객 274만 명 중 약 82%인 223만 명에 달하는 것으로 나타났다. 광고물의 위치나 동일 사이니지에 개설된 광고수에 따라 광고인지율이 달라질 수 있고 본 캠페인에서는 3개의 광고물이 순서대로 롤링되는 형태로 진행된 점을 고려하더라도 상당히 높은 수준으로 평가할 수 있다. 인터랙티브 효과는 CTR(click · through-rate)과 ATR(action-through-rate) 등으로 측정하였다. 결과에 의하면 223만개의 노출을 통하여 약 10만 번의 클릭이 있었던 것으로 나타나 4.5%의 CTR을 기록하였다. 대형포털 사이트의 디스플레이 광고나 IPTV의 양방향광고 클릭률과 비교했을 때 상당히 높은 클릭률이라고 할 수 있다. 디지털사이니지에 설치된 카메라를 통하여 자신의 셀프카메라를 촬영하거나 미리 설정된 콘텐츠를 자신만의 독특한 콘텐츠로 가공하는 등의 행위(Action)를 취한 인터랙티브 경험자는 모두 43,000여 명으로 나타나 약 2.0%의 ATR을 기록하였다. 클릭수 대비 약 절반 정도가 인터랙티브 반응을 보인 것으로 비교적 높은 반응률로 평가된다.

한편 페이스북이나 트위터 등 SNS를 통하여 이용자가 생성한 콘텐츠를 업로드한 회수는 약 15,000명으로 노출수 기준 약 0.7%, 클릭 기준 16%에 달하는 것으로 나타났다. 광고물에 호기심으로 접근한 이용자가 자신과 브랜드 간의 긍정적 관계가 형성되었음을 지인들에게 알리는 비율이 16%에 이른다는 것은 고무적인 결과라고 할 수 있다.

2012년도 초에 진행된 인텔의 신규 노트북 브랜드인 '울트라북'의 이벤트 캠페인은 인터넷의 디스플레이광고, 모바일광고와 함께 디지털사이니지를 포함하여 크로스미디어형태로 진행되었다. 다음 포털의 디스플레이광고, 모바일 플랫폼인 아담을 통한 모바일광고, 지하철역 디지털뷰 광고 등 세 가지를 이용하여 퀴즈이벤트를 공지하고 참여를 유도하여 추첨을 통하여 제품을 제공하는 경품 이벤트였다. 한 달 간의 캠페인 실시 후 실시한 효과조사 결과에 의하면 이벤트에 참여한 약 2만명 중에서 지하철 디지털뷰를 통한 참여자수가 50% 이상인 것으로 나타나 다른 두 매체에 비하여 상대적으로 높은 효과를 보여주었다. 이 캠페인 광고는 인터랙티브 형태였는데 안면인식기를 활용하여 광고주목도를 조사한 결과, 역시 디지털뷰 영상광고와 같이 동영상을 활용한 광고가 정지화면 광고에 비하여 2배 이상 높은 것으로 나타났다. 인터랙티브 형태의 디지털사이니지와 소비자가 터치스크린을 통해서 정보를 주고받을 경우 소비자들의 흥미와 관심을 끌 수 있어 제품에 대한 구매의도가 높아질 수 있음을 보여주는 결과라고 할 수 있다.

각종 유통 매장 내에 설치되어 소비자들을 특정 지점에 머무르게 하여 구매를 촉진하는 구매접점에서의 디지털사이니지의 효과에 관한 연구도 다양하게 진행되고 있다. 안면인식 기술을 활용한 최초의 현장실험으로 알려진 옥외광고 전문회사인 키네틱(Kinetic)사가 영국의 한 지하철역사에서 2주간 실시한 실험조사에 의하면 디지털사이니지는 전통적 옥외매체에 비하여 약 두 배 이상 주목도 정도가 높고, 주목시간 또한 60% 정도 우수한 것으로 나타났다. 이와 유사하게 이마트 매장의 디지털사이니지인 이마트라이브에 대한 노출효과를 조사한 결과에 의하면, 이마트라이브는 평균 약 1시간 30분 매장에 머물러 쇼핑하는 시간 동안 소비자의 시야에 약 20회 가량 노출되며, 2회 이상의 정주시(집중된 콘텐츠 응시)가 이루어지는 것으로 조사되었다. 쇼핑 후 보조상기도를 측정한 결과 조사 대상고객의 56.4%가 적어도 한 개 이상의 광고영상을 기억해냈고, 일반적으로 1-3개 정도의 광고를 기억하는 것으로 나타났다.

또한 광고소재의 크리에이티브에 따른 보조상기도의 차이를 검증한 결과에 의하면 간섭자극이 많은 복잡한 매장환경을 고려할 때 플래시(flash) 형식의 맞춤영상 광고의 상기효과가 현저히 높은 것으로 나타났다. TV광고 소재를 디지털사이니지에 동일하게 적용할 경우 효과가 떨어질 수 있으므로 디지털사이니지에 최적화된 소재개발의 필요성을 암시하는 결과라고 할 수 있다.

디지털사이니지는 유통매장의 매출증대에도 긍정적인 영향을 주는 것으로 나타났다. 영국의 테스코(Tesco) 매장 중 디지털사이니지가 설치된 매장과 그렇지 않은 매장 간의 광고집행 후 매출 변동 추이를 비교한 Burke(2009)의 연구에 의하면 판촉 중심의 계절효과를 거둘 수 있는 신제품 광고가 가장 큰 매출증가 효과를 얻었다. 특히 판촉 메시지는 제품의 종류에 관계없이 모두 매출 상승효과를 보이고 있어서 구매 접점을 강화하는 매체로서 디지털사이니지의 효과를 입증하는 결과라고 할 수 있다.

매장내 디지털사이니지의 마케팅효과를 입증하는 추가적인 연구도 진행되었다. Yim과 동료들(2010)의 연구는 이마트 자양점을 대상으로 한 현장실험을 통하여 매장내 마케팅도구로서 디지털사이니지의 가능성을 제시하고 있다. 연구결과에 의하면 응답자의 약 85%가 쇼핑 전에 미리 계획한 제품 대신 다른 제품을 구매하는 것으로 나타났다. 즉 대다수의 소비자가 매장 내에서 구매제품을 변경한다는 것인데 여기에 디지털사이니지의 영향력이 작용하는 것으로 보인다. 결국 소비자의 구매의사결정은 매장 내의 다양한 자극이나 환경요소들에 의해 영향을 받을 수 있기 때문에 효과적인 디지털사이니지 활용을 통하여 매장내 구매접점에서 직접적인 매출증대 효과를 얻을 수 있음을 보여주는 결과로 해석된다.

06 효과적인 디지털사이니지 광고전략

일반적으로 광고효과는 인지 · 감정 · 행동의 위계모형을 적용하여 이해할 수 있다. 즉 광고를 통하여 제품을 알리고, 주의를 끌고, 구체적인 정보를 제공하는 인지단계에서 제품에 대한 호의적인 감정을 이끌어내고 다른 제품보다 더 좋아하게 만드는 감정단계를 거쳐 제품에 대한 확신을 갖게 하여 구매로 이어지게 하는 효과를 얻고자 한다. 그렇다면 광고주들이 디지털사이니지 광고를 통하여 이와 같은 광고효과를 얻기 위한 효과적인 전략은 무엇인가? 그동안 진행되었던 디지털사이니지의 효과와 전망에 관한 다양한 연구들과 앞에서 소개한 업계의 조사결과를 토대로 몇 가지 전략방안을 제시하자면 다음과 같다.

첫째, 소비자의 광고회피를 어렵게 만드는 일종의 '강제노출(forced exposure)' 전략이다. 광고효과를 얻기 위해서는 일단 광고메시지가 타깃소비자에게 도달하여야 하는데 여타 매체와 마찬가지로 옥외광고는 특정 지역, 장소, 지점에 다수의 광고물을 배치하여 최대한의 노출수를 얻고자 한다. 노출수에 비례하여 광고효과가 나타는 것은 아니겠지만 한정된 예산으로 가급적 많은 노출수를 얻는다면 효과를 얻는데 도움이 될 것이다. 그러나 주어진 예산으로 무한정 노출수를 증가시킬 수 없기 때문에 비히클의 배치만큼 중요한 것이 수용자의 주목을 끌고 기억에 남을만한 독특하고 강력한 메시지가 필요하다. 예를 들면 성적소구, 공포소구, 유머소구 등 강렬하고 독특한 소구법을 개발하거나 '빅아이디어'를 구현하여 소비자의 주목도를 높이는 것이 중요하다.

그러나 아이디어 개발에는 한계가 있고, 경쟁자에 앞서기가 쉽지 않으며, 수많은 유사광고 속에서 눈에 띄는 크리에이티브를 창조하는 것이 쉬운 일은 아닐 것이다. 그렇다면 소위 '그저 그런' 광고일지라도 효과를 얻기 위하여 필요한 것은 바로 소비자가 피할 수 없는 장소나 상황에서 메시지를 노출하는 것이다. 디지털사이니지의 유형분류에서도 소개한 것과 같이 아파트의 엘리베이터 내부에 설치된 사이니지는 소비자들이 피할래야 피할 수 없는 최적의 밀폐공간이 될 수 있다. 지하철 역내 승강장, 유통매장의 계산대 부근, 철도역의 대합실, 대학교의 도서관 출입구, 병원의 대기실, 극장의 매표소 부근도 소비자의 발이 묶이는 좋은 장소이다. 물론 강제노출로 인한 부정적 효과를 고려하여 기본적인 크리에이티브 수준은 갖춰야 할 것이며, 광고소재를 다양하게 변화시켜 교대로 노출하는 방식을 병행하는 것이 좋을 것이다.

둘째는 '인접' 전략이다. 소비자들이 대중매체를 통하여 보고, 듣기를 원하는 것은 광고가 아니라 드라마, 영화, 스포츠 경기, 뮤직비디오, 오락프로그램 등 미디어 콘텐츠이기 때문에 일반적으로 광고는 일종의 회피의 대상이 된다. 이러한 이유로 대중매체광고는 소비자들이 원하는 콘텐츠 사이에 얹혀서 '기생'하는 경우가 대부분이다. TV나 라디오에서는 프로그램 전, 후, 또는 중간에 광고를 편성하고, 신문과 잡지에서는 기사와 기사 사이의 지면에 광고를 삽입하며, 인터넷의 경우에는 사이트의 곳곳에 디스플레이 광고를 게재하는 것이다. 광고는 수용자들의 매체 이용을 방해하는 요소이므로 매체사들은 수용자들의 콘텐츠 이용 방해정도를 최소화하면서도 매체사 수익의 근간인 광고노출을 최대화하는 방식으로 광고를 운영하게 된다. 광고주 입장에서는 가급적 수용자 크기(예: TV시청률, 잡지 구독자수, 신문열독률 등)에서 우위에 있는 콘텐츠에 인접하여 자신들의 메시지를 노출케 함으로써 최대한의 효과를 얻을 수 있다. 디지털사이니지의 경우에도 전통매체와 크게 다르지 않다고 볼 수 있다. 설치장소에 맞추어 이용자들에게 꼭 필요한 정보를 제공하고 이들에 인접하여 광고를 게재한다면 어느 정도 광고회피에서 자유로울 수 있다. 예를 들면, 지하철 디지털사이니지의 경우 지하철 승강장에 사이니지를 설치하고 열차의 도착정보나 역주변 매장정보와 같이 이용자들이 가장 관심을 갖는 정보주변에 인접하여 광고를 게재하는 것이다. 조사결과에서도 밝혀졌듯이 디지털사이니지가 전달하는 이른바 '킬러콘텐츠'(예: 날씨, 뉴스, 연예, 스포츠 등) 프로그램에 인접하거나 화면 일부분에 동시에 광고를 게재할 때 더 높은 효과를 얻을 수 있을 것이다.

셋째는 '개인화(Personalization)' 전략이다. 디지털사이니지가 갖고 있는 장점 중의 하나는 설치장소에 따라 매우 특화된 이용자층을 대상으로 한 맞춤형 메시지 소구가 가능하다는 점이다. 지하철이나 철도, 공항과 같이 어린이부터 노인층까지 모든 연령층이 성별 구분없이 함께 이용하는 장소에는 제한적일 수 있지만, 상대적으로 이용자의 선별성이 높은 장소나 지역에 설치된 디지털사이니지는 잡지나 라디오의 경우와 마찬가지로 TV나 신문, 인터넷으로 커버하기 힘들거나, 반복노출이 필요한 특정 소비자층을 대상으로 효율적인 노출효과를 얻을 수 있다. 인터랙티브매체로서 디지털사이니지는 리턴채널을 통하여 특정지역, 장소의 수용자들의 인구통계적 특성을 제공한다. 따라서 여타 매체로 접촉하기 힘든 타깃

소비자의 접촉률을 알 수 있고, 이를 토대로 개인화되고 선별적인 메시지의 전달이 가능하다. 나아가 파악한 수용자 프로파일을 토대로 모바일과 연계하여 지역에서 위치기반 광고를 전달함으로써 크로스미디어 전략으로 광고효과를 증대시킬 수 있을 것이다.

디지털시대의 소비자들은 다양한 매체 접점을 통하여 정보를 입수, 평가, 비교하여 구매의사결정을 내리며 구매 후에는 타인과의 정보공유에 적극적이다. 흔히 주의(Attention) – 흥미(Interest) – 검색(Search) – 구매(Action) – 공유(Share)의 AISAS모델이나 여기에 기억(Memory)과 비교(Comparison)의 단계가 추가된 AIMSCAS모델로 표현되기도 하는데, 기존의 전통적 광고효과모델인 AIDMA(주의 · 흥미 · 욕망 · 기억 · 구매)모델과 커다란 차이점을 보인다. 전통적인 위계적 광고효과모델인 AIDMA모델에 의하면, 전통매체시대에는 일방향적 광고노출 후 제품을 인지하거나 정보를 습득하게 되고, 제품에 대한 관심이 생기거나 호감을 갖게 되고, 제품명을 기억해 두었다가 필요 시 결국 구매로 이어지게 된다. 그러나 [그림 9-17]에서 볼 수 있듯이 디지털매체시대에서는 광고를 통하여 제품(정보)에 노출된 후 해당 제품에 대한 관심이 증가하면 자발적인 매체검색을 통하여 보다 심층적인 정보를 수집하고 이를 바탕으로 다른 제품과 비교, 분석하게 되고, 결국 구매에 이르게 된다. 구매 후에도 혼자 만족하고 기억하는 것으로 끝나는 것이 아니라 블로그나 미니홈피, 페이스북, 트위터 등 다양한 소셜미디어를 통하여 가까운 지인은 물론 전혀 알지 못하는 다른 소비자들과도 정보를 공유하는 패턴으로 반응한다는 것이다.

앞서 논의한 소비자 참여형 통합캠페인과 맥을 같이하는 프로세스라고 할 수 있다. 광고

그림 9-17 AISAS 모델과 AIMSCAS 모델의 비교

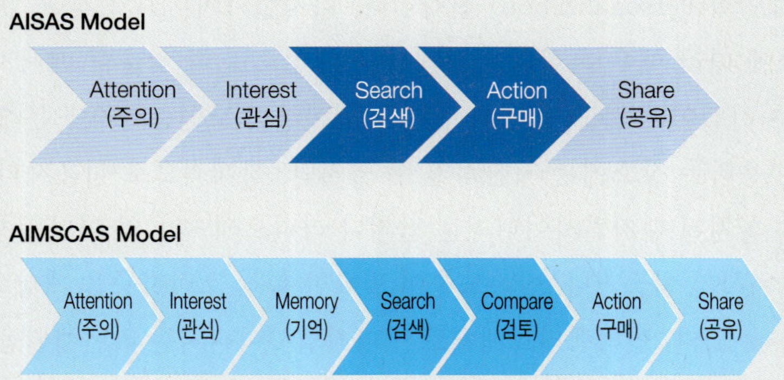

주에게 중요한 것은 이 전체를 아우르는 스토리라인, 즉 캠페인 전체의 기반이 되는 시나리오를 창조함으로써 브랜딩과 매출창출이라는 총체적인 효과달성이 가능하다. 이를 위하여 매체별로 고유의 역할을 부여하고 매체 간의 유기적 연결을 이끌어내야 하며, 이 과정에서 고객정보를 활용한 맞춤형 메시지의 개발과 전달이 필요하다. 여기서 중요한 것은 매체별로 주어진 목표를 달성했는가에 대한 객관적이고 과학적인 정량적 지표의 개발이다. 디지털사이니지도 디지털 시대의 브랜딩 채널로서 확고한 지위를 확보하기 위해서는 표준화된 효과측정이 가능한 측정방법이 제시되어야 한다. 그럼으로써 여타 매체와 광고효과 측면에서 동일한 기준에서 비교가 가능하게 된다. 표준화된 광고효과지표에 기반한 매체평가는 매체의 보편성 측면에서 중요한 의미를 갖는다. 즉 디지털사이니지가 기존의 여타 매체와 동일 선상에서 브랜딩 도구로 위상을 다지기 위해서 반드시 선결되어야 할 과제인 셈이다. 광고주들에게 신뢰감을 주기 위하여 매체로서의 보편성을 확보해야 하는 과제가 남아 있다고 할 수 있다(박상현, 2012).

07 디지털사이니지의 현실적 과제

IMC에 활용되는 각각의 채널들은 매체별로 차별성을 가져야함과 동시에 보편적 가치를 가져야 하는데 디지털사이니지는 앞 장에서도 논의한 바와 같이 여타 매체와 차별화되는 다양한 장점요소를 가지고 있다. 그러나 매체의 보편적 가치 측면에서는 해결해야 할 몇 가지 과제가 놓여 있다. 광고매체로서 보편적 가치란 구체적으로 세 가지를 포함한다. 첫째, 광고효과측정의 표준화이다. 매체효과에 대한 객관적, 과학적 검증은 신규매체가 산업군에 편입되기 위한 필수조건이라고 할 수 있다. 디지털사이니지의 경우 안면인식, 지문인식, 기기(device) 인식 등 여러 가지 조사방법과 기술이 개발되어 있긴 하지만 사이니지 유형별로 표준화된 측정방식이 부재하고, 따라서 여타 매체와의 비교, 평가가 어렵기 때문에 이에 대한 조율이 이루어져야 할 것이다. 둘째는 타 매체와와의 효율적 연계를 고려한 구매와 운영의 효율성이다. 광고주들은 디지털사이니지를 타 매체와 연계하여 통합적 캠페인을 운영하고자 하며 따라서 소비자의 동선에 따른 매체 포트폴리오를 구성하고자 한다. 현재 디지털사이니지는 설치 사이트 중심으로 수직적인 상품구성을 하고 있기 때문에 대형 브랜드 입장에서는 선택대안이 한정적일 수 있고, 반대로 중소 광고주들에게는 부담이 갈 수 있다. 따라서 다양한 옥외광고 매체와 디지털사이니지를 수평선상에 놓고 통합적으로 구매, 운영이 가능하도록 연계판매를 중개하는 미디어렙의 역할이 필요하다. 셋째는 서비스의 규격화이다. 디지털사이니지는 디바이스별로 다른 하드웨어와 O/S가 적용되며, 위치별로도 다양한 체험을 제공하고자 상이한 소재가 사용되며 콘텐츠의 유형이나 규격이 제각각이다. 이로 인하여 효율적 매체운영과 신속한 소재교체에 어려움이 있고 유지, 보수에도 불편이 따르게 된다. 관련사업자 및 대행사 간의 조율 노력이 요구된다고 할 것이다.

제10장 디지털사이니지를 활용한 IMC

01 디지털매체 등장에 따른 마케팅 커뮤니케이션 환경변화
02 소비자 참여형 통합캠페인
03 참여형 통합캠페인의 효과
04 참여형 IMC캠페인에서의 디지털사이니지의 활용

01 디지털매체 등장에 따른 마케팅 커뮤니케이션 환경변화

1990년대 후반 이후 이루어진 인터넷의 급속한 대중화와 미디어 관련 기술의 비약적인 발전은 기업의 대(對)소비자 커뮤니케이션 환경에 급속한 변화를 초래하고 있다. 흔히 '디지털화(Digitalization)', '네트워크화'와 같은 키워드로 요약될 수 있는 최근 매체환경의 변화는 인터넷을 기반으로 한 기술의 발전과 방송, 통신의 융합으로 매체 간의 영역구분이 없어지고, 세분화되면서 TV, 신문, 라디오, 잡지 등 전통적 4대 매체를 위주로 진행되었던 기업의 기존 마케팅커뮤니케이션 활동에 획기적인 변화를 초래하고 있다.

인터넷과 케이블TV로 대표되었던 뉴미디어는 2000년대 이후 위성TV, DMB, IPTV 등과 함께 최근의 스마트폰, 태블릿, 스마트TV 등으로 진화하고 있고, 개방, 참여, 공유, 확산의 웹 패러다임이 반영된 소셜미디어도 활용가치가 높아지고 있다. 기술과 환경에 맞추어 내용과 형식이 발전하고 있는 전통매체는 여전히 매체믹스의 중요한 부분을 차지하고는 있지만 그 비중이 지속적으로 감소하고 있다.

특히 매체 간 융합과 이동성을 기반으로 한 개인화된 매체, 즉 모바일 디바이스의 대중화가 이루어지면서 이들을 활용한 커뮤니케이션의 비중은 앞으로 급속한 증가가 예상된다. 2011년 매체별 광고비 집행규모를 정리한 〈표 10-1〉에 의하면 1990년대 중반까지 전체 광고비의 80% 이상의 비중을 차지하던 지상파TV, 라디오, 신문, 잡지 등 전통매체는 이제 전체의 절반에도 못 미치는 수준으로 급감하고 있다. 이에 비하여 인터넷, 케이블TV, IPTV, 모바일 등 뉴미디어의 점유율은 지속적으로 상승하고 있다. 이같은 변화는 세계최고의 광고시장을 형성하고 있는 미국의 경우도 마찬가지이다. 온라인광고 시장조사기관인 eMarketer(2012)의 보고서에 의하면 2011년 미국의 인터넷광고는 전년대비 23.3% 상승한 약 36조원에 달하여 TV에 이어 제2의 광고매체로 자리 잡았고, 앞으로도 다른 매체에 비하여 매우 높은 상승률을 보일 것으로 전망되고 있다. 또한 미국의 모바일광고는 2011년 약 1조 6천억원으로 전년대비 89%의 높은 성장을 기록하였고, 2012년에는 약 3조원 정도로 예측되고 있다. 아직까지는 전체광고비에서 차지하는 비중은 미미하지만 역시 향후 가장 급속한 성장이 예견되고 있다.

표 10-1 2011년 매체별 광고비 규모

(단위 : 억원, %)

구분	매체	광고비			성장률(%)		구성비(%)	
		2011년	2010년	2009년	2011년	2010년	2011년	2010년
방송	지상파TV	20,775	19,307	16,709	7.6	15.5	21.7	22.4
	라디오	2,604	2,565	2,231	1.5	15.0	2.7	3.0
	케이블TV	11,421	9,649	7,794	18.4	23.8	11.9	11.2
	종합편성채널	320	–	–	–	–	0.3	0.0
	iPTV	170	205	114	−17.1	79.8	0.2	0.2
	스카이라이프	122	153	95	−20.3	61.1	0.1	0.2
	DMB	267	271	176	−1.4	53.4	0.3	0.3
	SO	664	590	524	12.5	12.6	0.7	0.7
	방송 계	**36,343**	**32,740**	**27,643**	**11.0**	**18.4**	**38.0**	**38.0**
인쇄	신 문	17,092	16,729	15,007	2.2	11.5	17.9	19.4
	잡 지	5,236	4,889	4,388	7.1	11.4	5.5	5.7
	인쇄 계	**22,328**	**21,618**	**19,395**	**3.3**	**11.5**	**23.4**	**25.1**
인터넷	검 색	12,440	10,440	8,250	19.2	26.5	13.0	12.1
	노출형	6,120	5,030	4,180	21.7	20.3	6.4	5.8
	인터넷 계	**18,560**	**15,470**	**12,430**	**20**	**24.5**	**19.4**	**17.9**
모바일		600	5	–	11900.0	–	0.6	0.0
옥외		8,448	7,494	6,248	12.7	19.9	8.8	8.7
4매체, 인터넷, 광고제작 및 기타		9,237	8,881	8,115	5.7	9.4	9.8	10.3
총 계		**95,606**	**86,207**	**73,831**	**10.9**	**16.8**	**100.0**	**100.0**

자료 : 제일기획

지난 10년 간 인터넷의 대중화와 방송과 통신의 융합으로 인한 미디어의 세분화와 확산은 기업 입장에서 다양한 경로를 통한 소비자와의 소통을 가능하게 해 준다는 점에서 마케팅활동에 커다란 기회요인임은 확실하다. 그러나 소비자들의 미디어 이용이 세분화되면서 타깃층에 대한 광범위한 접촉점을 확보하기가 쉽지 않다는 점에서 기업에게 어려운 숙제를 던지고 있다. 즉 과거에는 기존의 전통적 4대 매체위주의 '미디어 메뉴(Media Menu)'에서 적합한 매체를 선택하는 비교적 단순한 형태의 의사결정이었다면, 이제는 여러 형태로 세분화된 다양한 개인매체를 포괄하는 매우 복잡한 메뉴 중에서 커뮤니케이션 목표달성에 도움이 되는 최적의 매체조합을 끌어내야하는 어려움에 직면하고 있다. 소비자 입장에서 보면 디지털기술을 기반으로 한 세분화, 개인화된 매체의 등장은 광고의 회피를 용이하게 해준다는 점에서 긍정적인 변화라고 할 수 있다. 대부분의 새로운 매체들이 디지털과 함께 소비자 중심으로 발전되고 있는 것이다. 그러나 기업 입장에서는 그만큼 메시지전달이 힘들어지므로 결코 환영할만한 변화는 아니다. 그렇다면 디지털매체시대의 마케팅커뮤니케이션 활동에는 어떠한 변화가 필요할 것인가? 쉽지 않은 문제이지만 최근 우리 나라와 미국 광고시장의 변화와 방향을 살펴본다면 어느 정도 가늠해 볼 수 있을 것이다.

디지털매체와 웹2.0 패러다임의 핵심 키워드 중의 하나는 이용자와의 상호작용성이라고 할 수 있다. 과거와 같이 매체 이용 중에 우연히 또는 비자발적으로 메시지에 노출되어 수동적으로 메시지를 처리하는 것이 아니라 인터넷 검색과 같이 자신이 원하는 메시지에 의도적으로 노출되어 원하는 정보를 얻거나 즐기는 능동적인 정보처리를 할 수 있다는 것이다. 이를 두고 '매체 통제의 권력이 이제는 이용자들에게 있다(Consumers in control of media via the function of interactivity, Newhagen & Rafaeli, 1996)'라는 표현을 쓰기도 한다. 매체 이용에 있어서 메시지에 대한 통제권이 메시지 발신자 또는 매체에서 이용자로 이동했다는 점은 전통매체를 위주로 했던 기업의 마케팅커뮤니케이션 활동에 커다란 변화를 초래하였다. 이러한 변화가 반영된 최근 광고업계의 움직임은 기존의 인지효과나 브랜딩 중심의 통합적 마케팅커뮤니케이션(Integrated marketing communication) 캠페인에서 소비자 참여형 통합캠페인으로 요약할 수 있다.

02 소비자 참여형 통합캠페인

소비자 참여형 통합캠페인은 2000년대 중반 광고대행사인 오길비 & 매더(Ogilvy & Mather)가 제시하였던 이른바 360도 마케팅에서 발전한 형태로 볼 수 있다. 기존의 IMC전략이 TV, 인터넷과 같은 커뮤니케이션 도구들을 수직적으로 정렬하여 브랜드 메시지를 일관되고 반복적으로 전달하는 것에 있다면, 360도 브랜딩은 소비자와 브랜드 간의 모든 접점에서 브랜드에 대한 소비자의 경험을 최적화하는 전략을 의미한다. 기존의 IMC관점에서 보면 브랜드는 주로 매체광고를 통하여 전해지는 이미지로 고착될 수 있지만, 360도 브랜딩에서는 4대 매체와 인터넷뿐만 아니라 브랜드와 소비자가 접촉하는 모든 접점에서 브랜드 이미지가 결정될 수 있기 때문에 이들에 대한 통합적 관리가 필요하다는 것이다.

예를 들면, 매장의 청결상태나 제품운송차량의 안전운전, 상담원의 고객응대방식, SNS 상에서의 고객응대, 옥외광고판의 청결상태 등 모든 것들이 브랜드 이미지에 영향을 줄 수 있다는 것이다. 기존의 IMC 캠페인이 TV와 인터넷을 중심축으로 하여 보조매체들을 수직적으로 정렬한 고정된 형태였다면 브랜드와 소비자의 접촉이 가능한 모든 접촉점을 관리함으로써 어느 각도에서든 브랜드관리가 이루어지도록 하는 것이 360도 시스템을 의미한다.

결국 IMC가 발전한 형태인 360도 브랜딩전략은 소비자와의 접촉점관리(Contact point management)라는 측면에서 소비자 참여형 캠페인과 궤를 같이한다. 즉 기존의 캠페인이 메시지의 효율성(Efficiency)에 중점을 둔 믹스전략이었다면 디지털시대의 IMC는 브랜드와 매체에 대한 소비자의 인사이트와 미디어 크리에이티브와의 통합을 통하여 소비자가 메시지를 접하는 정황, 또는 맥락에 초점을 둔 방식으로 변화하고 있는 것이다. 소비자가 브랜드 메시지를 접하는 모든 접촉맥락을 파악하고 여기에 최적화된 크리에이티브를 구현한다는 것이다. TV와 신문, 인터넷을 통한 대중매체 광고를 중심으로 하여 동일한 핵심메시지를 각각의 매체의 특성에 맞게 변형하여 소구하는 전략인 기존의 IMC가 매스소비자를 상대로 하여 반복적 메시지 소구로 브랜드를 인지시키고, 태도변화를 유도하여 구매고려군에 진입시켜 결국 구매에 이르게 한다는 전략이었다면, 소비자 참여형 통합캠페인은 소비자의 매체소비행태에 따라 이용상황에 최적화된 메시지를 제공함으로써 소비자의 자발적, 능동적 참여를 유도하고, 이를 통하여 브랜드를 체험하게 하는 것이다. 단순히 인지의 제고를 통하여 구매행위를 유도하는 것이 아니라 소비자의 자발적인 참여(Engagement)를 유도하여 브랜드를 체험케 함으로써 브랜드를 즐기고, 평가하고, 다른 소비자들과 공유하게 하는데 있다고 할 수 있다(Edelman, 2010).

2010년 하버드 비즈니스리뷰에 소개되어 관심을 끌었던 Edelman(2010)의 소비자 의사결정 모델(Consumer decision journey model)에 따르면 브랜드와 소비자 간의 상호작용, 소비자의 구매의사 결정과정은 인터넷의 폭발적 성장과 대중화에 따라 전통적 방식과는 전혀 다른 형태로 이루어지고 있다. 디지털시대의 소비자는 여러 다른 경로를 통하여 제품에 대한 정보를 가지고 있기 때문에 브랜드 메시지를 접하기 전에 이미 고려상표군(Consideration set)을 형성하고 있다. 따라서 이 상황에서 브랜드 메시지에 접하게 되면 이

전처럼 인지, 정보 획득보다는 브랜드를 평가하고, 즐기고, 그 결과 충성도를 형성하게 된다는 것이다. 이 과정에서 중요한 것은 디지털매체의 상호작용적 특성을 바탕으로 이루어지는 소비자의 직접 참여, 공유, 확산의 패러다임이 작동한다는 것이다. 예를 들면 자동차를 구매하고자 하는 소비자의 경우 이미 웹사이트, 영업사원과의 접촉, 블로그, 인터넷 검색 등 다양한 경로를 통하여 제품에 대한 정보를 입수하게 되고 그 결과 구매고려 대상을 형성하게 된다. 이 상태에서 TV나 신문, 인터넷 등 대중매체를 통하여 브랜드 메시지를 접하게 되면 메시지의 형태나 메시지 소구방식에 따라 감정적인 평가를 하기도 하고 오락적 경험을 하게 된다. 소셜미디어를 통하여 메시지를 접하게 되면 메시지에 대한 댓글, 이벤트 참여, 다른 이용자와의 공유, 댓글을 통한 확산 등 다양한 형태의 반응과 행위를 수반하게 된다. 제품 또는 기업의 블로그, 트위터, 페이스북 등 다양한 SNS 플랫폼을 통하여 추가정보를 얻기도 하고, 경품행사와 같은 이벤트에 참여하기도 하며, 시승의 기회를 얻기도 한다.

[그림 10-1]에서 볼 수 있듯이 2010년에 진행되었던 현대자동차의 '기프트카' 캠페인은 이러한 소비자 참여형 캠페인 전략이 효과적으로 집행된 사례로 꼽을 수 있다(김상훈, 안대천, 2011). 이 캠페인에 대하여 간략히 소개하자면 우선 현대자동차그룹은 소비자와 정서적인 친밀감을 강화하기 위한 핵심과제로 젊고 부드러운 이미지로 기업이미지를 개선하는 것으로 설정하였다. 이를 위하여 차별화된 사회공헌의 영역을 발굴하여 소비자와 소통함으로써 사회적 기업으로서의 이미지를 강화하는 것을 목표로 하였다. 캠페인의 1차목표는 TV

그림 10-1 현대자동차 '키프트카' 캠페인 구조

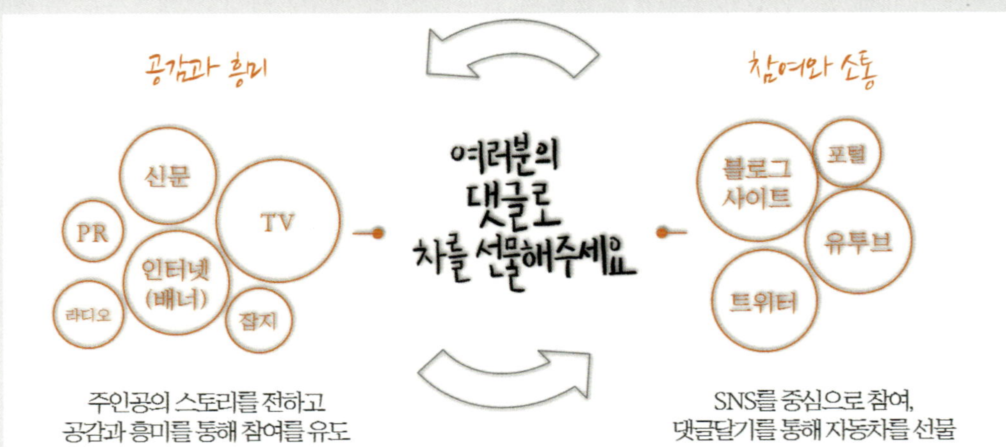

나 휴대폰과 같이 일상의 삶에서 소비자와 떨어질 수 없는 '동반자로서의 자동차'로 인식시키는 것으로서 기존의 딱딱한 제조업의 산물로써 이해되던 '자동차'와는 다른 이미지를 구축하는데 초점을 두었다. 구체적으로 자동차를 타고 여행을 떠난다는 것을 단순한 이동수단으로서의 실용적 가치를 뛰어넘는 무엇인가로 각인시키고자 하였다. 즉 자동차를 일상으로부터의 탈출을 도와주고 새로운 경험을 가능하게 하는 매개체이자 응원자로 표현하고자 하였다. 이것은 '달리는 당신을 사랑합니다'라는 캠페인 슬로건으로 표현되었고 꿈을 향해 달려가는 모두를 응원하고 사랑한다는 핵심메시지가 설정되었다.

캠페인은 크게 '공감과 흥미', '참여와 소통'으로 나누어져 진행되었다. 사회와의 나눔을 실천하는 기업의 모습을 전달함으로써 사회적 기업의 이미지를 강화하고자 자동차가 절실히 필요한 이웃에 관한 스토리를 생산하여 감성적인 광고로 소비자에게 이야기하고, 이들 이야기에 공감한 소비자들로 하여금 다양한 SNS를 통하여 댓글로 참여하도록 유도한 것이다. 광고에 등장한 이웃의 내용에 공감한 소비자가 정해진 기간 동안 일정 수의 댓글을 입력하면 자동차를 기증하는 과정을 포함하였다. 단순히 기업이 어려운 이웃에게 도움을 주고 이를 일방적인 광고로만 보여주는 것이 아니라, 이웃의 이야기와 드라마를 소비자에게 전달하고 공감을 이끌어내고자 하였던 것이다. 정리하자면 TV, 신문, 인터넷배너와 같은 대중매체를 통하여 캠페인의 인지도를 제고하고 참여를 유도하여 포털, 블로그, 트위터, 유튜브와 같은 소비자 참여 매체를 활용하여 감정적 몰입(Engagement)을 유도하였던 것이다.

결국 효과적인 브랜드 커뮤니케이션을 위하여 해당 브랜드의 커뮤니케이션 목표를 명확히 설정하고 이를 달성하는데 가장 적절한 채널믹스 전략을 찾는 것이 기존의 IMC였다면 여기서 한 발 나아가 각각의 채널별로 얻고자 하는 세부효과가 전체적으로 조화롭게 통합되어 시너지를 이룰 수 있도록 관리하는 것이 소비자 참여형 통합캠페인 관리의 핵심이라고 할 수 있다. 주로 TV와 신문광고를 통하여 폭넓은 소비자층을 대상으로 브랜드이미지를 창출, 강화, 관리하고, 보조채널들로 이를 지원하는 것에 초점을 두었던 IMC전략과는 상이한 접근법을 요구한다. 경우에 따라 간단한 모바일 광고메시지나 페이스북, 유튜브와 같은 소비자 참여형 SNS가 핵심채널의 역할을 할 수도 있으며, 반면 TV나 신문이 보조매체의 역할을 할 수도 있는 것이다. 기존의 IMC에서 요구되는 메시지의 일관성보다는 브랜딩의 통일성만 유지된다면 각기 다른 채널에 상이한 메시지를 사용할 수 있는 유연성이 용인되는 것이다.

온라인과 오프라인을 적절히 혼합하여 성과를 거둔 또 다른 성공사례로서 2008년 베이징

그림 10-2 나이키 휴먼레이스 캠페인 고지 광고

▲ 신문광고

◀ 잡지광고

올림픽에 맞추어 진행되었던 나이키의 '나이키 휴먼레이스' 캠페인을 들 수 있다(그림 10-2 참조). 나이키는 베이징올림픽이라는 세계 최대의 스포츠 이벤트를 활용하여 크게 세 가지 전략을 구사하였다. 제품 런칭에 맞추어 개최국 중국을 비롯한 여러 나라의 대표팀에 용품 협찬을 실시하였고, 실제 경연현장의 순간에서 브랜드 아이덴티티를 극적으로 전달하는 매체전략을 구사하였으며, 세계 25개 주요 도시에서 러닝이벤트인 '휴먼레이스'를 동시에 개최하였다. 협찬이나 광고캠페인은 기존 캠페인과 별다를 것이 없었으나 러닝이벤트인 '휴먼레이스'는 다른 캠페인처럼 단순히 브랜드인지도나 브랜드이미지를 제고하는데 머물거나, 마우스 클릭 몇 번을 통하여 간단히 참여하는 온라인 이벤트가 아니라 타깃소비자가 직접 오프라인 이벤트에 참여하게 함으로써 캠페인의 효과를 극대화할 수 있었다.

이 캠페인의 성공요인은 온라인과 오프라인을 조합하여 다양한 형식의 크리에이티브를 구사하였다는 점과 기본적으로 개방, 공유, 참여의 인터넷 문화에 익숙하며 트렌드와 유행에 민감하고, 새로운 이슈들을 가장 빠르게 전달하며, 받아들이는 속도가 다른 어떤 계층보다 유연한 20대를 타깃으로 선정하여 매체운영에서 노출과 관심도를 극대화할 수 있었다는 점이다. 핵심타깃인 20대 젊은층을 공략하기 위하여 전통매체보다는 20대의 주요 생활공간을 커버하는 케이블TV, 지하철 역사, 지하철 전동차, 버스, 극장, 옥외 전광판, 서울 주요 거리, 헬스클럽 등을 활용하여 캠페인의 전반적인 인지도를 높이고 참여를 극대화하였다. 온라인에서는 국내 유명 TV스타, 가수, 연예인들을 활용하여 이들의 입을 통해 마라톤을

권유하는 비디오 영상을 주요 포털과 UCC 사이트 등에 올려 집중적으로 바이럴 마케팅을 진행하였다. 국내 최대 SNS사이트인 싸이월드 미니라이프에 '나이키 휴먼레이스' 가상공간을 개설하여 소비자들이 직접 가상체험을 할 수 있게 하였다. 이와 함께 서울의 주요 지역과 대학교에서 유명인사들을 초청하여 '트레이닝 런' 이벤트를 진행하였다. 러닝화, 나이키 플러스 등의 신제품 체험기회를 제공하고 휴먼레이스에 대한 관심을 높여 마라톤 붐을 형성하고자 하였다. 특히 서울과 일산 등지에서는 최신시설을 갖춘 헬스클럽을 선별하여 정기적으로 운동을 하는 소비자를 대상으로 게릴라 캠페인을 펼쳐 집중적으로 메시지를 배포하는 전략도 구사하였다.

캠페인 결과 여의도에서 개최된 휴먼레이스에 모두 2만 2천명이 참가하여 전 세계 25개 도시 중 가장 많은 참여자수를 기록하였고, 케이블TV를 비롯하여 대학가 및 다운타운 극장과 옥외 LED 전광판, 신촌, 종로, 여의도를 운행하는 버스래핑광고, 서울, 경기, 인천 지역의 지하철 차내 광고 및 역사 광고 등을 통하여 총 유동인구 기준 7억 개의 임프레션을 달성하였으며, 100만 개 이상의 휴먼레이스 온라인 배너 노출, 나이키 코리아 사이트 250만 명 접속, 휴먼레이스 비디오 동영상을 50만 명이 시청하는 성과를 얻어냈다. 이와 함께 서울시민의 웰빙, 건강도모라는 명분으로 서울시로부터 시청광장과 지하철 시설 내부 등 다양한 매체후원을 이끌어 내 메시지 전달을 극대화할 수 있었다. 이러한 성과수치가 대변하듯 나이키 휴먼레이스 캠페인은 온, 오프라인을 적절히 연계한 바이럴 마케팅전략, 목표 타깃 맞춤형 매체운용 및 타깃에 어필할 수 있는 연예인과 운동선수의 활용을 통하여 메시지 관여도와 이벤트 참여도를 동시에 제고하는 성과를 달성하였다. 종합해 보면 휴먼레이스 캠페인은 기존의 단순한 수직적 매체 조합을 위주로 한 IMC가 아니라 각각의 매체에서 소비자의 이용행태를 반영한 메시지를 제공하고 참여를 유도하는 등 독자적이면서도 조화로운 운영 속에서 통합적 효과, 즉 시너지 효과를 이끌어 낸 통합 커뮤니케이션이라고 할 수 있다.

03 참여형 통합캠페인의 효과

앞 장의 몇 가지 사례에서 볼 수 있듯이 디지털시대의 통합적 마케팅커뮤니케이션(IMC)이 불러 온 가장 직접적인 변화는 캠페인 목표가 기존의 캠페인 주로 위계적인 커뮤니케이션 효과모형이 제시하는 인지 · 감정 · 행위의 단계 중 인지에 있었다면 이제는 이 모두를 동시에 노릴 수 있게 변화하고 있다는 점이다. 소비자는 이제 과거와 같이 수동적이며 비자발적인 메시지 소비행태를 보이지 않고 자발적으로 자신이 원하는 메시지를 찾기도 하며 반대로 매체이용을 방해하는 메시지는 능동적으로 회피할 수 있게 되었다. 따라서 기존의 캠페인이 '수동적인 메시지 수용자'로서의 소비자에 대하여 대중매체를 중심으로 일방향적인 메시지를 전달하여 인지도를 제고하는데 주력했다면, 이제는 '능동적인 메시지 생산자'로서의 소비자에 주목하고, 다양한 매체를 조화롭게 믹스하여 인지도 제고는 물론 감정적 유대관계의 형성과 나아가 적극적인 참여 유도를 통하여 확신 및 구매행위의도까지 이끌어 낼 수 있는 캠페인이 주효할 것이다. 어떻게 보면 획기적이고 혁명적이라고도 평가할 수 있는 이러한 변화로 인하여 기업의 캠페인 효과측정도 기존 캠페인이 최초상기도나 인지도와 같은 지각효과를 중심으로 이루어졌다면 이제는 웹사이트 등록회원수, UCC참여수, 이벤트 응모회수, 댓글수, 블로그 방문자수, 유튜브 동영상 조회수 등과 같은 행위지표들을 측정지표로 삼는 경우가 늘어나고 있다. 인지도 제고만으로는 복잡하고 다양한 형태의 매체이용과 구매행태를 보이는 소비자들을 구매로 연결시키기 힘들다는 인식에 기초한 것으로 볼 수 있다.

2000년대 초반 소개되었던 이른바 '크로스미디어'의 전술적 요소들은 참여형 IMC 캠페인에 중요한 의미를 갖는다. 인터넷의 대중화로 인하여 전통적 4대 매체의 영향력이 감소하고 옥외광고, 케이블TV, 위성/지상파 DMB, 모바일매체 등이 성장함에 따라 매체의 통합적인 활용을 통하여 소비자와의 접점을 증가시켜 커뮤니케이션효과를 극대화한다는 크로스미디어 전략의 핵심은 여러 매체를 효과적으로 활용함으로써 소비자가 언제 어디에 있더라도 접근이 가능하다는 점이다. 광고의 도달범위를 확대함과 동시에 반복적이지만 매체특성에 맞게 변형된 메시지를 통하여 고객을 활성화시켜 매출 증대를 도모한다는 것인데, 실제로 미국 광고 트렌드를 알 수 있는 슈퍼볼 TV광고에서 최근 몇 년 간 인터넷과 연계되지 않은 광고는 불과 20%미만인 것으로 나타났다. 오프라인과 인터넷 상에서 노출기회를 교차시켜서 적극적으로 메시지를 수집하도록 환기하는 방식인데 노출을 통한 자극에서 적극적 정보탐색을 유발하여 소비자의 자발적 정보 수집활동을 이끌어 내는 것이 중요하다고 할 수 있다. 인터넷 상에서는 배너광고와 같이 단순한 노출형 메시지가 아니라 스마트폰, 태블릿과 같은 모바일기기를 포함한 다양한 디지털매체를 유기적으로 활용함으로써 실질적인 소비자 참여를 유도하는 것을 의미한다. 즉 세분화된 타깃을 상대로 한 양방향성광고라든지 능동적인 직접반응을 얻을 수 있는 직접마케팅형 메시지, 검색연계형 광고를 통하여 구매로 까지 연결시킬 수 있다. 펩시의 마케팅담당이사의 말을 빌리자면 온라인과 연계되지 않은 TV광고는 효과를 얻기가 힘들며, 이제 대부분의 기업은 TV광고로 캠페인을 시작하지 않는다고 한다. 즉 광고비가 가장 비싼 TV광고도 이제는 소비자의 참여유도와 체험의 공유를 꾀하는 전체적인 캠페인 구성의 일부에 지나지 않음을 의미한다.

이제 소비자는 커뮤니케이션의 대상인 목표청중에 머무르지 않고 캠페인을 함께 만들어 나가는 일종의 협업의 대상으로 인식할 필요가 있다. 스타콤미디어는 디지털시대의 매체를 광고주와 기업입장에서 크게 유료형(Paid), 유도형(혹은 참여형, Earned), 자사(Owned) 매체 등 세 가지 형태로 분류하였다. 소비자를 협업의 대상으로 인식한다는 것은 이들 세 가지의 매체를 어떻게 복합적으로 관리할 것인가 하는 문제와 관련된다. 즉 소비자의 협업, 참여를 유도하기 위한 과정에서 어떻게 세 가지의 다른 매체들을 활용할 것인가에 관한 문제이다. 최근 몇 년간 미국에서 집행된 성공한 캠페인들을 분석해 보면 이에 대한 답을 구할 수 있다. 결론부터 제시하자면 소셜미디어와 같은 유도형 매체만을 사용한 디지털 캠페인이 아니라 TV나 인쇄매체 등 기존의 유료매체를 적절히 사용하되 소비자들이 각각의 매체들을 어떻게 이용하는가에 대한 명확한 분석을 바탕으로 전체 캠페인을 하나의 스토리라인으로 구성하여 참여를 유도한다는 것이다. 예를 들면 맥도널드나 아우디는 하나의 잘 짜여진 시나리오에 기반하여 캠페인을 전개하였다. 온라인상의 자사, 유료매체를 통하여 전 세계 소비자를 대상으로 가상게임을 제공하고, 참여를 유도하여 소비자들 스스로 게임을 풀어나가는 과정에서 브랜드에 대하여 체험하고 의견을 나누도록 유도하였다. 동시에 이용가능한 모든 매체들을 동원하여 매체 특성에 맞는 게임 시나리오를 제공하여 유료형 매체인 TV, 유도형 매체인 소셜미디어, 자사 매체인 웹사이트 등을 활용하였다.

이러한 사례는 앞서 논의된 현대차 캠페인과 같이 국내시장의 기업PR 캠페인에도 적용되고 있다. 2012년 한국광고학회가 주관한 '올해의 브랜드'상을 수상한 대한항공의 '소비자 참여가변형' 캠페인도 성공한 사례로 꼽을 수 있다. TV와 신문 등 전통매체와 뉴미디어, 온라인과 오프라인 등 커뮤니케이션 채널의 경계를 넘어서 다양한 소통의 창구를 유기적으로 활용하여 최적의 노출과 참여를 이끌어낸 캠페인으로 평가받고 있다. '우리에게만 있는 나라' 캠페인에서는 TV를 활용하여 캠페인 1단계에서 폭넓은 청중을 대상으로 런칭광고를 통하여 인지도를 확보함과 동시에 기대감을 조성하였고, 2단계에서는 구체적으로 캠페인의 시작과 참여방법을 알리는 역할을 담당하였다. 3단계에서는 SNS와 대형포털를 통하여 소비자 참여작품 중에서 선정된 작품을 인터넷과 라디오 등과 함께 노출하여 관심과 공유, 확산을 유도하였다. 소비자와의 접점을 확대하기 위하여 2단계 소비자 참여유도단계에서 소비자의 광고제작 직접참여를 유도하기 위하여 TV와 함께 QR코드를 삽입한 잡지광고가 병행되었고, 특히 여행객들이 자주 이용하는 공항리무진 래핑광고와(그림 10-3) 케이블TV를 집행하여 커버리지를 극대화하였다. 이와 동시에 참여가변형 플랫폼을 인터넷과 모바일을 통하여 제공함으로써 소비자의 실제 참여를 이끌어냈다. 마지막으로 4단계에서 해외매체에 동일한 콘셉트의 광고물을 노출하였고, 특히 대한항공 유튜브 계정을 통하여 소비자 작품 중 선별된 것들을 번역하여 게재하였다. 전체적으로 TV, 신문, 잡지, 라디오와 같은 전통적인 광고매체와 인터넷 포털, 케이블TV, LED 전광판과 같은 뉴미디어, 여기에 페이

그림 10-3 대한항공 '우리에게만 있는 나라' 캠페인 – 신문, 잡지 및 리무진 광고

신문 및 온라인 광고

공항리무진 버스광고

잡지광고

스북, 트위터, 블로그와 같은 SNS 서비스, 그리고 동영상 공유 사이트인 유튜브까지 다양한 매체가 활용되었고, 각각의 채널의 특성을 효과적으로 활용하여 캠페인의 시작부터 마무리까지 꽉 짜인 틀 안에서 조화롭게 활용됨으로써 통합과 시너지의 효과를 얻었다고 평가되는 캠페인이었다.

결론적으로 TV광고 중심의 일방적인 메시지전달 캠페인은 지속적으로 감소하고 있고, 다양한 매체에 대한 아이디어들을 어떻게 융합하여 소비자와 협업할 것인가가 디지털시대의 커뮤니케이션 전략의 핵심이라고 할 수 있다. 과거와 같이 캠페인에 당연히 TV를 포함시키는 것이 아니라 전체 캠페인 속에서 TV를 어떻게 활용할 것인가에 대한 답은 전체 캠페인의 시나리오 혹은 스토리라인에 TV가 적합한가에 따라 결정되어야 한다. 캠페인의 목표는 폭넓은 도달력을 기반으로 한 인지도 제고에 있기보다는 핵심 타깃층에게 흥미와 참여의 동기를 제공하여 자발적으로 캠페인에 참여하고 경험하게 만드는 것이기 때문이다. 여기에 새로운 기술로 무장한 디지털매체들을 어떻게 활용할 것인가의 문제가 캠페인의 성쇠를 좌우한다고 해도 과언이 아닐 것이다. 가깝게는 2010년 이후에도 위치기반 소셜미디어 서비스인 포스퀘어(Foursquare)라든지 구글에서 좀 더 구체화된 증강현실 등과 같은 많은 디지털매체와 서비스들이 계속 등장하고 있다. 여기에 확장된 소비자 접점으로서 다양한 형태의 디지털사이니지(digital signage)까지 등장하여 스마트기술과의 융합을 통하여 IMC의 새로운 영역으로 자리잡고 있다.

디지털매체를 활용한 마케팅커뮤니케이션은 캠페인의 전체 스토리라인 혹은 테마를 근간으로 소비자와의 다양한 접점에서 노출량을 늘리고, 매체의 양방향성을 이용하여 소비자와의 상호작용을 이끌어 내며, 흥미와 참여의 동기를 제공하여, 자발적으로 캠페인에 참여하고 경험하게 만들 수 있을 때 효과적이라고 할 수 있다. 기존의 전통매체 외에 양방향성의 장점을 살릴 수 있는 디지털매체로는 TV에서 발전한 디지털케이블TV, 위성TV, DMB를 비롯하여, 인터넷을 기반으로 한 IPTV와 스마트TV, 그리고 스마트폰이나 태블릿PC 등의 모바일 디바이스가 포함되며, 인터넷 상에서 제공되는 소비자 참여형 서비스플랫폼으로는 SNS를 포함한 다양한 형태의 소셜미디어를 들 수 있다. 여기에 BTL 전문매체로서 최근 비약적인 변화와 발전을 거듭하고 있는 디지털사이니지도 중요한 역할을 차지하고 있다. 디지털사이니지는 특히 소비자 참여형 인터페이스의 도입과 타깃팅 효과, 디지털세대의 확산 등 디지털시대의 IMC 수단으로서 중요성이 커지고 있다. 그렇다면 디지털사이니지는 IMC 캠페인에 어떻게 적절히 활용할 것인가?

04 참여형 IMC캠페인에서의 디지털사이니지의 활용

기존의 옥외광고에 디지털기능이 탑재된 형태인 디지털사이니지는 광고, 하드웨어, 콘텐츠 등 여러 분야가 결합되어 하나의 커다란 산업군으로 성장하고 있다. 각종 공익정보를 전달하는 공공 커뮤니케이션의 도구로서 중요성과 활용도가 높아지고 있는 동시에 모바일 등 각종 뉴미디어와 더불어 중요한 마케팅 커뮤니케이션 채널로 크게 주목받고 있다. 특히 현대마케팅의 핵심 논제 중의 하나가 '현장에서 소비자를 움직여라'라고 한다면 디지털사이니지는 소비와 구매의 현장 접점에서 소비자와 직접 소통할 수 있는 최적의 매체라고 할 수 있다.

디지털기술의 발전으로 광고의 유형은 더욱 다양화, 융합화되고 있고, 이에 따라 맞춤형 양방향광고가 증가하고 있으며, 결국 메시지전달과 함께 행동 반응과 직접판매가 이루어지는 정보와 마케팅의 통합화의 방향으로 진화하고 있다(그림 10-4). 이러한 환경변화 속에서 디지털사이니지는 N-스크린시대의 통합적 마케팅커뮤니케이션 채널로서 뿐만 아니라 장

그림 10-4 디지털기술발전에 따른 매체의 진화

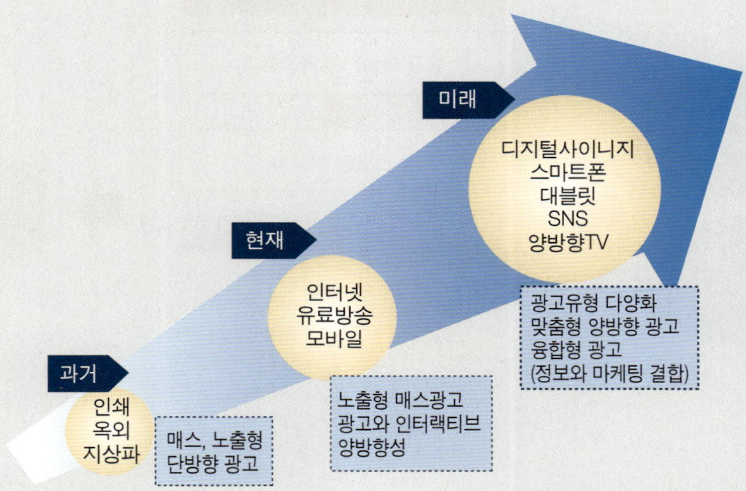

기적인 브랜드 전략의 도구로서 새로운 가능성을 보여주고 있다. 앞서 소개한 것과 같이 기존의 IMC도 이제는 채널별로 얻고자 하는 효과를 전체적으로 아울러 시너지를 이룰 수 있도록 관리하는 이른바 소비자 참여형 통합캠페인으로 전환되고 있다. 구체적인 목표에 따라 인터넷, 모바일, 양방향TV나 페이스북, 유튜브와 같은 소비자 참여형 SNS와 마찬가지로 디지털사이니지를 중심으로 한 옥외광고도 IMC의 특정영역에서 고유의 역할을 할 수 있을 것이다(그림 10-5). 즉 디지털매체를 활용한 IMC는 기존의 IMC가 요구하는 채널별 메시지의 일관성보다는 브랜딩의 통일성을 얻기 위해서 각기 다른 채널에 상이한 메시지를 사용할 수 있는 유연성이 요구되므로 디지털사이니지만이 가능한 차별화된 메시지를 개발하고 이를 효과적으로 전달한다면 캠페인 목표 달성에 기여할 수 있을 것이다.

이와 같이 디지털사이니지의 고유의 기능을 잘 활용한 사례가 앞서 소개한 나이키의 '휴먼레이스' 캠페인이다. 20대가 핵심타깃이었던 만큼 전통매체보다는 20대의 생활공간을 커버하는 지하철 역사, 지하철 전동차, 버스, 극장, 옥외전광판, 서울 주요거리, 헬스클럽 등에서의 옥외캠페인을 통하여 캠페인 인지도를 높이고 소비자의 참여를 극대화하였다. 구체적으로 대학가 및 다운타운 극장과 옥외 LED 전광판, 신촌, 종로, 여의도를 운행하는 버스래핑광고, 서울, 경기, 인천지역의 지하철 차내 광고 및 역사광고 등을 통하여 총 유동인

그림 10-5 디지털사이니지와 IMC

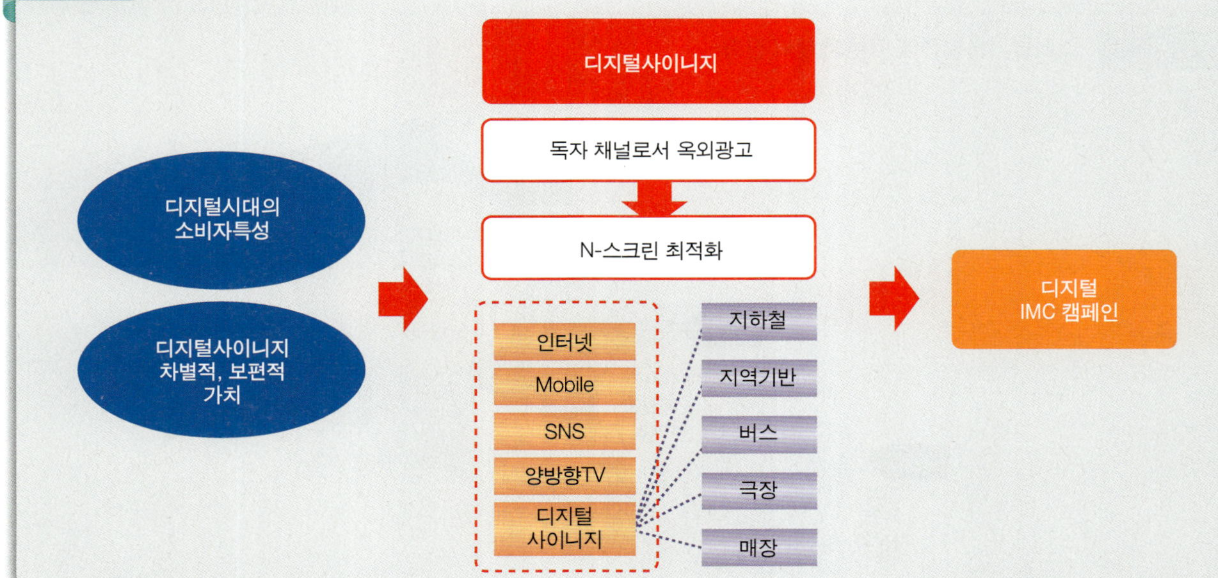

구 기준 총 7억 개의 노출수를 달성할 수 있었고 이들 중 다수를 실제 참여로 유도했다는 점에서 디지털사이니지의 효과가 입증된 캠페인이라고 할 수 있다. 온라인 매체와의 적절한 조화를 통하여 디지털사이니지가 적절히 활용된 성공적인 사례라고 평가할 수 있다.

LOCK

부 록

01 옥외광고물등관리법

[시행 2011.9.30] [법률 제10466호, 2011.3.29, 일부개정]

제1조(목적) 이 법은 옥외광고물의 질적 향상을 위한 기반을 조성하고, 옥외광고물의 표시·설치 등에 관한 사항을 정하여 아름다운 경관과 미풍양속을 보존하고 공중(公衆)에 대한 위해(危害)를 방지하며 건강하고 쾌적한 생활환경을 조성함을 목적으로 한다.

[전문개정 2011.3.29]

제2조(정의) 이 법에서 사용하는 용어의 뜻은 다음과 같다.

1. "옥외광고물"이란 공중에게 항상 또는 일정 기간 계속 노출되어 공중이 자유로이 통행하는 장소에서 볼 수 있는 것(대통령령으로 정하는 교통시설 또는 교통수단에 표시되는 것을 포함한다)으로서 간판·입간판·현수막(懸垂幕)·벽보·전단(傳單)과 그 밖에 이와 유사한 것을 말한다.
2. "게시시설"이란 광고탑·광고판과 그 밖의 인공구조물로서 옥외광고물(이하 "광고물"이라 한다)을 게시하거나 표시하기 위한 시설을 말한다.
3. "옥외광고업"이란 광고물이나 게시시설을 제작·표시·설치하거나 옥외광고를 대행하는 영업을 말한다.

[전문개정 2011.3.29]

제2조의2(적용상의 주의) 이 법을 적용할 때에는 국민의 정치활동의 자유 및 그 밖의 자유와 권리를 부당하게 침해하지 아니하도록 주의하여야 한다.

[전문개정 2011.3.29] [제21조에서 이동 <2011.3.29>]

제3조(광고물등의 허가 또는 신고) ① 다음 각 호의 어느 하나에 해당하는 지역·장소 및 물건에 광고물 또는 게시시설(이하 "광고물등"이라 한다) 중 대통령령으로 정하는 광고물등을 표시하거나 설치하려는 자는 대통령령으로 정하는바에 따라 특별자치도지

사 · 시장 · 군수 또는 자치구의 구청장(이하 "시장등"이라 한다)에게 허가를 받거나 신고하여야 한다. 허가 또는 신고사항을 변경하려는 경우에도 또한 같다.

1. 「국토의 계획 및 이용에 관한 법률」 제36조에 따른 도시지역
2. 「문화재보호법」에 따른 문화재 및 보호구역
3. 「산지관리법」에 따른 보전산지
4. 「자연공원법」에 따른 자연공원
5. 도로 · 철도 · 공항 · 항만 · 궤도(軌道) · 하천 및 대통령령으로 정하는 그 부근의 지역
6. 대통령령으로 정하는 교통수단
7. 그 밖에 아름다운 경관과 도시환경을 보전하기 위하여 대통령령으로 정하는 지역 · 장소 및 물건

② 제1항제6호의 교통수단이 둘 이상의 특별자치도 · 시 · 군 · 자치구에 걸쳐 운행되는 경우에는 해당 교통수단의 주된 사무소 소재지 또는 해당 교통수단이 등록된 주소지의 시장등에게 허가를 받거나 신고하여야 한다. 허가 또는 신고사항을 변경하려는 경우에도 또한 같다.

③ 제1항에 따른 광고물등의 종류 · 모양 · 크기 · 색깔, 표시 또는 설치의 방법 및 기간 등 허가 또는 신고의 기준에 관하여 필요한 사항은 대통령령으로 정한다.

④ 특별시장 · 광역시장 · 도지사(이하 "시 · 도지사"라 한다. 이 항에서 특별자치도지사를 포함한다)는 아름다운 경관과 미풍양속을 보존하고 공중에 대한 위해를 방지하며 건강하고 쾌적한 생활환경을 조성하는 데 방해가 되지 아니한다고 인정하면 제1항 각 호의 지역으로서 상업지역 · 관광지 · 관광단지 등 대통령령으로 정하는 지역을 특정구역으로 지정하여 제3항에 따른 허가 또는 신고의 기준을 완화할 수 있다.

⑤ 시장등(특별자치도지사는 제외한다)은 제4항에 따른 허가 또는 신고의 기준을 완화하여 적용하고자 하는 때에는 시 · 도지사에게 이를 요청할 수 있다.

⑥ 제4항에 따른 허가 또는 신고 기준의 완화에 필요한 사항은 대통령령으로 정한다.

⑦ 대통령령으로 정하는 일정 규모 이상의 건물은 건물주가 자기 건물에 대한 간판표시계획서를 시장등에게 제출하여야 하며, 건물에서 영업하려는 자는 건물주가 제시한 간판표시계획서에 따라 허가를 받거나 신고하여야 한다.

[전문개정 2011.3.29]

제3조의2(광역단위 광고물에 관한 허가 등 예외) 시 · 도지사(특별자치도지사를 포함한다)가 동일모형으로 설치하는 버스승강장, 택시승강장, 노선버스안내표지판 등의 공공시설물에 표시되는 광고물의 경우에는 제3조제1항에도 불구하고 시 · 도지사에게 허가를 받거나 신고하여야 한다. 허가 또는 신고사항을 변경하려는 경우에도 또한 같다.

[전문개정 2011.3.29]

제4조(광고물등의 금지 또는 제한 등)

① 제3조제1항 각 호의 지역 · 장소 또는 물건 중 아름다운 경관과 미풍양속을 보존하고 공중에 대한 위해를 방지하며 건강하고 쾌적한 생활환경을 조성하기 위하여 대통령령으로 정하는 지역 · 장소 또는 물건에는 광고물등(대통령령으로 정하는 광고물등은 제외한다)을 표시하거나 설치하여서는 아니 된다.

② 시 · 도지사(특별자치도지사를 포함한다)는 아름다운 경관과 미풍양속을 보존하고 공중에 대한 위해를 방지하며 건강하고 쾌적한 생활환경을 조성하기 위하여 특히 필요하다고 인정되면 제3조제1항 각 호의 지역으로서 대통령령으로 정하는 지역을 특정구역으로 지정하여 제3조제3항에 따른 허가 또는 신고의 기준을 강화할 수 있다.

③ 시장등(특별자치도지사는 제외한다)은 제2항에 따른 허가 또는 신고의 기준을 강화하여 적용하고자 하는 때에는 시 · 도지사에게 이를 요청할 수 있다.

④ 제2항에 따른 허가 또는 신고 기준의 강화에 필요한 사항은 대통령령으로 정한다.

⑤ 시 · 도지사(특별자치도지사를 포함한다)는 공중보건, 교통안전 또는 주민생활과 밀접히 관련이 있는 사업장으로서 대통령령으로 정하는 사업장의 경우에는 제2항에 따른 허가 또는 신고의 기준을 강화하는 대상에서 제외할 수 있다.

[전문개정 2011.3.29]

제4조의2(광고물등 자율관리구역)

① 시장등은 지역 주민이 자율적으로 창의성을 발휘하여 아름다운 경관을 조성하고 쾌적한 생활환경을 지속적으로 유지 · 관리할 수 있도록 하기 위하여 제3조제1항 각 호의 지역으로서 대통령령으로 정하는 지역을 광고물등 자율관리구역(이하 "자율관리구역"이라 한다)으로 지정할 수 있다.

② 자율관리구역에서는 제3조제3항에도 불구하고 광고물등의 모양 · 크기 · 색깔, 표

시 또는 설치의 방법을 주민들이 협의를 통하여 자율적으로 정할 수 있다.

③ 제1항에 따라 지정된 자율관리구역에서는 주민협의회를 구성 · 운영하여야 하며, 주민협의회의 구성 및 운영방법 등에 필요한 사항은 대통령령으로 정한다.

④ 시장등은 자율관리구역이 지정 취지에 적합하게 운영되지 아니한다고 인정하면 대통령령으로 정하는 바에 따라 자율관리구역의 지정을 취소할 수 있다.

⑤ 자율관리구역의 지정 범위와 절차 등에 필요한 사항은 대통령령으로 정한다.

⑥ 행정안전부장관과 시 · 도지사(특별자치도지사를 포함한다)는 자율관리구역의 효율적인 운영과 이를 통한 자율적인 광고문화 개선을 제도적으로 뒷받침하는 데 필요한 지원을 하여야 한다.

[본조신설 2011.3.29]

제4조의3(광고물등 정비시범구역)

① 시장등은 도시의 아름다운 경관을 조성하고 쾌적한 생활환경을 지속적으로 유지 · 관리하기 위하여 제3조제1항 각 호의 지역으로서 대통령령으로 정하는 지역을 광고물등 정비시범구역(이하 "정비시범구역"이라 한다)으로 지정할 수 있다.

② 정비시범구역에서는 제3조제3항에도 불구하고 시장등이 광고물등의 모양 · 크기 · 색깔, 표시 또는 설치의 방법을 정하여 고시할 수 있다.

③ 시장등과 시 · 도지사는 제2항에 따라 고시한 광고물등을 표시하거나 설치한 자에 대하여 예산의 범위에서 광고물 등의 제작비용과 설치비용 등을 지원할 수 있다.

④ 정비시범구역의 지정 범위와 절차 등에 필요한 사항은 대통령령으로 정한다.

[본조신설 2011.3.29]

제5조(금지광고물등)

① 누구든지 다음 각 호의 어느 하나에 해당하는 광고물등을 표시하거나 설치하여서는 아니 된다.

1. 신호기 또는 도로표지 등과 유사하거나 그 효용(效用)을 떨어뜨리는 형태의 광고물등
2. 그 밖에 도로교통의 안전을 해칠 우려가 있는 광고물등

② 누구든지 광고물에 다음 각 호의 어느 하나에 해당하는 내용을 표시하여서는 아니

된다.

1. 범죄행위를 정당화하거나 잔인하게 표현하는 것
2. 음란하거나 퇴폐적인 내용 등으로 미풍양속을 해칠 우려가 있는 것
3. 청소년의 보호 · 선도를 방해할 우려가 있는 것
4. 내국인용(內國人用) 카지노 · 복권 등의 광고물에 사행심을 부추기는 것
5. 인종차별적 또는 성차별적 내용으로 인권침해의 우려가 있는 것
6. 그 밖에 다른 법령에서 광고를 금지한 것

[전문개정 2011.3.29]

제5조의2(국가와 시 · 도의 지원 및 시 · 군 · 자치구 등의 책무)

① 국가와 지방자치단체는 광고물등의 질적 향상과 옥외광고산업의 진흥을 도모하기 위하여 필요한 예산을 확보하고 관련 정책을 수립 · 추진하여야 한다.

② 행정안전부장관은 관계 중앙행정기관의 장 및 시 · 도지사(특별자치도지사를 포함한다)와 협의하여 다음 각 호의 사항이 포함된 광고물 및 관련 산업의 발전을 위한 종합계획을 수립 · 시행하여야 한다.

1. 광고물 및 관련 산업 발전의 기본방향과 추진체계에 관한 사항
2. 지방자치단체의 광고물등에 대한 자율적 정비체제 구축에 관한 사항
3. 광고주 및 옥외광고업자 등에 의한 협력적 자율규제 기반 조성에 관한 사항
4. 주민참여와 민간단체활동의 활성화를 위한 제도 및 그 기반 조성에 관한 사항
5. 옥외광고업의 시설과 기술능력 향상을 위한 지원 및 교육에 관한 사항
6. 필요한 예산의 확보, 법령 및 제도 개선에 관한 사항
7. 우수 광고물, 모범 옥외광고업자 및 제11조의3에 따른 옥외광고 사업자단체 등에 대한 지원 등 옥외광고산업의 발전을 위하여 필요한 사항

③ 시 · 도지사는 제2항의 종합계획에 따라 시 · 군 · 자치구의 광고물등의 전반적인 수준 향상과 특색 있는 발전을 종합적으로 지원하기 위하여 시장등(특별자치도지사는 제외한다. 이하 이 항에서 같다)과의 협의 및 제7조제1항에 따른 특별시 · 광역시 · 도(이하 "시 · 도"라 한다) 광고물관리및디자인심의위원회의 심의를 거쳐 시 · 도 단위의 지원계획을 수립 · 시행한다. 이 경우 시 · 도지사는 시장등에게 지원계획의 효율적 추진과 종합적 조정을 위하여 지도 · 조언 및 권고를 하거나 기준을 제시할

수 있다.

④ 시장등은 제3항의 지원계획(특별자치도지사의 경우에는 제2항의 종합계획을 말한다)에 따라 자체 시행계획을 수립 · 추진하고, 자율관리구역 및 정비시범구역을 지정 · 운영하며, 광고주 · 옥외광고업자 등의 자율적 규제를 촉진하기 위하여 규제를 완화하고 우대하는 등 필요한 조치를 마련하여야 한다.

⑤ 시장등은 관광진흥, 세계화 촉진 등을 위하여 필요하다고 인정하는 경우에는 조례에 따라 일정한 구역을 지정하여 광고물에 한글과 외국어를 병기(併記)하도록 할 수 있다.

[전문개정 2011.3.29]

제6조(다른 법령 또는 국가등의 광고물 제한)

① 다른 법령 또는 조례에서 광고물등의 표시 · 설치에 관하여 제3조제 3항 · 제6항, 제4조제1항 · 제4항, 제4조의2제2항 및 제4조의3제2항의 특례를 규정하려는 경우(다른 법령 또는 조례에서 이미 특례 규정이 있을 때에는 그 규정에 따라 광고물등을 표시 · 설치하는 경우를 포함한다)에는 미리 행정안전부장관과 해당 광고물등의 종류, 수량 및 위치 등을 협의하여야 한다.

② 대통령령으로 정하는 광고물등을 제외하고는 국가, 지방자치단체 또는 대통령령으로 정하는 공공단체(이하 "국가 등"이라 한다)가 공공의 목적으로 광고물등을 표시 · 설치하려는 경우에도 제3조, 제3조의2, 제4조, 제4조의2 및 제4조의3을 적용한다. 다만, 주요 정책 또는 사업의 효율적 홍보 · 안내 등 공익목적 달성을 위하여 불가피하다고 인정되어 대통령령으로 정하는 표시 · 설치 기준 등에 맞는 광고물등에 대하여는 그러하지 아니하다.

③ 국가등은 재원 마련을 목적으로 제3조제3항 · 제6항, 제4조제4항, 제4조의2제2항, 제4조의3제2항에 따른 광고물 등의 표시 · 설치 방법 외의 방법을 이용하거나 제4조제1항에 따른 광고물등의 설치가 금지되는 지역 · 장소를 이용하여 옥외광고사업을 하여서는 아니 된다. 다만, 광고물등의 정비 및 대통령령으로 정하는 주요 국제행사의 성공적 개최에 필요한 재원을 마련하기 위한 경우에는 그러하지 아니하다.

④ 제3항 단서에 따른 옥외광고사업은 대통령령으로 정하는 설치기준 등에 따라 제7조의2에 따른 옥외광고정책위원회의 심의 및 행정안전부장관의 승인을 받아 제11조

의4에 따른 한국옥외광고센터가 수행한다.

⑤ 제4항에 따른 옥외광고사업 수익금의 배분대상, 배분비율, 용도, 그 밖에 수익금의 배분, 운용 및 관리에 필요한 사항은 행정안전부장관이 문화체육관광부장관 등 관계 중앙행정기관의 장과 협의하여 대통령령으로 정한다.

⑥ 제4항에 따른 광고물등의 위치 · 규격 · 디자인 등 설치기준과 그 밖에 옥외광고사업을 위하여 필요한 사항은 대통령령으로 정한다. 이 경우 문화체육관광부장관 등 관계 중앙행정기관의 장은 광고물등의 심미성 · 창의성 및 안전성을 높이기 위하여 필요한 의견 및 도안 등을 제시할 수 있다.

[전문개정 2011.3.29]

제6조의2(옥외광고정비기금의 설치)

① 시장등은 아름답고 쾌적한 생활환경을 조성하고 광고물등을 정비하기 위하여 옥외광고정비기금(이하 "기금"이라 한다)을 설치 · 운영한다.

② 기금은 다음 각 호의 재원으로 마련한다.

1. 제6조제4항에 따른 옥외광고사업 수익금 중 특별자치도 · 시 · 군 · 자치구에 배분되는 수익금
2. 제17조에 따른 수수료
3. 제20조에 따른 과태료
4. 제10조의3에 따른 이행강제금
5. 일반회계 또는 다른 기금으로부터의 전입금
6. 국가 또는 시 · 도로부터의 보조금

③ 기금은 광고물등의 정비, 경관 개선, 옥외광고업자에 대한 교육 및 지원, 그 밖에 특별자치도 · 시 · 군 · 자치구 조례로 정하는 용도를 위하여 사용하여야 한다.

④ 기금의 운용 및 관리에 필요한 사항은 특별자치도 · 시 · 군 · 자치구 조례로 정한다.

[전문개정 2011.3.29]

제7조(광고물관리및디자인심의위원회)

① 광고물등에 관한 다음 각 호의 사항을 심의하기 위하여 시 · 도(특별자치도를 포함

한다) 및 시 · 군 · 자치구에 각각 광고물관리및디자인심의위원회(이하 이 조에서 "심의위원회"라 한다)를 둔다.

1. 광고물등의 디자인 개선에 관한 사항
2. 광고물등과 도시경관과의 조화에 관한 사항
3. 그 밖에 광고물등과 관련하여 위원장이 필요하다고 인정하는 사항

② 심의위원회는 위원장을 포함한 5명 이상 15명 이하의 위원으로 구성한다.

③ 심의위원회의 운영 등에 필요한 사항은 대통령령으로 정한다.

[전문개정 2011.3.29]

제7조의2(옥외광고정책위원회의 설치)

① 광고물등에 관한 다음 각 호의 사항을 심의하기 위하여 행정안전부장관 소속으로 옥외광고정책위원회(이하 "정책위원회"라 한다)를 둔다.

1. 광고물등에 관한 중요 정책의 수립 및 제도 개선에 관한 사항
2. 광고물 정비 및 관련 산업의 진흥을 위한 종합계획의 수립에 관한 사항
3. 주민참여 및 민간단체 활동의 활성화를 위한 제도 및 기반조성에 관한 사항
4. 광고물등의 표시 및 설치 등의 기준에 관한 사항
5. 광고물등과 도시경관과의 조화 등을 위한 제도개선에 관한 사항
6. 다른 법령 또는 국가등의 광고물의 기준 수립에 관한 사항
7. 제6조제3항 단서에 따라 국가등이 하는 옥외광고사업에 대한 심의
8. 그 밖에 광고물등의 제도와 관련하여 행정안전부장관 또는 위원장이 필요하다고 인정하는 사항

② 정책위원회의 위원은 15명 이내의 범위에서 다음 각 호의 어느 하나에 해당하는 사람 중에서 행정안전부장관이 위촉하거나 임명하고, 위원장은 위원 중에서 호선(互選)한다.

1. 대통령령으로 정하는 관계 행정기관의 차관급 또는 고위공무원단에 속하는 일반직 공무원 및 이에 준하는 지방자치단체 소속 공무원
2. 광고물등에 관한 전문적 지식과 경험이 풍부한 사람
3. 건축디자인 및 도시디자인에 관하여 전문적 지식과 경험이 풍부한 사람
4. 「비영리민간단체 지원법」에 따른 관계 비영리민간단체의 대표

③ 정책위원회의 조직 · 운영과 그 밖에 필요한 사항은 대통령령으로 정한다.
[전문개정 2011.3.29]

제8조(적용 배제) 표시 · 설치 기간이 30일 이내인 비영리 목적의 광고물등이 다음 각 호의 어느 하나에 해당하면 허가 · 신고에 관한 제3조 및 금지 · 제한 등에 관한 제4조를 적용하지 아니한다. 이 경우 제3호는 표시 · 설치 기간이 30일을 초과하는 광고물등도 포함한다.

1. 관혼상제 등을 위하여 표시 · 설치하는 경우
2. 학교행사나 종교의식을 위하여 표시 · 설치하는 경우
3. 시설물의 보호 · 관리를 위하여 표시 · 설치하는 경우
4. 단체나 개인이 적법한 정치활동을 위한 행사 또는 집회 등에 사용하기 위하여 표시 · 설치하는 경우
5. 단체나 개인이 적법한 노동운동을 위한 행사 또는 집회 등에 사용하기 위하여 표시 · 설치하는 경우
6. 안전사고 예방, 교통 안내, 긴급사고 안내, 미아 찾기, 교통사고 목격자 찾기 등을 위하여 표시 · 설치하는 경우
7. 「선거관리위원회법」에 따른 각급선거관리위원회의 선거, 국민투표, 주민투표(주민소환투표를 포함한다)에 관한 계도 및 홍보를 위하여 표시 · 설치하는 경우

[전문개정 2011.3.29]

제9조(광고물등의 안전점검)

① 대통령령으로 정하는 광고물등을 설치하거나 관리하는 자는 공중에 대한 위해 방지를 위하여 시장등이 실시하는 안전점검을 받아야 한다. 이 경우 안전점검의 기준 · 시기 및 방법 등에 관하여 필요한 사항은 대통령령으로 정한다.

② 시장등은 제1항에 따른 안전점검 업무를 제11조의3에 따른 옥외광고 사업자단체 및 대통령령으로 정하는 자에게 위탁할 수 있다.

③ 제2항에 따라 안전점검 업무를 위탁받을 수 있는 자의 시설기준과 자격 등에 관하여 필요한 사항은 대통령령으로 정한다.

④ 제2항에 따라 안전점검 업무를 위탁받은 자(그의 임직원을 포함한다)는 「형법」 제

129조부터 제132조까지의 규정을 적용할 때에는 공무원으로 본다.

[전문개정 2011.3.29]

제10조(위반에 대한 조치)

① 시장등(제3조의2에 따라 시 · 도지사에게 허가를 받거나 신고한 경우에는 시 · 도지사를 말한다. 이하 이 조에서 같다)은 광고물등의 허가 · 신고 · 금지 · 제한 등에 관한 제3조, 제3조의2, 제4조, 제4조의2, 제4조의3 및 제5조를 위반하거나 제9조에 따른 안전점검에 합격하지 못한 광고물등에 대하여 다음 각 호에 해당하는 자(이하 "관리자등"이라 한다)에게 그 광고물등을 제거하거나 그 밖에 필요한 조치를 하도록 명하여야 한다.

1. 광고물등을 표시하거나 설치한 자
2. 광고물등을 관리하는 자
3. 광고주
4. 옥외광고업자
5. 광고물등의 표시 · 설치를 승낙한 토지 · 건물 등의 소유자 또는 관리자

② 시장등은 제1항에 따른 명령을 받은 자가 그 명령을 이행하지 아니하면 「행정대집행법」에 따라 해당 광고물등을 제거하거나 필요한 조치를 하고 그 비용을 청구할 수 있다.

③ 시장등은 광고물등의 허가 · 신고에 관한 제3조를 위반한 광고물 중 전화번호 외에는 연락처가 없는 광고물에 대하여는 「정보통신망 이용촉진 및 정보보호 등에 관한 법률」 제2조에 따른 정보통신서비스 제공자에게 해당 정보통신서비스 이용자의 성명 · 주소 · 주민등록번호 및 이용기간에 대한 자료의 열람이나 제출을 요청할 수 있다.

④ 정보통신서비스 제공자는 제3항에 따른 요청을 받으면 「전기통신사업법」 제83조 제1항 및 제2항에도 불구하고 지체 없이 그 요청에 따라야 한다.

⑤ 제3항에 따라 정보통신서비스 사업자로부터 자료를 제출받은 시장등은 위반행위에 대한 조사목적 외의 용도로 제출받은 자료를 사용할 수 없다.

⑥ 시장등은 입간판 · 현수막 · 벽보 · 전단의 광고내용이 미풍양속과 청소년의 정서를 저해할 우려가 있다고 판단될 때에는 대통령령으로 정하는 바에 따라 청소년보호

위원회에 심의를 요청할 수 있다.

[전문개정 2011.3.29]

제10조의2(행정대집행의 특례)

① 시장등은 불법 입간판 · 현수막 · 벽보 · 전단 등에 대하여 「행정대집행법」 제3조제1항 및 제2항에 따른 대집행(代執行) 절차를 밟으면 그 목적을 달성하기가 곤란한 경우에는 그 절차를 거치지 아니하고 그 광고물등을 제거하거나 그 밖에 필요한 조치를 할 수 있다.

② 제1항에 따른 광고물등의 제거나 그 밖에 필요한 조치는 광고물등의 관리에 필요한 최소한도에서 하여야 한다.

③ 제1항과 제2항에 따른 대집행으로 제거된 광고물등의 보관 및 처리에 필요한 사항은 대통령령으로 정한다.

[전문개정 2011.3.29] [제20조의2에서 이동 〈2011.3.29〉]

제10조의3(이행강제금)

① 시장등(제3조의2에 따라 시 · 도지사에게 허가를 받거나 신고한 경우에는 시 · 도지사를 말한다. 이하 이 조에서 같다)은 제10조제1항에 따른 명령을 받은 후 그 조치기간 내에 이행하지 아니한 관리자등(입간판 · 현수막 · 벽보 · 전단의 관리자등은 제외한다. 이하 이 조에서 같다)에 대하여는 대통령령으로 정하는 바에 따라 500만원 이하의 이행강제금을 부과 · 징수할 수 있다. 다만, 「건축법」 제80조에 따른 이행강제금 부과로 그 이행을 강제할 수 있는 경우에는 그러하지 아니하다.

② 시장등은 제1항에 따른 이행강제금을 부과하기 전에 미리 상당한 기간을 정하여 이를 부과 · 징수한다는 뜻을 해당 관리자등에게 문서로써 계고(戒告)하여야 한다.

③ 시장등은 제1항에 따른 이행강제금을 부과하는 경우에는 이행강제금의 금액 · 부과사유 · 납부기한 및 수납기관, 이의제기 방법 및 기간 등을 자세히 밝힌 문서로써 하여야 한다.

④ 시장등은 제10조제1항에 따른 최초의 명령을 한 날을 기준으로 1년에 2회 이내의 범위에서 해당 명령이 이행될 때까지 반복하여 제1항에 따른 이행강제금을 부과 · 징수할 수 있다.

⑤ 시장등은 명령을 받은 자가 그 명령을 이행하는 경우에는 새로운 이행강제금 부과를 즉시 중지하되, 이미 부과된 이행강제금은 징수하여야 한다.

⑥ 시장등은 제3항에 따라 이행강제금 부과처분을 받은 자가 이행강제금을 기한 내에 납부하지 아니하는 때에는 지방세 체납처분의 예에 따라 징수한다.

[전문개정 2011.3.29]

제11조(옥외광고업의 등록)

① 옥외광고업을 하려는 자는 대통령령으로 정하는 기술능력과 시설 등을 갖추고 제12조에 따른 교육을 받은 후에 시장등에게 등록하여야 한다. 다만, 등록사항을 변경하려는 경우에는 교육을 받지 아니할 수 있다.

② 제1항에 따라 옥외광고업을 등록한 자가 휴업 또는 폐업하거나, 휴업하였다가 업무를 다시 시작하였을 때에는 대통령령으로 정하는 바에 따라 시장등에게 신고하여야 한다.

③ 옥외광고업자가 폐업하였을 때에는 폐업일부터 7일 이내에 시장등에게 등록증을 반납하여야 한다.

④ 옥외광고업자가 제3항에 따라 등록증을 반납하지 아니하는 경우에는 시장등은 특별자치도 · 시 · 군 · 자치구 조례로 정하는 바에 따라 폐업한 사실을 확인한 후 등록사항을 직권으로 말소할 수 있다.

⑤ 옥외광고업자는 영업소 안에 광고물등의 설치 종류 · 장소 및 시기, 그 밖에 특별자치도 · 시 · 군 · 자치구 조례로 정하는 사항을 기재한 장부를 갖추어 두어야 한다.

⑥ 옥외광고업자는 특별자치도 · 시 · 군 · 자치구 조례로 정하는 바에 따라 옥외광고업의 등록번호와 그 밖에 필요한 사항을 영업소별로 표시하여야 한다.

⑦ 시장등은 아름다운 경관과 미풍양속을 보존하고 공중에 대한 위해를 방지하며 건강하고 쾌적한 생활환경을 조성하기 위하여 필요하면 옥외광고업자로 하여금 그 영업에 관한 서류 제출 또는 필요한 보고를 하게 하거나, 소속 직원으로 하여금 영업장소에 출입하여 장부, 서류, 시설 등을 검사하거나 관계자에게 필요한 질문을 하게 할 수 있다. 이 경우 출입 · 검사하는 직원은 신분을 표시하는 증명서를 지니고 이를 관계인에게 보여주어야 한다.

[전문개정 2011.3.29]

제11조의2(결격사유)

다음 각 호의 어느 하나에 해당하는 자는 옥외광고업의 등록을 할 수 없다.

1. 금치산자 또는 한정치산자
2. 파산선고를 받고 복권되지 아니한 자
3. 제14조에 따라 옥외광고업의 등록이 취소된 후 1년이 지나지 아니한 자

[전문개정 2011.3.29]

제11조의3(옥외광고 사업자단체의 설립 등)

① 옥외광고업자는 광고물등의 효율적인 관리와 옥외광고업의 건전한 발전 및 종사자의 품위 향상을 위하여 옥외광고 사업자단체(이하 "단체"라 한다)를 설립할 수 있다.

② 단체는 법인으로 한다.

③ 단체는 다음 각 호의 업무를 수행한다.

1. 광고물등의 관리에 관한 조사 · 연구
2. 광고물등의 안전점검 및 옥외광고업 종사자에 대한 교육 등 시 · 도지사와 시장등이 위탁하는 업무
3. 그 밖에 정관으로 정하는 사항

④ 단체의 회원이 될 수 있는 자는 다음 각 호의 어느 하나에 해당하는 자로 한다.

1. 제11조제1항에 따른 옥외광고업의 등록을 한 자
2. 그 밖에 정관으로 정하는 자

⑤ 단체의 정관 기재사항 등에 관하여 필요한 사항은 대통령령으로 정한다.

⑥ 단체에 관하여 이 법에서 규정되지 아니한 사항은 「민법」 중 사단법인에 관한 규정을 준용한다.

[전문개정 2011.3.29]

제11조의4(한국옥외광고센터의 설립)

① 옥외광고의 획기적 개선 및 관련 산업의 육성 · 발전을 전문적으로 지원하기 위하여 「한국지방재정공제회법」에 따라 설립된 한국지방재정공제회에 한국옥외광고센터(이하 "센터"라 한다)를 둔다.

② 센터에는 한국지방재정공제회 정관으로 정하는 바에 따라 임원과 필요한 직원을

둔다.

③ 센터는 업무수행을 위하여 필요하다고 인정하면 행정안전부장관의 승인을 받아 관계 행정기관, 지방자치단체, 옥외광고 관련 법인 또는 단체에 대하여 다음 각 호에 해당하는 사람을 파견하도록 요청할 수 있다.

1. 「국가공무원법」 제2조에 따른 국가공무원
2. 「지방공무원법」 제2조에 따른 지방공무원
3. 건축 및 도시디자인과 관련 있는 법인이나 단체의 임직원
4. 「비영리민간단체 지원법」에 따른 관련 비영리민간단체의 임직원

④ 센터는 다음 각 호의 사업을 한다.

1. 옥외광고산업의 육성 · 발전을 위한 정책의 수립 및 개발 지원
2. 신소재 · 신매체 기술의 개발 · 보급 · 지원 및 외국 기술의 도입
3. 광고물에 대한 경관 · 교통 · 안전 관련 영향평가에 관한 사업
4. 옥외광고산업 전문인력의 양성 및 교육 지원
5. 옥외광고 관련 정보의 수집 · 공유 · 활용에 관한 사업
6. 옥외광고에 관한 홍보 등에 관한 사업
7. 제6조제4항에 따른 옥외광고사업의 운영
8. 연구 용역 등 국가나 지방자치단체가 위탁하는 사업
9. 광고물등의 안전점검 기준에 관한 연구 및 지원
10. 제12조에 따른 옥외광고업에 종사하는 자에 대한 교육과정 개발 및 교육지원
11. 그 밖에 센터의 설립목적을 달성하는 데에 필요한 사업으로서 행정안전부장관이 지정하거나 승인하는 사업
12. 제1호부터 제11호까지의 사업에 딸린 사업

⑤ 센터의 운영에 필요한 경비는 국가나 지방자치단체에서 지원할 수 있다.

⑥ 국가나 지방자치단체는 광고물 등과 관련되는 연구 · 조사를 위탁할 때에는 다른 법률에 따른 경우 또는 그 밖에 특별한 사정이 있는 경우가 아니면 다른 연구기관 등에 우선하여 센터에 위탁하여야 한다.

⑦ 센터의 옥외광고사업을 통한 수익금은 한국지방재정공제회의 다른 사업의 수입 및 지출과 구분하여 회계처리하거나 관리하여야 한다.

⑧ 센터는 매 회계연도의 사업계획서 및 예산서를 작성하여 행정안전부장관에게 제

출하고 승인을 받아야 한다. 이를 변경할 때에도 또한 같다.

⑨ 센터는 매 회계연도의 수입 · 지출 결산서를 작성하여 행정안전부장관이 지정하는 공인회계사의 회계 감사를 받아 행정안전부장관에게 제출하여야 한다.

⑩ 행정안전부장관은 감독상 필요하면 센터에 대하여 그 업무에 관한 보고를 하게 하거나 소속 공무원으로 하여금 그 업무를 검사하게 할 수 있다.

[전문개정 2011.3.29]

제12조(광고물등에 관한 교육)

① 시장등은 대통령령으로 정하는 바에 따라 옥외광고업에 종사하는 자에게 광고물등의 표시 · 설치에 관한 교육을 하여야 한다.

② 옥외광고업자는 제1항에 따른 교육을 받아야 한다.

③ 제1항에도 불구하고 교육대상자가 적어 교육을 실시하기 곤란한 경우이거나 효율적인 교육을 위하여 시장등(특별자치도지사는 제외한다)이 다른 시 · 군 · 자치구와 통합하여 교육을 실시할 수 있도록 요청한 경우에는 시 · 도지사가 교육을 실시할 수 있다.

④ 시장등과 시 · 도지사는 제1항 및 제3항에 따른 교육을 대통령령으로 정하는 자에게 위탁하여 실시할 수 있다.

⑤ 제4항에 따라 교육을 위탁받을 수 있는 자의 시설기준, 자격, 그 밖에 교육에 필요한 사항은 대통령령으로 정한다.

[전문개정 2011.3.29]

제13조(허가 취소 등)

① 시장등(제3조의2에 따라 시 · 도지사에게 허가를 받거나 신고한 경우에는 시 · 도지사를 말한다. 이하 이 조에서 같다)은 제3조제1항에 따라 광고물등의 허가를 받거나 신고를 한 자가 다음 각 호의 어느 하나에 해당하면 광고물등의 허가를 취소하거나 신고를 반려할 수 있다.

1. 거짓이나 그 밖의 부정한 방법으로 허가를 받거나 신고한 경우
2. 제3조제3항 · 제6항, 제4조제4항, 제4조의2제2항, 제4조의3제2항에 따른 대통령령으로 정하는 광고물등의 표시 · 설치 방법과 관련한 허가 또는 신고기준을 위반

한 경우

3. 제4조제1항을 위반하여 대통령령으로 정하는 표시 · 설치 금지 지역 · 장소 또는 물건에 광고물등을 표시하거나 설치한 경우

4. 제5조제1항을 위반하여 금지광고물등을 표시하거나 설치한 경우

5. 제5조제2항을 위반하여 광고물에 표시금지 내용을 표시한 경우

② 시장등은 다음 각 호의 어느 하나에 해당하는 광고물등에 대하여는 그 광고물등을 사용하여 하는 다른 법령에 따른 영업이나 그 밖의 행위를 허가하지 아니하도록 관계 행정기관에 요청할 수 있다.

1. 제1항에 따라 허가가 취소되거나 신고가 반려된 광고물등

2. 제10조제1항에 따른 명령을 받고 이행하지 아니한 광고물등

③ 제2항에 따라 요청을 받은 자는 특별한 이유가 없으면 그 요청에 따라야 한다.

[전문개정 2011.3.29]

제14조(등록의 취소와 영업정지) 시장등은 옥외광고업자가 다음 각 호의 어느 하나에 해당하면 대통령령으로 정하는 바에 따라 그 등록을 취소하거나 6개월 이내의 기간을 정하여 영업정지를 명할 수 있다. 다만, 제1호 또는 제4호에 해당하면 그 등록을 취소하여야 한다.

1. 거짓이나 그 밖의 부정한 방법으로 등록하거나 다른 사람에게 등록증을 대여한 경우

2. 제10조제1항에 따른 명령을 위반한 경우

3. 이 법을 위반한 광고물등을 설치하여 공중에 중대한 위해를 끼친 경우

4. 1년에 2회 이상 영업정지처분을 받은 경우

[전문개정 2011.3.29]

제15조(청문) 시장등(제3조의2에 따라 시 · 도지사에게 허가를 받거나 신고한 경우에는 시 · 도지사를 말한다)은 다음 각 호의 어느 하나에 해당하는 처분을 하려면 청문을 하여야 한다.

1. 제13조에 따른 광고물등의 허가취소

2. 제14조에 따른 옥외광고업 등록취소

[전문개정 2011.3.29]

제16조(광고물 실명제)

① 광고물의 설치 · 표시 허가를 받거나 신고를 한 자는 해당 광고물에 허가 또는 신고번호, 표시기간, 제작자명 등을 표시하여야 한다.

② 제1항에 따라 허가 또는 신고번호 등을 표시하여야 할 광고물의 종류, 표시내용, 위치, 규격, 그 밖에 필요한 사항은 시 · 도(특별자치도를 포함한다) 조례로 정한다.

[전문개정 2011.3.29]

제17조(수수료) 다음 각 호의 어느 하나에 해당하는 경우에는 시 · 군 · 자치구 조례로 정하는 바에 따라 수수료를 내야한다. 다만, 제2호의 경우에는 시 · 도(특별자치도를 포함한다) 조례로 정하는 바에 따른다.

1. 제3조제1항에 따른 광고물등의 허가 또는 신고
2. 제3조의2에 따른 광역단위 광고물의 허가 또는 신고
3. 제9조제1항에 따른 광고물등의 안전점검
4. 제11조제1항에 따른 옥외광고업의 등록

[전문개정 2011.3.29]

제18조(벌칙)

① 다음 각 호의 어느 하나에 해당하는 자는 1년 이하의 징역 또는 1천만원 이하의 벌금에 처한다.

1. 제3조에 따른 허가를 받지 아니하고 광고물등(입간판 · 현수막 · 벽보 · 전단은 제외한다)을 표시하거나 설치한자
2. 제3조의2에 따른 허가를 받지 아니한 광고물(입간판 · 현수막 · 벽보 · 전단은 제외한다)을 표시한 자
3. 제4조제1항, 제5조제1항 또는 제2항제2호 · 제4호를 위반하여 광고물등을 표시하거나 설치한 자
4. 제11조제1항에 따른 등록을 하지 아니하고 옥외광고업을 한 자

② 다음 각 호의 어느 하나에 해당하는 자는 500만원 이하의 벌금에 처한다.

1. 제3조에 따른 신고를 하지 아니하고 광고물등(입간판 · 현수막 · 벽보 · 전단은 제외한다)을 표시하거나 설치한 자

2. 제3조의2에 따른 신고를 하지 아니하고 광고물(입간판 · 현수막 · 벽보 · 전단은 제외한다)을 표시한 자

[전문개정 2011.3.29]

제19조(양벌규정) 법인의 대표자나 법인 또는 개인의 대리인, 사용인, 그 밖의 종업원이 그 법인 또는 개인의 업무에 관하여 제18조의 위반행위를 하면 그 행위자를 벌하는 외에 그 법인 또는 개인에게도 해당 조문의 벌금형을 과(科)한다. 다만, 법인 또는 개인이 그 위반행위를 방지하기 위하여 해당 업무에 관하여 상당한 주의와 감독을 게을리하지 아니한 경우에는 그러하지 아니하다.

[전문개정 2011.3.29]

제20조(과태료)

① 다음 각 호의 어느 하나에 해당하는 자에게는 500만원 이하의 과태료를 부과한다.

1. 제3조 또는 제3조의2를 위반하여 입간판 · 현수막 · 벽보 및 전단을 표시하거나 설치한 자
2. 제11조제1항 단서를 위반하여 변경등록을 하지 아니한 자
3. 제11조제5항을 위반하여 장부를 갖추어 두지 아니한 자
4. 제11조제6항을 위반하여 옥외광고업의 등록번호 등을 영업소별로 표시하지 아니한 자
5. 제16조를 위반하여 광고물에 허가 또는 신고번호 등의 표시를 하지 아니하거나 거짓으로 표시한 자

② 제12조제2항을 위반하여 교육을 이수하지 아니한 자에게는 100만원 이하의 과태료를 부과한다.

③ 제1항과 제2항에 따른 과태료는 대통령령으로 정하는 바에 따라 시장등 또는 시 · 도지사가 부과 · 징수한다.

[전문개정 2011.3.29]

제20조의2

[종전 제20조의2는 제10조의3으로 이동 〈2011.3.29〉]

제21조 [종전 제21조는 제2조의2로 이동 〈2011.3.29〉]

부칙 〈제10466호,2011.3.29〉

제1조(시행일) 이 법은 공포 후 6개월이 경과한 날부터 시행한다.

제2조(건물의 간판표시계획서 제출에 관한 적용례) 제3조제7항의 개정규정은 이 법 시행 후 「건축법」 제22조에 따라 사용승인을 받은 건물부터 적용한다.

제3조(광고물등의 허가에 관한 경과조치)

① 이 법 시행 당시 종전의 규정에 따라 시 · 도지사의 허가를 받은 광고물등은 제3조제2항의 개정규정에 따라 시장등의 허가를 받은 것으로 본다.

② 이 법 시행 당시 종전의 규정에 따라 시 · 도지사에게 광고물등의 허가를 신청한 경우에는 제3조제2항의 개정규정에 따라 시장등에게 광고물등의 허가를 신청한 것으로 본다.

③ 이 법 시행 당시 종전의 규정에 따라 시장등의 허가 또는 신고를 받은 시 · 도지사가 동일모형으로 설치하는 공공시설물에 표시되는 광고물등은 제3조의2의 개정규정에 따라 시 · 도지사의 허가 또는 신고를 받은 것으로 본다.

④ 이 법 시행 당시 종전의 규정에 따라 시장등에게 시 · 도지사가 동일모형으로 설치하는 공공시설물에 표시되는 광고물등의 허가 또는 신고를 신청한 경우에는 제3조의2의 개정규정에 따라 시 · 도지사에게 광고물등의 허가 또는 신고를 신청한 것으로 본다.

제4조(광고물관리심의위원회에 관한 경과조치) 이 법 시행 당시 광고물관리심의위원회는 이 법에 따른 광고물관리 및 디자인심의위원회로 본다.

제5조(안전도검사에 관한 경과조치) 이 법 시행 당시 종전의 규정에 따라 안전도검사를 받은 광고물등은 제9조의 개정규정에 따라 안전점검을 받은 것으로 본다.

제6조(광고사업협회에 대한 경과조치) 이 법 시행 당시 종전의 규정에 따라 설립된 광고사업협회는 제11조의3의 개정규정에 따라 설립된 옥외광고 사업자단체로 본다.

제7조(광고물 실명제 조례에 대한 경과조치) 제16조제2항의 개정규정에 따라 시 · 도 조례에 위임된 사항은 해당 조례가 제정되어 시행될 때까지 종전의 시 · 군 · 자치구 조례를 적용한다.

제8조(과태료에 관한 경과조치) 이 법 시행 전의 행위에 대하여 과태료 규정을 적용할 때에는 종전의 규정에 따른다.

02 옥외광고물등관리법시행령

[시행 2012.7.9] [대통령령 제23939호, 2012.7.9, 일부개정]

제1장 총 칙

제1조(목적) 이 영은 「옥외광고물등관리법」에서 위임된 사항과 그 시행에 필요한 사항을 규정함을 목적으로 한다.

[전문개정 2011.10.10]

제2조(옥외광고물 표시 대상 교통시설 · 교통수단) 「옥외광고물등관리법」(이하 "법"이라 한다) 제2조제1호에서"대통령령으로 정하는 교통시설 또는 교통수단"이란 다음 각 호의 교통시설 또는 교통수단을 말한다.

1. 다음 각 목의 교통시설
   가. 지하도
   나. 철도역
   다. 지하철역
   라. 공항
   마. 항만
   바. 고속국도
2. 다음 각 목의 교통수단
   가. 「철도산업발전기본법」 제3조제4호에 따른 철도차량(이하 "철도차량"이라 한다) 및 「도시철도법」에 따른 도시철도차량(이하 "도시철도차량"이라 한다)
   나. 「자동차관리법」 제2조제1호에 따른 자동차
   다. 「선박법」 제1조의2제1항제1호 및 제2호에 따른 기선 및 범선(이하 "선박"이라 한다)
   라. 「항공법」 제2조제1호 및 제28호에 따른 항공기 및 초경량비행장치(이하 "항공

기둥"이라 한다)

[전문개정 2011.10.10]

제3조(옥외광고물의 분류) 옥외광고물(이하 "광고물"이라 한다)은 다음 각 호와 같이 분류한다.

1. 가로형 간판: 다음 각 목의 것
   가. 문자 · 도형 등을 목재 · 아크릴 · 금속재 등의 판에 표시하거나 입체형으로 제작하여 건물의 벽면에 가로로 길게 붙이거나 벽면 등에 직접 도료(색상이 표시된 천 · 종이 · 비닐 · 테이프 등을 포함한다. 이하 같다)로 표시하는 옥외광고물
   나. 주유소 또는 가스충전소의 주유기 또는 충전기시설의 차양면(遮陽面)에 상호 · 정유사 등의 명칭을 표시하거나 상호를 현수식(懸垂式)으로 표시하는 광고물
2. 세로형 간판: 문자 · 도형 등을 목재 · 아크릴 · 금속재 등의 판에 표시하거나 입체형으로 제작하여 건물의 벽면 또는 기둥에 세로로 길게 붙이거나 벽면 등에 직접 도료로 표시하는 광고물
3. 돌출간판: 문자 · 도형 등을 표시한 목재 · 아크릴 · 금속재 등의 판이나 이용업소 · 미용업소의 표지등(標識燈)을 건물의 벽면에 튀어나오게 붙이는 광고물
4. 공연간판: 공연 · 영화를 알리기 위한 문자 · 그림 등을 목재 · 아크릴 · 금속재 등의 판에 표시하거나 실물의 모형 등을 제작하여 해당 공연 건물의 벽면에 표시하는 광고물
5. 옥상간판: 건물의 옥상에 따로 삼각형 · 사각형 또는 원형 등의 게시시설을 설치하여 문자 · 도형 등을 표시하거나 승강기탑 · 계단탑 · 망루 · 장식탑 · 옥탑 등 건물의 옥상구조물에 문자 · 도형 등을 직접 표시하는 광고물
6. 지주(支柱) 이용 간판: 다음 각 목의 것
   가. 문자 · 도형 등을 표시한 목재 · 아크릴 · 금속재 등의 판을 지면에 따로 설치한 지주에 붙이는 광고물
   나. 문자 · 도형 등을 따로 설치한 삼각기둥 · 사각기둥 · 원기둥 등의 게시시설 기

둥면에 직접 표시하는 광고물

다. 군사시설, 철도의 주요 경계시설, 공사 현장 등을 가리기 위하여 지주 형태로 설치한 시설물에 문자 · 도형 등을 표시하는 광고물

7. 현수막: 천 · 종이 · 비닐 등에 문자 · 도형 등을 표시하여 건물 등의 벽면, 지주, 게시시설 또는 그 밖의 시설물 등에 매달아 표시하는 광고물
8. 애드벌룬: 비닐 등을 사용한 기구에 문자 · 도형 등을 표시하여 건물의 옥상 또는 지면에 설치하거나 공중에 띄우는 광고물
9. 벽보: 종이 · 비닐 등에 문자 · 그림 등을 표시하여 지정게시판 · 지정벽보판 또는 그 밖의 시설물 등에 붙이는 광고물
10. 전단: 종이 · 비닐 등에 문자 · 그림 등을 표시하여 옥외에서 배부하는 광고물
11. 공공시설물 이용 광고물: 공공의 목적을 위하여 설치하는 인공구조물 또는 편익시설물에 표시하는 광고물
12. 교통시설 이용 광고물: 제2조제1호 각 목의 교통시설에 문자 · 도형 등을 표시하거나 목재 · 아크릴 · 금속재 등의 게시시설을 설치하여 표시하는 광고물
13. 교통수단 이용 광고물: 제2조제2호 각 목의 교통수단 외부에 문자 · 도형 등을 아크릴 · 금속재 등의 판에 표시하여 붙이거나 직접 도료로 표시하는 광고물
14. 선전탑: 도로 등의 일정한 장소에 광고탑을 설치하여 탑면에 문자 · 도형 등을 표시하는 광고물
15. 아치광고물: 도로 등의 일정한 장소에 문틀형 또는 반원형 등의 게시시설을 설치하여 문자 · 도형 등을 표시하는 광고물
16. 창문 이용 광고물: 천 · 종이 · 비닐 등에 문자 · 도형 등을 표시하여 창문 또는 출입문에 직접 붙이거나 문자 · 도형 등을 목재 · 아크릴 · 금속재 등의 판이나 입체형으로 제작하여 창문 또는 출입문을 이용하여 표시하는 광고물

[전문개정 2011.10.10]

제2장 허가 및 신고

제4조(허가 대상 광고물 및 게시시설)

① 법 제3조제1항 전단에 따라 허가를 받아 표시 또는 설치(이하 "표시"라 한다)를 하

여야 하는 광고물은 다음 각 호와 같다.

1. 제3조제1호에 따른 가로형 간판(이하 "가로형 간판"이라 한다) 중 다음 각 목의 어느 하나에 해당하는 것
   가. 한 변의 길이가 10미터 이상인 것
   나. 건물의 4층 이상 층의 옆 벽면 또는 뒷 벽면에 설치하는 것으로서 타사광고(건물을 사용하고 있는 자와 관련이 없는 광고내용을 표시하는 광고물을 말한다. 이하 같다)를 표시하는 것
2. 제3조제3호에 따른 돌출간판(이하 "돌출간판"이라 한다). 다만, 다음 각 목의 어느 하나에 해당하는 것은 제외한다.
   가. 의료기관 · 약국의 표지등("+" 또는 "약"을 표시하는 표지등을 말한다. 이하 같다) 또는 이용업소 · 미용업소의 표지등을 표시하는 것
   나. 윗부분까지의 높이가 지면으로부터 5미터 미만인 것
   다. 한 면의 면적이 1제곱미터 미만인 것
3. 제3조제4호에 따른 공연간판(이하 "공연간판"이라 한다)으로서 최초로 표시하는 것
4. 제3조제5호에 따른 옥상간판(이하 "옥상간판"이라 한다)
5. 제3조제6호에 따른 지주 이용 간판(이하 "지주 이용 간판"이라 한다) 중 윗부분까지의 높이가 지면으로부터 4미터 이상인 것
6. 제3조제8호에 따른 애드벌룬(이하 "애드벌룬"이라 한다)
7. 제3조제11호에 따른 공공시설물 이용 광고물(이하 "공공시설물 이용 광고물"이라 한다)
8. 제3조제12호에 따른 교통시설 이용 광고물(이하 "교통시설 이용 광고물"이라 한다). 다만, 지하도 · 지하철역 · 철도역 · 공항 또는 항만의 시설 내부에 표시하는 것은 제외한다.
9. 제3조제13호에 따른 교통수단 이용 광고물(이하 "교통수단 이용 광고물"이라 한다) 중 다음 각 목의 어느 하나에 해당하는 교통수단을 이용하는 것
   가. 「여객자동차 운수사업법」에 따른 사업용 자동차(이하 "사업용 자동차"라 한다)
   나. 「화물자동차 운수사업법」에 따른 사업용 화물자동차(이하 "사업용 화물자동

차"라 한다)

다. 항공기등 중 비행선(이하 "비행선"이라 한다)

10. 제3조제14호에 따른 선전탑(이하 "선전탑"이라 한다)

11. 제3조제15호에 따른 아치광고물(이하 "아치광고물"이라 한다)

12. 전기를 이용하는 광고물(제1호부터 제11호까지의 광고물에 해당하지 않는 것으로 한정한다)로서 다음 각 목의 어느 하나에 해당하는 광고물

가. 광원(光源)이 직접 노출되어 표시되는 네온류(유리관 내부에 수은·네온·아르곤 등의 기체를 집어넣어 문자 또는 모양을 나타내는 것을 말한다. 이하 같다) 광고물 또는 전광류[발광다이오드, 액정표시장치 등 전자식 발광(發光) 또는 화면변환의 특성을 이용하여 표시내용이 수시로 변화하는 문자 또는 모양을 나타내는 것을 말한다. 이하 같다] 광고물

나. 빛이 점멸하거나 동영상 변화가 있는 네온류 및 전광류 광고물

② 법 제3조제1항 전단에 따라 허가를 받아 설치하여야 하는 게시시설은 다음 각 호와 같다.

1. 제1항 각 호의 광고물을 설치하기 위한 게시시설

2. 면적이 30제곱미터를 초과하는 현수막 게시시설

[전문개정 2011.10.10]

제5조(신고 대상 광고물 및 게시시설)

① 법 제3조제1항 전단에 따라 신고를 하고 표시하여야 하는 광고물은 다음 각호와 같다.

1. 가로형 간판 중 다음 각 목의 어느 하나에 해당하지 아니하는 것

가. 제4조제1항제1호에 따른 허가 대상인 것

나. 면적 5제곱미터 이하로서 다음의 요건을 모두 갖춘 것

1) 건물의 3층 이하 층의 앞 벽면(도로에 접한 면은 모두 앞 벽면으로 본다)에 표시하는 것 또는 4층 이상 층의 가장 높은 층에 해당 건물을 사용하고 있는 자의 성명·상호 또는 도형을 입체형으로 표시하는 것(3면에 표시할 수 있으며, 한 면에 하나의 간판만 설치할 수 있다)

2) 네온류 또는 전광류를 사용하지 아니하는 것

2. 세로형 간판. 다만, 다음 각 목의 요건을 모두 갖춘 것은 제외한다.
   가. 건물의 출입구 양 옆에 표시하는 것
   나. 네온류 또는 전광류를 사용하지 아니하는 것
3. 최초로 표시하는 공연간판을 제외한 공연간판
4. 제4조제1항제2호 각 목의 어느 하나에 해당하는 돌출간판
5. 윗부분까지의 높이가 지면으로부터 4미터 미만인 지주 이용 간판
6. 현수막
7. 제4조제1항제9호에 따른 허가 대상 교통수단 이용 광고물을 제외한 교통수단 이용 광고물
8. 벽보
9. 전단

② 법 제3조제1항 전단에 따라 신고를 하고 표시하여야 하는 게시시설은 제1항 각 호의 광고물을 설치하기 위한 게시시설로 한다. 다만, 면적이 30제곱미터를 초과하는 현수막 게시시설은 제외한다.

[전문개정 2011.10.10]

제6조(허가 · 신고 대상 지역 · 장소 및 물건)

① 법 제3조제1항제5호에서 "대통령령으로 정하는 그 부근의 지역"이란 도로 · 철도 · 공항 · 항만 · 궤도(軌道) 및 하천의 경계지점으로부터 직선거리 1킬로미터 이내의 지역으로서 경계지점의 지상 2미터의 높이에서 직접 보이는 지역을 말한다.

② 법 제3조제1항제6호에서 "대통령령으로 정하는 교통수단"이란 제2조제2호 각 목의 교통수단을 말한다.

③ 법 제3조제1항제7호에서 "대통령령으로 정하는 지역 · 장소 및 물건"이란 다음 각 호의 지역 · 장소 및 물건을 말한다.

1. 「국토의 계획 및 이용에 관한 법률」에 따른 지구단위계획구역
2. 「관광진흥법」 제2조제6호 및 제7호에 따른 관광지 또는 관광단지
3. 특별시장 · 광역시장 · 도지사 또는 특별자치도지사(이하 "시 · 도지사"라 한다)가 법 제7조에 따라 해당 특별시 · 광역시 · 도 또는 특별자치도(이하 "시 · 도"라 한다)에 설치된 광고물관리및디자인심의위원회(이하 "시 · 도 심의위원회"라 한다)

의 심의를 거쳐 고시하는 지역 · 장소 및 물건

[전문개정 2011.10.10]

제7조(허가 및 신고의 절차)

① 법 제3조제1항 전단에 따라 광고물 또는 게시시설(이하 "광고물등"이라 한다)의 표시 허가를 받으려는 자는 별지 제1호서식의 신청서에 다음 각 호의 서류 · 도서 등을 첨부하여 특별자치도지사 · 시장 · 군수 또는 자치구의 구청장(이하 "시장등"이라 한다)에게 제출하여야 한다. 다만, 특별자치도 · 시 · 군 또는 구(자치구를 말한다. 이하 같다)의 조례(이하 "시 · 군 · 구 조례"라 한다)로 정하는 광고물등의 경우에는 해당 시 · 군 · 구조례로 정하는 바에 따라 제1호에 따른 원색사진 및 제2호에 따른 서류 · 도서의 일부를 제출하지 아니할 수 있다.

1. 광고물등을 표시하려는 장소의 주변을 알 수 있는 원색사진 및 광고물등의 원색도안
2. 광고물등의 모양 · 규격 · 재료 · 구조 · 디자인 등에 관한 설명서 및 설계도서
3. 다른 사람이 소유하거나 관리하는 토지나 물건 등에 광고물등을 표시하려는 경우에는 그 소유자 또는 관리자의 승낙을 받았음을 증명하는 서류
4. 법 제7조에 따라 해당 시 · 군 · 구에 설치된 광고물관리및디자인심의위원회(이하 "시 · 군 · 구 심의위원회"라 한다)의 심의 관련 서류(시 · 군 · 구 조례에서 시 · 군 · 구 심의위원회의 심의를 거치도록 한 광고물등만 해당한다)
5. 구조안전확인서류(시 · 군 · 구 조례에서 제출하도록 한 경우만 해당한다)

② 법 제3조제1항 전단에 따라 광고물등의 표시 신고를 하려는 자는 별지 제1호서식의 신고서에 제1항제3호부터 제5호까지의 서류를 첨부하여 시장등에게 제출하여야 한다.

③ 시장등은 제1항 또는 제2항에 따른 허가를 하거나 신고를 수리하였으면 별지 제2호서식의 허가증 또는 신고증명서를 신청인에게 발급하여야 한다. 다만, 현수막 · 벽보 · 전단에 대해서는 시 · 군 · 구 조례로 정하는 조치로 신고증명서 발급을 갈음할 수 있다.

④ 같은 허가 대상이거나 같은 신고 대상인 광고물과 그 게시시설에 대하여 함께 제1항 또는 제2항에 따른 허가를 신청하거나 신고를 하는 경우 그 광고물에 대한 허가 또

는 신고 수리는 게시시설에 대한 허가 또는 신고 수리를 포함하는 것으로 본다.
[전문개정 2011.10.10]

제8조(허가 및 신고 수리의 기준) 법 제3조제3항에 따른 허가 및 신고 수리의 기준은 다음 각 호와 같다.

1. 광고물등의 표시가 법 제5조에 따라 금지되는 것이 아닐 것
2. 광고물등의 표시방법은 제3장부터 제5장까지의 규정을 준수할 것
3. 광고물등의 표시기간은 별표 1의 기준에 맞을 것

[전문개정 2011.10.10]

제9조(변경허가 및 변경신고의 절차)

① 법 제3조제1항 전단에 따라 광고물등의 표시 허가를 받은 자는 다음 각 호의 어느 하나에 해당하는 사항을 변경하려는 경우에는 같은 항 후단에 따라 시장등의 허가를 받아야 한다. 다만, 시 · 군 · 구 조례로 정하는 광고물등의 경우에는 시 · 군 · 구 조례로 정하는 바에 따라 시장등에게 신고하고 광고내용을 변경할 수 있으며, 전광류를 사용하는 광고물의 경우에는 허가 또는 신고 없이 광고내용을 변경할 수 있다.

1. 광고물등의 규격
2. 사용자재
3. 광고내용
4. 표시 위치 또는 장소(같은 건물에서의 위치 또는 장소를 말한다. 이하 같다)

② 제1항에 따라 변경허가를 받으려는 자는 별지 제1호서식의 신청서에 변경사항에 관한 제7조제1항 각 호의 서류 및 도서와 허가증을 첨부하여 시장등에게 제출하여야 한다. 다만, 광고내용만을 변경하려는 경우에는 그 광고내용을 알 수 있는 원색사진 또는 원색도안과 허가증만을 첨부한다.

③ 법 제3조제1항 전단에 따라 광고물등의 표시 허가를 받은 자는 본인 또는 법 제10조에 따른 광고물 관리자의 주소 또는 성명(법인인 경우에는 그 명칭, 주된 사무소의 소재지 및 대표자의 성명)이 변경되었을 때에는 변경된 날부터 15일 이내에 별지 제3호서식의 신고서에 변경내용을 확인할 수 있는 서류를 첨부하여 시장등에게 신고하여야 한다.

④ 법 제3조제1항 전단에 따라 광고물등의 표시 신고를 한 자는 제1항 각 호의 어느 하나에 해당하는 사항을 변경 하려는 경우에는 법 제3조제1항 후단에 따라 시장등에게 신고하여야 한다. 다만, 건물의 벽면에 표시하는 현수막(벽면의 게시시설을 이용하는 것을 포함한다)의 광고내용은 신고 없이 변경할 수 있다.

⑤ 제4항 본문에 따라 신고를 하려는 자는 별지 제1호서식의 신고서에 제7조제2항에 따른 서류 및 도서와 신고증명서를 첨부하여 시장등에게 제출하여야 한다.

⑥ 시장등은 제1항부터 제5항까지의 규정에 따라 변경허가를 하거나 변경신고를 수리하였을 때에는 변경된 내용을 반영하여 허가증 또는 신고증명서를 새로 발급하여야 한다.

[전문개정 2011.10.10]

제10조(광고물등 표시기간의 연장)

① 법 제3조제1항 전단에 따라 허가를 받거나 신고한 광고물등의 표시기간을 연장 하려는 자는 그 표시기간의 만료일 전후 30일 이내에 별지 제4호서식의 신청서 또는 신고서를 시장등에게 제출하여 허가를 받거나 신고하여야 한다. 이 경우 허가증 또는 신고증명서를 첨부하여야 하며, 종전의 표시기간이 1년 이상인 광고물등의 경우에는 다음 각 호의 서류를 추가로 첨부하여야 한다. 〈개정 2012.7.9〉

1. 광고물등의 원색사진(신고의 경우는 제외한다)
2. 제7조제1항제3호의 서류[자사광고(자기가 사용하고 있는 건물 · 시설물 · 점포 · 영업소 등에 자기의 광고내용을 표시하는 광고물등을 말한다. 이하 같다)인 경우는 제외한다]

② 제1항에 따른 허가 대상 광고물등으로서 다음 각 호의 어느 하나에 해당하는 광고물등의 경우에는 시 · 군 · 구 조례로 정하는 바에 따라 시장등에게 신고하고 표시기간을 연장할 수 있다.

1. 시 · 군 · 구 조례로 정하는 광고물등
2. 제37조제2항제3호에 따른 안전점검에 합격한 광고물등으로서 시 · 군 · 구 조례로 정하는 광고물등

③ 시장등은 제1항 및 제2항에 따라 표시기간 연장허가를 하거나 신고를 수리하였을 때에는 연장된 표시기간이 기재된 허가증 또는 신고증명서를 새로 발급하여야 한다.

이 경우 새로운 표시기간은 종전의 표시기간 만료일 다음 날 부터 시작하는 것으로 한다.

[본조신설 2011.10.10] [종전 제10조는 제24조로 이동 〈2011.10.10〉]

제11조(광역단위 광고물에 대한 허가 등) 법 제3조의2에 따른 공공시설물 이용 광고물의 허가 · 신고 또는 변경허가 · 변경신고에 관하여는 제7조부터 제10조까지의 규정을 준용한다. 이 경우 "시장등"은 "시 · 도지사"로, "시 · 군 · 구 조례"는 "시 · 도 조례"로 본다.

[전문개정 2011.10.10]

제3장 광고물등의 표시방법 〈신설 2011.10.10〉

제12조(일반적 표시방법)

① 법 제3조제3항에 따른 광고물등의 표시방법은 이 장에서 정하는 바에 따른다.

② 광고물의 문자는 원칙적으로 한글맞춤법, 국어의 로마자표기법 및 외래어표기법 등에 맞추어 한글로 표시하여야 하며, 외국문자로 표시할 경우에는 특별한 사유가 없으면 한글과 병기(倂記)하여야 한다.

③ 광고물등은 상품 · 업소 등을 상징하는 도형 등으로 표시할 수 있다.

④ 광고물등의 모양은 아름다운 경관과 안전에 지장이 없는 범위에서 삼각형 · 사각형 · 원형 또는 그 밖의 모형 등으로 표시할 수 있다.

⑤ 광고물등은 보행자 및 차량의 통행 등에 지장이 없도록 표시하여야 하며, 바람이나 충격 등으로 인하여 떨어지거나 넘어지지 않도록 하여야 한다.

⑥ 광고물등에는 형광도료 또는 야광도료(도료를 바른 테이프를 포함한다)를 사용해서는 아니 된다.

⑦ 지면이나 건물, 그 밖의 인공구조물 등에 고정되어야 하며, 이동할 수 있는 간판을 설치해서는 아니 된다.

⑧ 한 업소에서 표시할 수 있는 간판의 총수량은 3개(도로의 굽은 지점에 접한 업소이거나 건물의 앞면과 뒷면에 도로를 접한 업소는 4개) 이내의 범위에서 시 · 도 조례로 정한다.

⑨ 제1항부터 제8항까지에서 규정한 방법 외에 추가적인 표시방법은 시 · 도 조례로 정할 수 있다.

[전문개정 2011.10.10] [제13조에서 이동, 종전 제12조는 제25조로 이동 <2011.10.10>]

제13조(건물 등의 벽면을 이용하는 광고물등의 표시방법) 건물 등의 벽면을 이용하는 광고물등은 다음 각 호의 기준에 따라 표시하여야 한다.

1. 표시 위치 및 문자의 크기 등이 해당 건물, 인공구조물 및 다른 광고물등과 조화를 이루어야 한다.
2. 타사광고를 표시해서는 아니 된다. 다만, 「국토의 계획 및 이용에 관한 법률」에 따른 상업지역에 있는 건물(하나의 건물이 상업지역과 다른 용도지역에 걸쳐 있는 경우에는 상업지역에 있는 것으로 본다. 이하 같다)로서 시 · 도 조례로 정하는 건물에는 타사광고를 표시할 수 있다.
3. 광고물등이 출입문 또는 창문을 막아서는 아니 된다.
4. 영업내용의 표시면적은 간판 각 면의 4분의 1 이내여야 한다.
5. 광고물등에는 질이 낮은 자재를 사용해서는 아니 된다.
6. 제1호부터 제5호까지의 사항 외에 건물 등의 벽면을 이용하는 광고물등의 표시에 관하여 시 · 도 조례로 정하는 사항을 따라야 한다.

[전문개정 2011.10.10] [제14조에서 이동, 종전 제13조는 제12조로 이동 <2011.10.10>]

제14조(전기를 사용하는 광고물등의 표시방법)

① 전기를 사용하는 광고물등은 다음 각 호의 기준에 따라 표시하여야 한다.

1. 전기 자재는 「전기용품안전 관리법」에 따른 안전인증을 받은 것을 사용하여야 한다.
2. 전기배선은 외부에 노출되지 아니하여야 하며, 전선을 연결하는 부분은 겉을 감싸야 한다.
3. 전기공사의 설계와 시공은 「전기공사업법」에 맞게 하여야 한다.

② 광고물등에 백열등 · 형광등을 사용하여 표시하는 경우에는 백열등 · 형광등이 간판의 외부에 직접 노출되지 않도록 하여야 한다.

③ 광고물등에 네온류를 사용하는 경우에는 다음 각 호의 기준에 따라 표시하여야

한다.

1. 제24조제2항 각 호의 광고물등을 표시하는 경우에도 「국토의 계획 및 이용에 관한 법률」에 따른 전용주거지역 · 일반주거지역(너비 15미터 이상의 도로변은 제외한다) 또는 시설보호지구에서는 사용할 수 없다. 다만, 다음 각 목의 어느 하나에 해당하는 경우는 예외로 한다.
   가. 의료기관 또는 약국에 표시하는 경우
   나. 광원이 직접 노출되지 않도록 덮개를 씌워 표시하는 경우로서 빛이 점멸하지 아니하고 동영상 변화가 없는 경우
2. 시 · 도지사가 주거환경 등의 보장을 위하여 제1호 각 목 외의 부분 본문에 따른 지역 · 지구와 이웃한 지역 중 시 · 도 조례로 정하는 바에 따라 시 · 도 심의위원회의 심의를 거쳐 고시한 지역에서는 네온류를 사용할 수 없다.
3. 빛이 점멸하거나 동영상 변화가 있는 광고물을 도로와 잇닿은 장소에 차량의 진행 방향 정면으로 표시하는 경우에는 그 광고물의 아랫부분까지의 높이는 지면으로부터 10미터 이상이어야 한다.
4. 교통신호기로부터 보이는 직선거리 30미터 이내의 지역에는 빛이 점멸하거나 신호등과 같은 색깔을 나타내는 광고물을 표시해서는 아니 된다. 다만, 지면으로부터의 15미터 이상 높이에 표시하는 경우에는 그러하지 아니하다.
5. 빛의 밝기 및 색깔에 관하여 시 · 도 조례로 정하는 바에 따라야 한다.

④ 광고물등에 전광류를 사용하는 경우에는 다음 각 호의 기준에 따라 표시하여야 한다.

1. 제3항 각 호의 표시기준을 준용하여 표시하여야 한다.
2. 국가 또는 지방자치단체가 의뢰하는 공공목적의 광고내용을 시간당 표출비율의 100분의 20의 범위에서 시 · 도 조례로 정하는 비율 이상 표출하여야 한다. 이 경우 국가와 지방자치단체가 의뢰하는 광고내용의 표출비율은 같아야 한다.
3. 제2호에 따라 국가가 의뢰하는 공공목적 광고의 구체적인 표출방법에 관하여 문화체육관광부장관이 정하는 바에 따라야 한다.
4. 제2호에 따라 지방자치단체가 의뢰하는 공공목적 광고의 구체적인 표출방법에 관하여 시 · 도지사가 시장등의 의견을 수렴하여 정하는 바에 따라야 한다.

⑤ 시 · 도지사는 관계 법령에 따라 전기의 공급 또는 사용이 제한되는 광고물에 대해

서는 그 표시를 금지하거나 제한할 수 있다.

[전문개정 2011.10.10] [제31조에서 이동, 종전 제14조는 제13조로 이동 <2011.10.10>]

제15조(옥상간판의 표시방법) 옥상간판은 다음 각 호의 기준에 따라 표시하여야 한다.

1. 다음 각 목의 건물에만 표시할 수 있다.
   가. 「국토의 계획 및 이용에 관한 법률」에 따른 상업지역에 있는 건물 및 같은 법에 따른 공업지역에 있는 건물(도시지역 외에 있는 공장 및 그 부속건물은 공업지역에 있는 것으로 본다. 이하 같다). 다만, 시·도지사가 주거 또는 생활 환경이나 도시미관을 해칠 우려가 있다고 인정하여 시·도 심의위원회의 심의를 거쳐 고시한 지역에 있는 건물은 제외한다.
   나. 철도역·공항·항만·버스터미널 및 트럭터미널의 건물
   다. 나목에 따른 건물의 부지와 잇닿은 지역으로서 시·도지사가 특히 필요하다고 인정하여 시·도 심의위원회의 심의를 거쳐 고시한 지역에 있는 건물
   라. 시·도지사가 지역여건상 특히 필요하다고 인정하여 시·도 심의위원회의 심의를 거쳐 고시한 지역에 있는 건물
2. 다음 각 목의 어느 하나에 해당하는 경우에는 제1호에 따라 옥상간판을 표시할 수 있는 건물 외의 건물에도 옥상 간판을 표시할 수 있다. 다만, 제1호가목 단서에 따른 건물에는 표시할 수 없다.
   가. 자기 건물(자기가 그 건물 연면적의 2분의 1 이상을 사용하고 있는 건물을 말한다. 이하 같다)에 그 건물명이나 자사광고를 표시하는 경우(네온류 또는 전광류를 사용하는 경우에는 광원이 직접 노출되지 않도록 덮개를 씌워 표시하되 빛이 점멸하지 아니하고 동영상 변화가 없는 경우로 한정한다)
   나. 해당 건물을 사용 중인 종교시설에서 네온류 또는 전광류를 사용하여 표시하는 경우로서 빛이 점멸하지 아니하고 동영상 변화가 없는 경우
3. 옥상간판은 다음 각 목의 구분에 따른 층수의 건물에만 표시할 수 있다. 다만, 시·도지사가 지역적 특색을 반영하기 위하여 필요하다고 인정하여 시·도 심의위원회의 심의를 거쳐 고시한 지역에서는 다음 각 목의 구분에 따른 층수에 하나의 층을 4미터로 적용하여 계산한 높이를 충족하는 건물에도 표시할 수 있다.
   가. 특별시의 경우: 5층 이상 15층 이하의 건물

나. 광역시(군 지역은 제외한다)의 경우: 4층 또는 5층 중 해당 광역시의 조례로 정하는 층수 이상 15층 이하의건물

다. 시(읍 · 면 지역은 제외한다)의 경우: 4층 이상 15층 이하의 건물

라. 군(시의 읍 · 면 지역을 포함한다)의 경우: 3층 이상 15층 이하의 건물

4. 다음 각 목의 어느 하나에 해당하는 경우에는 제3호에 따라 옥상간판을 표시할 수 없는 건물에도 옥상간판을 표시할 수 있다.

가. 16층 이상의 자기 건물에 그 건물명이나 자기의 광고내용을 입체형 또는 도료로 직접 표시하는 경우

나. 제3호에 따른 지역별 최하 허용층수 미만인 자기 건물에 표시하는 경우로서 다음의 요건을 모두 갖춘 경우

1) 해당 건물명이나 자기의 광고내용을 표시하는 것일 것

2) 간판의 높이는 180센티미터 이하일 것

3) 간판의 한 면에만 표시할 것

4) 네온류 또는 전광류를 사용하는 경우에는 광원이 직접 노출되지 않도록 덮개를 씌워 표시하되 빛이 점멸하지 아니하고 동영상 변화가 없을 것

다. 「국토의 계획 및 이용에 관한 법률」에 따른 공업지역에 있는 공장 및 그 부속건물에 표시하는 경우

라. 철도역 · 공항 · 항만 · 버스터미널 및 트럭터미널의 건물에 표시하는 경우

5. 「국토의 계획 및 이용에 관한 법률」에 따른 공업지역에 있는 공장 및 그 부속건물에는 하나의 옥상간판에 그 공장의 상호와 그 공장에서 생산되는 제품의 광고만을 표시할 수 있다.

6. 옥상간판의 규격은 다음 각 목의 기준에 따른다.

가. 가장 넓은 면 또는 단면(공 모양 등 평면이 없는 간판만 해당한다)의 최대 길이는 30미터 이내여야 하고, 간판 각 면의 면적합계는 1천50제곱미터 이내여야 한다.

나. 간판의 높이는 다음의 기준에 따른다.

1) 15미터 이내로 하되, 건물 높이의 2분의 1을 초과해서는 아니 된다.

2) 높이는 해당 건물의 옥상 바닥부터 산정하되, 제4호나목에 따라 표시하는 간판의 경우에는 옥상난간 벽면의 아랫부분부터 위쪽으로 110센티미터가 되는 지

점부터 산정한다.

3) 옥상구조물 위에 표시하는 경우에는 그 옥상구조물의 수평투영면적의 합계가 해당 건물 건축면적의 8분의1 이하이거나 옥상구조물의 수평투영면적의 합계가 해당 건물 건축면적의 8분의 1을 초과하고 해당 간판이 옥상구조물 벽면의 직상수직면(直上垂直面)으로부터 튀어나와 있으면 옥상구조물의 높이는 간판 높이에 산입(算入)하고 건물 높이에는 산입하지 아니한다.

다. 옥상간판을 표시하는 건물의 높이 · 층수 등의 산정방법은 나목2) 및 3)을 제외하고는 「건축법 시행령」에 따른다.

7. 간판은 옥상 바닥의 끝부분으로부터 안쪽에 표시하여야 한다.

8. 「국토의 계획 및 이용에 관한 법률」에 따른 상업지역 및 공업지역에서는 옥상간판 간의 수평거리가 30미터부터 50미터까지의 범위에서 시 · 도 조례로 정하는 거리 이상이어야 한다. 다만, 가목 및 나목의 간판은 본문에 따른 수평거리를 적용할 때에는 이를 간판으로 보지 아니하며, 다목 및 라목의 간판 간의 거리에 대해서는 본문에 따른 수평거리 제한을 적용하지 아니한다.

가. 자기 건물에 해당 건물명이나 자기의 성명 · 주소 · 전화번호 · 상호 또는 이를 상징하는 도형을 표시하는 간판

나. 「국토의 계획 및 이용에 관한 법률」에 따른 공업지역에 있는 공장 및 그 부속건물에 표시하는 간판

다. 특별시 및 광역시(군 지역은 제외한다)에 있는 왕복 8차로 이상의 도로를 사이에 두고 있는 간판

라. 시 및 군 지역에 있는 왕복 6차로 이상의 도로를 사이에 두고 있는 간판

9. 목조건물 · 가설건축물 또는 「건축법」 제22조에 따른 사용승인을 받지 아니한 건물에는 간판 또는 게시시설을 설치하거나 표시해서는 아니 된다.

10. 옥상간판은 「건축법」에 맞게 설계하여야 하며, 다음 각 목의 어느 하나에 해당하는 것을 제외하고는 「건축사법」에 따라 건축사 업무신고를 한 자가 설계하여야 한다.

가. 높이가 180센티미터 이하인 간판

나. 게시시설 없이 옥상구조물에 입체형 또는 도료로 직접 표시하는 간판

11. 제1호부터 제10호까지의 규정에도 불구하고 제24조제2항제6호가목에 따른 가

림간판인 옥상간판, 볼링핀 모형의 옥상간판 등의 표시방법은 시 · 도 조례로 따로 정한다.

[전문개정 2011.10.10] [제19조에서 이동, 종전 제15조는 삭제 〈2011.10.10〉]

제16조(지주 이용 간판의 표시방법)

① 건물의 부지 안에 설치하는 지주 이용 간판은 다음 각 호의 기준에 따라 표시하여야 한다.

1. 건물을 사용하고 있는 자의 성명 · 주소 · 상호 · 전화번호 또는 이를 상징하는 도형(주유소 또는 가스충전소의 표시등을 포함한다)만 표시할 수 있다.
2. 조명에 네온류 또는 전광류를 사용하거나 점멸하는 방법을 사용해서는 아니 된다. 다만, 「국토의 계획 및 이용에 관한 법률」에 따른 상업지역과 「관광진흥법」에 따른 관광지 및 관광단지에서는 네온류를 사용하거나 점멸하는 방법을 사용할 수 있다.
3. 그 밖에 건물의 부지 안에 설치하는 지주 이용 간판의 표시에 관하여 시 · 도 조례로 정하는 바에 따라야 한다.

② 건물의 부지 밖에 설치하는 지주 이용 간판은 다음 각 호의 기준에 따라 표시하여야 한다.

1. 너비가 6미터 이상인 도로변의 가장 가까운 지점에서 직접 보이지 아니하는 업소 등만 표시할 수 있다.
2. 전기를 사용해서는 아니 되며, 녹색 · 청색 등 각종 도로표지 · 교통안전표지 등의 색상과 혼동될 우려가 있는 색깔을 사용해서는 아니 된다.
3. 표시내용은 특정한 지역 · 장소 · 건물 또는 업소 등의 명칭 · 위치 등을 유도하거나 안내하는 것만 표시할 수 있다.
4. 그 밖에 건물 부지 밖에 설치하는 지주 이용 간판의 표시방법에 관하여 시 · 도 조례로 정하는 바에 따라야 한다.

③ 제1항과 제2항에도 불구하고 제24조제2항제6호다목에 따른 가림간판인 지주 이용 간판의 표시방법은 시 · 도 심의위원회의 심의를 거쳐 시 · 도지사가 따로 정할 수 있다. 이 경우 도시지역 외의 지역의 고속국도 · 일반국도 · 지방도 또는 군도의 도로경계선으로부터 수평거리 500미터 이내인 지역에 대해서는 그 지역을 관할하는 지방

경찰 청장과 협의하여야 한다.

④ 제1항과 제2항에도 불구하고 제24조제2항제6호라목에 따른 가설울타리에 설치하는 지주 이용 간판은 다음 각 호의 기준에 따라 표시하여야 한다.

1. 가설울타리에 직접 도료 등으로 표시하여야 하며, 전기를 사용해서는 아니 된다.
2. 시공자 · 발주자 등 공사내용을 알리거나 공공의 목적을 위한 내용만 표시할 수 있다.
3. 그 밖에 시 · 도 심의위원회의 심의를 거쳐 시 · 도지사가 따로 정하는 사항이 있으면 이에 따라야 한다.

[전문개정 2011.10.10] [제20조에서 이동 〈2011.10.10〉]

제17조(공공시설물 이용 광고물의 표시방법) 공공시설물 이용 광고물은 다음 각 호의 기준에 따라 표시하여야 한다.

1. 다음 각 목의 공공시설물에만 표시할 수 있다.
   가. 철도역 · 공항 · 항만 · 버스터미널 및 트럭터미널의 광장에 설치되어 있는 시계탑 · 조명탑 · 교통안내 · 안내게시판 · 관광안내도 및 일기예보탑
   나. 고속국도 휴게소에 설치되어 있는 안내탑 · 시계탑 · 교통안내소 · 관광안내도 및 게시판
   다. 버스승강장 · 택시승강장 · 노선버스안내표지판 · 지정벽보판 및 현수막 지정게시대
   라. 가목부터 다목까지에 규정되지 아니한 공공시설물 중 시 · 도 조례로 정하는 편익시설물로서 시장등이 시 · 군 · 구 심의위원회의 심의를 거쳐 인정하는 시설물. 다만, 가목부터 다목까지의 공공시설물 외에 국가, 지방자치 단체 또는 제29조제2항 각 호의 법인(이하 "국가등"이라 한다)이 시책 홍보 등을 목적으로 광고물등을 표시한 공공시설물과 제29조제3항제5호부터 제7호까지의 광고물은 편익시설물로 정할 수 없다.
2. 공공시설물의 효용을 해쳐서는 아니 된다.
3. 시 · 도지사 또는 시장등이 지정하는 부분에 표시하여야 한다.
4. 표시면적은 공공시설물 면적의 4분의 1 이내여야 한다.
5. 그 밖에 지역 특성, 보행자 및 차량의 통행과 안전, 도시미관 및 쾌적한 생활 환경

조성을 위하여 특히 필요하다고 인정되어 시 · 도 조례로 정하는 사항을 지켜야 한다.

[전문개정 2011.10.10] [제26조에서 이동, 종전 제17조는 삭제 〈2011.10.10〉]

제18조(교통시설 이용 광고물의 표시방법) 교통시설 이용 광고물은 이 영에서 정하는 광고물의 표시방법에 따라 표시하여야 한다. 다만, 지하도 · 지하철역 · 철도역 · 공항 또는 항만의 시설 내부에 표시하는 경우에는 다음 각 호의 기준에 따라야 한다.

1. 시설 외부에서 광고내용이 보이지 않도록 표시하는 경우의 표시방법은 그 시설의 관리청이 따로 정할 수 있다. 이 경우 옥외광고를 통한 수익에 치중하여 이용자의 편의, 도시미관을 해치거나 위해 방지에 소홀하지 않도록 하여야 한다.
2. 시설 외부에서 광고내용이 보이도록 표시하는 경우에는 도시미관 등을 위하여 그 시설의 관리청이 해당 지역의 시장등과 미리 협의하여야 한다.

[전문개정 2011.10.10] [제27조에서 이동 〈2011.10.10〉]

제19조(교통수단 이용 광고물의 표시방법)

① 사업용 자동차와 사업용 화물자동차의 외부에는 다음 각 호의 기준에 따라 광고물을 표시하여야 한다.

1. 창문 부분을 제외한 차체의 옆면에 표시하여야 한다.
2. 표시면적은 각 면(창문 부분은 제외한다) 면적의 2분의 1 이내여야 한다.

② 비행선에는 다음 각 호의 기준에 따라 광고물을 표시하여야 한다.

1. 비행선의 옆면에 표시하되, 튀어나오게 표시하거나 현수식으로 표시해서는 아니 된다.
2. 시장등은 비행안전을 위하여 광고물등의 표시 허가를 신청한 자에게 비행구간 · 비행시간 등이 포함된 비행계획을 제출하도록 하여 비행지역을 관할하는 지방항공청장과 협의하여야 한다.

③ 철도차량 및 도시철도차량의 외부에 표시하는 광고물의 표시면적은 차량 1량의 각 옆면(창문 부분은 제외한다)면적의 4분의 1의 범위에서 해당 시설의 관리청이 따로 정한다.

④ 선박의 외부에는 다음 각 호의 기준에 따라 광고물을 표시하여야 한다.

1. 선체 옆면에 표시하되, 튀어나오게 표시하거나 현수식으로 표시해서는 아니 된다.
2. 표시면적은 각 면(창문 부분은 제외한다) 면적의 2분의 1 이내여야 한다.
3. 광고물이 선박의 명칭, 선적항, 만재흘수선 및 흘수의 치수 등 해사(海事)에 관한 법령에 따라 표시하여야 하는 사항을 가리거나 그 식별에 지장을 주어서는 아니 된다.

⑤ 제1항부터 제4항까지의 규정에 따른 교통수단 외의 교통수단 외부에는 다음 각 호의 기준에 따라 광고물을 표시 하여야 한다.

1. 자기가 소유하는 자동차 또는 항공기등(비행선은 제외한다) 외부의 창문 부분을 제외한 본체 옆면에 표시하여야 한다.
2. 소유자의 성명 · 명칭 · 주소 · 업소명 · 전화번호, 자기의 상표 또는 상징형 도안만 표시할 수 있다.
3. 표시면적은 각 면(창문 부분은 제외한다) 면적의 2분의 1 이내여야 한다.

⑥ 교통수단 이용 광고물에는 전기를 사용하거나 발광방식의 조명을 하여서는 아니 되며, 보행자 및 차량의 통행에 방해가 되지 않도록 광고물을 밀착하여 붙여야 한다.

[전문개정 2011.10.10] [제28조에서 이동, 종전 제19조는 제15조로 이동 〈2011.10.10〉]

제20조(그 밖의 광고물등의 표시방법) 제3조 각 호의 광고물등으로서 이 장에 규정되지 아니한 광고물등의 표시방법 또는 배부방법은 시 · 도 조례로 정한다.

[전문개정 2011.10.10] [제30조의2에서 이동, 종전 제20조는 제16조로 이동 〈2011.10.10〉]

제4장 표시방법의 완화 〈신설 2011.10.10〉

제21조(표시방법의 완화)

① 법 제3조제4항에서 "상업지역 · 관광지 · 관광단지 등 대통령령으로 정하는 지역"이란 다음 각 호의 지역을 말한다.

1. 「국토의 계획 및 이용에 관한 법률」에 따른 상업지역 및 미관지구
2. 「국토의 계획 및 이용에 관한 법률」에 따른 지구단위계획구역
3. 너비가 30미터 이상인 도로변
4. 「관광진흥법」에 따른 관광지 · 관광단지 및 관광특구(제24조제1항제1호다목 · 사

목 및 아목에 따른 지구 · 지역 등은 제외한다)

5. 법 제4조제2항에 따라 시 · 도지사가 지정한 특정구역

② 제1항제5호의 지역에서는 법 제4조제2항에 따라 허가 또는 신고의 기준이 강화되지 아니한 광고물등에 대해서만 표시방법을 완화하여 적용할 수 있다.

③ 시 · 도지사는 법 제3조제4항에 따라 특정구역을 지정하여 표시방법을 완화하려면 주민의 의견을 듣고 시 · 도 심의위원회의 심의를 거쳐야 한다.

④ 시 · 도지사는 법 제3조제4항에 따라 지정한 특정구역의 범위 및 표시방법의 완화 내용을 고시하여야 한다.

⑤ 법 제3조제4항에 따른 특정구역의 세부적인 지정절차는 시 · 도 조례로 정한다.

⑥ 법 제3조제4항에 따른 특정구역에서도 다음 각 호의 표시방법은 완화할 수 없다.

1. 제14조제3항제3호 및 제4호(같은 조 제4항제1호에서 준용하는 경우를 포함한다)에 따른 표시기준
2. 제17조제4호에 따른 공공시설물 이용 광고물의 표시면적

[전문개정 2011.10.10] [제32조에서 이동 〈2011.10.10〉]

제22조(표시방법 등에 대한 특례)

① 다음 각 호의 어느 하나에 해당하는 지역에서는 시 · 도 조례로 정하는 바에 따라 광고물등을 건물면적에 따라 제한할 수 있다.

1. 「신행정수도 후속대책을 위한 연기 · 공주지역 행정중심복합도시 건설을 위한 특별법」에 따른 행정중심복합도시
2. 「기업도시개발 특별법」에 따른 기업도시
3. 「공공기관 지방이전에 따른 혁신도시 건설 및 지원에 관한 특별법」에 따른 혁신도시
4. 「도시재정비 촉진을 위한 특별법」에 따른 재정비촉진지구
5. 「택지개발촉진법」에 따른 택지개발지구(면적 330만 제곱미터 이상인 지구만 해당한다)
6. 그 밖에 시 · 도지사가 결정하여 고시한 지역

② 물가안정 등 국민생활과 국민경제의 안정에 이바지하는 광고물등의 경우에는 제12조제8항 및 제16조제1항에도 불구하고 해당 업종을 관할하는 중앙행정기관의 장

이 행정안전부장관과 협의하여 고시하는 바에 따라 2개 이하의 간판을 추가로 설치할 수 있다.

[전문개정 2011.10.10] [제32조의2에서 이동 〈2011.10.10〉]

제23조(간판표시계획서의 제출)

① 법 제3조제7항에서 "대통령령으로 정하는 일정 규모 이상의 건물"이란 다음 각 호의 용도로 사용되는 바닥면적(「건축법 시행령」 제119조제1항제3호에 따른 바닥면적을 말한다)의 합계가 300제곱미터 이상인 건물을 말한다.

1. 「건축법」 제2조제2항제3호 · 제4호 및 제16호에 따른 제1종 근린생활시설, 제2종 근린생활시설 및 위락시설
2. 「건축법」 제2조제2항에 따른 건축물의 용도 중 시 · 군 · 구 조례로 정하는 용도

② 제1항에 따른 건물의 건물주는 그 건물에 간판 및 게시시설의 표시를 위한 허가 신청 또는 신고 전에 법 제3조제 7항에 따른 간판표시계획서(이하 "간판표시계획서"라 한다)를 시장등에게 제출하여야 한다.

③ 간판표시계획서에는 표시되는 간판 및 게시시설의 규모와 표시 위치 또는 장소(건물 입면도에 표시하여야 한다)가 포함되어야 한다.

[전문개정 2011.10.10]

제5장 광고물 등의 금지 및 표시방법의 강화 〈신설 2011.10.10〉

제24조(광고물 등의 표시가 금지되는 지역 · 장소 또는 물건)

① 법 제4조제1항에서 "대통령령으로 정하는 지역 · 장소 또는 물건"이란 다음 각 호의 지역 · 장소 또는 물건을 말한다.

1. 광고물등의 표시가 금지되는 지역 및 장소
   가. 「국토의 계획 및 이용에 관한 법률」에 따른 전용주거지역 · 일반주거지역 · 녹지지역 및 시설보호지구
   나. 「국토의 계획 및 이용에 관한 법률」에 따른 경관지구 및 보존지구 중 시 · 도지사가 시 · 도 심의위원회의 심의를 거쳐 고시한 지역
   다. 「자연공원법」에 따른 공원자연보존지구 및 공원자연환경지구

라. 「하천법」에 따른 하천

마. 「공유수면 관리 및 매립에 관한 법률」에 따른 공유수면

바. 「산림보호법」에 따른 산림보호구역

사. 「자연환경보전법」에 따른 생태 · 경관보전지역 및 자연유보지역

아. 「문화재보호법」에 따른 지정문화재 및 보호구역

자. 관공서 · 학교 · 도서관 · 박물관, 「의료법」에 따른 병원급 의료기관, 공회당 · 사찰 · 교회 및 그 부속시설

차. 화장장 · 장례식장 및 묘지

카. 「국토의 계획 및 이용에 관한 법률」에 따른 도시지역 외의 지역의 고속국도 · 일반국도 · 지방도 · 군도의 도로 경계선 및 철도 · 고속철도의 철도경계선으로부터 수평거리 500미터 이내의 지역. 다만, 10대 이상의 대형 승합자동차가 한꺼번에 주차할 수 있는 시설을 갖춘 휴게소, 버스정류장과 도로경계선 및 철도경계선으로부터 직접 보이지 아니하는 지역은 제외한다.

타. 다리 · 축대 · 육교 · 터널 · 고가도로 및 삭도(索道)

2. 광고물등의 표시가 금지되는 물건

가. 도로표지 · 교통안전표지 · 교통신호기 및 보도분리대

나. 전봇대

다. 가로등기둥[국가등이 축제 등 각종 행사를 홍보하기 위하여 가로등기둥에 가로등 현수기(懸垂旗)를 설치하는 경우는 제외한다]

라. 가로수

마. 동상 및 기념비

바. 발전소 · 변전소 · 송신탑 · 송전탑 · 가스탱크 · 유류탱크 및 수도탱크

사. 우편함 · 소화전 및 화재경보기

아. 전망대 및 전망탑

자. 담장(제2항제6호라목에 따른 가설울타리는 제외한다)

차. 재배 중인 농작물

카. 도로교통안전과 주거 또는 생활 환경을 위한 시설물로서 시 · 도 조례로 정하는 물건

② 법 제4조제1항에서 "대통령령으로 정하는 광고물등"이란 다음 각 호의 광고물등

을 말한다.

1. 자사광고
2. 지정게시판 또는 지정벽보판에 표시하는 벽보
3. 공공시설물 이용 광고물
4. 지정게시대나 시공 또는 철거 중인 건물의 가림막에 표시하는 현수막
5. 교통수단 이용 광고물
6. 다음 각 목의 어느 하나에 해당하는 가림간판(자연적인 방법 또는 다른 인위적인 방법으로 가리는 것이 불가능한 경우만 해당한다)
   가. 국방부장관이 승인한 군사시설의 가림간판
   나. 국토해양부장관이 승인한 철도의 주요 경계시설의 가림간판
   다. 국가등이 「폐기물관리법」에 따라 폐기물을 수집 · 보관 또는 처분하는 지역으로서 시 · 도지사가 시 · 도 심의위원회의 심의를 거쳐 고시한 지역의 가림간판
   라. 「건축법」 등 관계 법령에 따라 적법하게 건물 · 시설물 등을 시공하거나 철거하는 경우로서 시공 또는 철거에 따른 위해를 방지하기 위하여 설치하는 가설울타리에 표시하는 광고물

[전문개정 2011.10.10] [제10조에서 이동 〈2011.10.10〉]

제25조(표시방법의 강화)

① 법 제4조제2항에서 "대통령령으로 정하는 지역"이란 다음 각 호의 지역을 말한다.

1. 「국토의 계획 및 이용에 관한 법률」에 따른 미관지구 및 시설보호지구
2. 「국토의 계획 및 이용에 관한 법률」에 따른 지구단위계획구역
3. 너비가 30미터 이상인 도로변
4. 그 밖에 시 · 도지사가 특히 필요하다고 인정하여 고시한 구역

② 시 · 도지사는 법 제4조제2항에 따른 특정구역을 지정하여 표시방법을 강화하려면 미리 주민의 의견을 듣고 시 · 도 심의위원회의 심의를 거쳐야 한다.

③ 법 제4조제2항에 따른 특정구역의 세부적인 지정절차와 강화되는 표시방법의 범위에 관하여는 시 · 도 조례로 정한다.

④ 시 · 도지사는 법 제4조제2항에 따른 특정구역을 지정할 때에는 특정구역 안의 건

물 소유자, 업소 또는 타사광고 등이 지나치게 제한되지 않도록 주의하여야 한다.

⑤ 법 제4조제5항에서 "대통령령으로 정하는 사업장"이란 다음 각 호의 사업장을 말한다.

1. 의료기관 또는 약국
2. 주유소 또는 가스충전소
3. 은행
4. 그 밖에 시ㆍ도 조례로 정하는 사업장

[전문개정 2011.10.10] [제12조에서 이동 〈2011.10.10〉]

제6장 광고물등 자율관리구역 및 광고물등 정비시범구역 〈신설 2011.10.10〉

제26조(광고물등 자율관리구역의 지정 등)

① 법 제4조의2제1항에서 "대통령령으로 정하는 지역"이란 법 제3조제1항 각 호의 지역을 말한다.

② 제1항에 따른 지역의 일정한 구역 내의 토지 또는 건물의 소유자ㆍ지상권자ㆍ임차권자(이하 "토지소유자등"이라 한다)는 다음 각 호의 사항이 포함된 협정(이하 "자율관리협정"이라 한다)을 체결하여 시장등에게 법 제4조의2에 따른 광고물등 자율관리구역(이하 "자율관리구역"이라 한다)의 지정을 신청할 수 있다.

1. 자율관리구역의 범위 및 명칭
2. 광고물등의 위치ㆍ모양ㆍ크기ㆍ색깔ㆍ수량 등 광고물등의 표시방법에 관한 사항
3. 자율관리협정 체결자의 성명 및 주소
4. 제27조에 따른 주민협의회(이하 "주민협의회"라 한다)의 명칭ㆍ주소 및 그 대표자ㆍ위원의 성명ㆍ주소
5. 자율관리협정의 유효기간
6. 자율관리협정을 위반하였을 때의 조치
7. 그 밖에 자율관리협정에 필요한 사항으로서 시ㆍ군ㆍ구 조례로 정하는 사항

③ 시장등은 제2항에 따라 자율관리구역의 지정 신청을 받은 경우에는 시ㆍ군ㆍ구 심의위원회의 심의를 거쳐 자율 관리구역 지정 여부를 결정하여야 한다.

④ 시장등은 제3항에 따라 자율관리구역을 지정하였을 경우에는 다음 각 호의 사항

을 고시하여야 한다.

1. 자율관리구역의 범위

2. 자율관리협정의 주요 내용

⑤ 자율관리협정은 그 협정을 체결한 토지소유자등에게만 효력이 미친다.

⑥ 주민협의회는 자율관리협정의 내용을 변경하려는 경우에는 그 전원의 합의로 시장등에게 자율관리구역의 변경 지정을 신청하여야 한다. 이 경우 제3항 및 제4항을 준용한다.

⑦ 제3항에 따라 고시된 자율관리구역 내의 토지소유자등으로서 자율관리협정 체결자가 아닌 자는 주민협의회에 의사를 표시하고 자율관리협정에 가입할 수 있으며, 주민협의회는 그 가입 요청을 거절할 수 없다.

⑧ 시장등은 법 제4조의2제4항에 따라 자율관리구역의 지정을 취소하려는 경우에는 주민협의회의 의견을 들은 후 시 · 군 · 구 심의위원회의 심의를 거쳐야 한다.

[본조신설 2011.10.10] [종전 제26조는 제17조로 이동 〈2011.10.10〉]

제27조(주민협의회의 운영)

① 제26조에 따라 자율관리협정을 체결하는 자는 법 제4조의2제3항에 따라 협정 체결자들 간의 자율적 기구로서 주민협의회를 구성 · 운영하여야 한다.

② 주민협의회는 자율관리협정 체결자 과반수의 동의를 받아 그 대표자 및 위원을 선임하여야 한다.

③ 주민협의회의 업무는 다음 각 호와 같다.

1. 자율관리협정의 작성 및 자율관리구역 지정의 신청

2. 광고물등의 유지 · 관리 및 감시 활동

3. 제1호 및 제2호에서 규정한 사항 외에 시 · 군 · 구 조례로 정하는 사항

④ 제1항 및 제2항에서 규정한 사항 외에 주민협의회의 구성 · 운영에 필요한 사항은 시 · 군 · 구 조례로 정한다.

[전문개정 2012.7.9]

제28조(광고물등 정비시범구역)

① 법 제4조의3제1항에서 "대통령령으로 정하는 지역"이란 다음 각 호의 지역을 말

한다.

1. 「국토의 계획 및 이용에 관한 법률」에 따른 미관지구 및 시설보호지구
2. 「국토의 계획 및 이용에 관한 법률」에 따른 상업지역
3. 너비 30미터 이상의 도로변
4. 법 제3조제4항 및 제4조제2항에 따라 시 · 도지사가 지정한 특정구역
5. 제1호부터 제4호까지의 지역 외에 시장등이 특히 필요하다고 인정하여 고시한 구역

② 시장등은 법 제4조의3제1항 및 제2항에 따라 정비시범구역을 지정하거나 광고물등의 모양 · 크기 · 색깔, 표시 또는 설치의 방법을 정하려는 경우에는 주민의 의견을 들어야 한다.

③ 제1항 및 제2항에서 규정한 사항 외에 정비시범구역의 지정 · 운영에 필요한 사항은 시 · 군 · 구 조례로 정한다.

[본조신설 2011.10.10] [종전 제28조는 제19조로 이동 〈2011.10.10〉]

제7장 공공목적 및 기금조성용 광고물등의 설치 등 〈신설 2011.10.10〉

제29조(공공목적 광고물등의 표시방법)

① 법 제6조제2항 본문에서 "대통령령으로 정하는 광고물등"이란 국가등이 표시하는 다음 각 호의 광고물등으로서 이 영에 따른 표시방법에 맞는 광고물등을 말한다.

1. 국가등의 청사 또는 건물 벽면을 이용하는 간판(면적이 5제곱미터 이상인 간판은 제외한다)
2. 국가등의 청사 또는 건물의 부지 안에 설치하는 현수막 게시대와 벽보판 및 그 게시 광고물
3. 시설물 또는 장소 등의 위험 · 경고 · 안전의 안내를 위하여 전기를 사용하지 아니하고 설치하는 안내표지판

② 법 제6조제2항 본문에서 "대통령령으로 정하는 공공단체"란 다음 각 호의 법인을 말한다.

1. 「공공기관의 운영에 관한 법률」 제4조제1항에 따라 지정된 공공기관
2. 「지방공기업법」에 따라 설립된 지방공사 또는 지방공단

3. 개별 법률에 따라 주무부장관의 인가 · 허가 없이 직접 설립된 법인
4. 「민법」에 따라 설립된 재단법인(국가 또는 지방자치단체가 재산의 일부 또는 전부를 출연하고 그 운영에 관여하는 법인으로 한정한다)

③ 법 제6조제2항 단서에서 "대통령령으로 정하는 표시 · 설치 기준 등에 맞는 광고물등"이란 다음 각 호의 광고물 등을 말한다.

1. 국가등의 청사 또는 건물의 부지 안에 설치하는 홍보용 간판 1개. 이 경우 지주 이용 간판, 옥상간판 또는 건물 등의 벽면을 이용하는 광고물등 중 하나를 선택하여야 하며, 홍보용 간판에 전광류를 사용하는 경우에는 제14조 제4항 제2호에 따른 비율의 범위에서 해당 기관을 제외한 국가등의 공공목적 광고내용을 표출하여야 한다.
2. 국가등의 청사 또는 건물의 부지 밖에 설치하는 현수막 게시대와 벽보판 및 그 게시 광고물
3. 축제 등 각종 행사를 홍보하기 위하여 30일 이내의 기간 동안 설치하는 가로등 현수기
4. 국가등이 개최하는 행사나 주요 정책 등을 홍보하기 위하여 국가등의 청사 또는 건물 벽면에 30일 이내의 기간 동안 설치하는 현수막 1개
5. 대기오염 항목의 측정 결과와 날씨 정보 등을 알리기 위하여 설치하는 대기오염 옥외전광판 및 그 표시 홍보물
6. 기상특보 · 강우량 등 기상정보, 안전문화 및 재난상황 등을 알리기 위하여 설치하는 재난문자전광판 및 그 표시 홍보물
7. 문화 · 예술 · 관광 · 체육 등의 진흥을 위한 주요 시책, 국가등의 행사 또는 사업의 홍보를 위하여 육교에 설치하는 현판 및 그 게시 홍보물(전기를 사용하지 아니하는 경우로 한정한다)
8. 국가안보 · 범죄신고 홍보를 위하여 청사 밖에 설치하는 지주 이용 간판(한 면의 면적이 12제곱미터 이내이고, 각 면의 합계면적이 24제곱미터 이내인 간판으로 한정한다)

④ 국가등은 제3항 각 호의 광고물등을 표시하려면 관할 시장등과 미리 협의하여야 한다.

⑤ 제3항제3호에 따른 가로등 현수기는 다음 각 호의 기준에 따라 표시하여야 한다.

1. 보행자 및 차량의 통행을 방해하지 아니하여야 한다.
2. 도로표지 또는 교통안내표지가 붙어있는 가로등기둥에 표시해서는 아니 된다.
3. 하나의 가로등기둥에 표시하는 현수기는 2개를 초과할 수 없다.
4. 현수기의 가로 길이는 70센티미터 이내여야 하고, 세로 길이는 2미터 이내여야 하며, 현수기는 가로등기둥에 10센티미터 이내로 밀착시켜 표시하여야 한다.
5. 지면으로부터 현수기 밑 부분까지의 높이는 180센티미터 이상이어야 한다.
6. 현수기의 밑 부분을 나무 · 철근 · 플라스틱 등을 이용하여 고정시켜서는 아니 된다.

⑥ 국가등의 공공목적 광고물등에는 제21조를 적용하지 아니한다.

⑦ 시장등은 광고물등의 안전성 확보, 차량 교통 및 보행안전의 확보, 도시미관 및 쾌적한 생활 환경 조성을 위하여 특히 필요하다고 인정하면 제3항에 따른 광고물등의 설치 장소 · 수량 등을 제한할 수 있다.

[전문개정 2011.10.10] [제37조에서 이동, 종전 제29조는 삭제 〈2011.10.10〉]

제30조(기금조성용 옥외광고사업 및 광고물등의 설치기준 등)

① 법 제6조제3항 단서에서 "대통령령으로 정하는 주요 국제행사"란 별표 2 제1호에 따른 국제행사를 말한다.

② 법 제6조제4항에서 "대통령령으로 정하는 설치기준 등"이란 다음 각 호의 기준 등을 말한다.

1. 홍보탑(구조물을 설치하고 구조물을 직접 이용하거나 그 구조물에 목재 · 아크릴 · 금속재 등의 판을 붙여 문자 · 도형 등을 표시하는 광고물을 말한다. 이하 같다)을 이용하여 광고할 수 있다.
2. 광고물등의 종류 · 규격 및 설치장소 등 표시방법은 제3장의 규정에도 불구하고 별표 3에 따른다.
3. 광고물등의 표시기간은 별표 1에도 불구하고 2015년 12월 31일까지로 한다. 다만, 새로운 국제행사 등을 지원하기 위한 법령이 제정되는 경우 그에 따라 표시기간을 연장할 수 있다.
4. 법 제11조의4에 따른 한국옥외광고센터(이하 "한국옥외광고센터"라 한다)는 법 제6조제4항에 따라 옥외광고사업을 수행하려면 제7조제1항제1호부터 제3호까지

의 서류에 토지 또는 건물의 구조안전확인서류를 첨부하여 시장등과 미리 협의하여야 한다.

5. 한국옥외광고센터는 제4호에 따른 협의를 마친 광고물등의 규격 · 형태 또는 장소를 변경하려면 시장등과 협의 하여야 하며, 광고물등의 표시기간을 연장하거나 광고내용을 변경하려는 경우에는 시장등에게 통보하여야 한다.

③ 한국옥외광고센터는 공정하고 투명한 경쟁방식으로 옥외광고사업의 시행을 위한 옥외광고업자를 선정하여야 한다.

④ 제3항에 따른 옥외광고업자 선정의 구체적인 기준 · 방식 등은 한국옥외광고센터가 행정안전부장관의 승인을 받아 정한다.

[전문개정 2011.10.10] [제37조의3에서 이동, 종전 제30조는 삭제 〈2011.10.10〉]

제31조(기금조성용 옥외광고사업의 수익금 배분 등)

① 법 제6조제5항에 따른 옥외광고사업 수익금의 배분비율은 별표 2 제2호와 같다.

② 국제행사에 지원되는 옥외광고사업 수익금은 국제행사 준비 및 운영 등에 사용하고, 시 · 도 및 시 · 군 · 구에 지원되는 옥외광고사업 수익금은 광고물등의 정비사업에 사용한다.

③ 한국옥외광고센터는 법 제6조제3항 단서에 따른 옥외광고사업으로 적립된 수익금을 수입 및 지출 계획서와 집행계획서를 작성하여 배분하여야 하고, 한국옥외광고센터에 배분되는 수익금에 대해서는 「한국지방재정공제회법」에 따른 한국지방재정공제회의 정관으로 정하는 바에 따라 운용하여야 한다.

[전문개정 2011.10.10] [제37조의2에서 이동, 종전 제31조는 제14조로 이동 〈2011.10.10〉]

제8장 옥외광고 관련 위원회 〈신설 2011.10.10〉

제32조(광고물관리및디자인심의위원회의 구성 · 운영)

① 법 제7조제1항에 따라 시 · 도 및 시 · 군 · 구에 두는 광고물관리및디자인심의위원회(이하 "심의위원회"라 한다)의 위원장은 해당 시 · 도 및 시 · 군 · 구의 옥외광고업무 담당국장(담당국장이 없는 시 · 도 및 시 · 군 · 구의 경우에는 시 · 도 조례 또는 시 · 군 · 구 조례로 정하는 사람)이 되고, 부위원장은 위원 중에서 위원장이 지명하는

사람이 된다.

② 위원은 관계 공무원, 광고물등에 관한 학식과 경험이 풍부한 사람 등 중에서 시 · 도지사 또는 시장등이 임명하거나 위촉한다. 이 경우 공무원인 위원의 수는 위원장과 부위원장을 포함한 위원 수의 2분의 1 미만이어야 한다.

③ 위원은 본인, 배우자, 직계존비속 또는 형제자매와 직접 이해관계가 있는 안건의 심의에는 참여할 수 없다.

④ 위원의 임기는 2년으로 한다. 다만, 보궐위원의 임기는 전임자 임기의 남은 기간으로 하며, 공무원인 위원의 임기는 그가 특정한 직위에 있다는 이유로 임명되거나 위촉된 경우에는 그 직(職)에 재직하는 기간으로 한다.

⑤ 심의위원회는 심의를 효율적으로 수행하기 위하여 3명 이상의 위원으로 구성되는 소위원회를 설치 · 운영할 수 있다.

⑥ 심의위원회 위원장은 회의를 소집하고 그 의장이 된다.

⑦ 심의위원회 위원장이 부득이한 사유로 직무를 수행할 수 없을 때에는 부위원장이 그 직무를 대행한다.

⑧ 심의위원회의 회의는 재적위원 과반수의 출석으로 열고, 출석위원 과반수의 찬성으로 의결한다. 다만, 안건의 내용이 경미한 경우 등 시 · 도 조례 또는 시 · 군 · 구 조례로 정하는 경우의 개의(開議) 요건 및 의결 요건은 해당 조례로 정하는 바에 따른다.

⑨ 심의위원회의 업무를 효율적으로 처리하기 위하여 심의위원회에 간사 1명을 두며, 간사는 시 · 도지사 또는 시장 등이 그 소속 공무원 중에서 임명한다.

⑩ 제1항부터 제9항까지에서 규정한 사항 외에 심의위원회 및 소위원회의 구성 · 운영 등에 필요한 사항은 시 · 도 조례 또는 시 · 군 · 구 조례로 정한다.

[전문개정 2011.10.10] [제33조에서 이동, 종전 제32조는 제21조로 이동 〈2011.10.10〉]

제33조(심의위원회의 기능) 심의위원회는 다음 각 호의 사항을 심의한다.

1. 법 및 이 영에 따라 심의위원회의 심의를 거쳐야 하는 사항
2. 시 · 도 조례 또는 시 · 군 · 구 조례에 따라 심의위원회의 심의를 거쳐야 하거나 심의에 부칠 수 있도록 한 사항

[전문개정 2011.10.10] [제34조에서 이동, 종전 제33조는 제32조로 이동 〈2011.10.10〉]

제34조(옥외광고정책위원회의 구성 · 운영)

① 법 제7조의2제2항제1호에서 "대통령령으로 정하는 관계 행정기관"이란 기획재정부 · 행정안전부 · 문화체육관광부 · 지식경제부 및 국토해양부를 말한다.

② 법 제7조의2제1항에 따른 옥외광고정책위원회(이하 "정책위원회"라 한다)의 위원장(이하 이 조에서 "위원장"이라 한다)은 정책위원회의 업무를 총괄하며, 회의의 의장이 된다.

③ 위원장이 부득이한 사유로 직무를 수행할 수 없을 때에는 위원장이 지명하는 위원이 그 직무를 대행한다.

④ 정책위원회의 회의는 재적위원 과반수의 출석으로 열고, 출석위원 과반수의 찬성으로 의결한다.

⑤ 정책위원회의 업무를 효율적으로 처리하기 위하여 정책위원회에 간사 1명을 두며, 간사는 행정안전부의 옥외광고 업무 담당국장이 된다.

⑥ 정책위원회는 필요하다고 인정하면 관련 기관 또는 단체에 옥외광고와 관련된 자료 · 서류 등의 제출을 요청하거나 관계 공무원, 이해관계인, 참고인 등을 출석시켜 의견을 들을 수 있다.

⑦ 제1항부터 제6항까지에서 규정한 사항 외에 정책위원회의 운영에 필요한 사항은 정책위원회의 의결을 거쳐 위원장이 정한다.

[전문개정 2011.10.10] [제35조에서 이동, 종전 제34조는 제33조로 이동 〈2011.10.10〉]

제35조(수당과 여비) 심의위원회 또는 정책위원회에 출석한 위원에게는 예산의 범위에서 수당과 여비를 지급할 수 있으며, 시 · 도 조례 또는 시 · 군 · 구 조례로 정하는 방법으로 심의에 참가한 위원에게는 예산의 범위에서 수당을 지급할 수 있다. 다만, 공무원인 위원이 그 소관 업무와 직접 관련되어 출석하거나 심의에 참가하는 경우에는 그러하지 아니하다.

[전문개정 2011.10.10] [제36조에서 이동, 종전 제35조는 제34조로 이동 〈2011.10.10〉]

제9장 안전점검 〈신설 2011.10.10〉

제36조(안전점검 대상 광고물등) 법 제9조제1항 전단에서 “대통령령으로 정하는 광고물등”이란 다음 각 호의 광고물등을 말한다.

1. 다음 각 목의 어느 하나에 해당하는 가로형 간판
   가. 건물의 4층 이상에 설치하는 것(입체형은 제외한다)
   나. 한 변의 길이가 10미터 이상인 것
2. 광고물 윗부분까지의 높이가 지면으로부터 5미터 이상이고 한 면의 면적이 1제곱미터 이상인 돌출간판
3. 옥상간판. 다만, 다음 각 목의 어느 하나에 해당하는 것은 제외한다.
   가. 옥상 바닥으로부터 윗부분까지의 높이가 4미터 미만인 볼링핀 모형의 것
   나. 게시시설 없이 옥상구조물에 직접 도료나 입체형으로 표시하는 것
4. 지면으로부터의 높이가 4미터 이상인 지주 이용 간판(제24조제2항제6호라목에 따른 가설울타리에 도료로 표시하는 지주 이용 간판은 제외한다), 공공시설물 이용 광고물, 교통시설 이용 광고물 및 현수막 지정게시시설
5. 높이가 4미터 이상인 게시시설을 이용하여 설치하는 애드벌룬
6. 공중의 안전을 도모하기 위하여 시 · 도 조례로 광고물의 표시방법 및 표시 위치 또는 장소 등을 정하는 광고물
7. 제1호부터 제6호까지의 광고물의 게시시설

[전문개정 2011.10.10] [제38조에서 이동, 종전 제36조는 제35조로 이동 〈2011.10.10〉]

제37조(안전점검의 기준 · 시기 및 방법 등)

① 법 제9조제1항에 따른 안전점검의 기준은 별표 4와 같다.

② 안전점검은 다음 각 호의 어느 하나에 해당하는 경우에 받아야 한다.

1. 광고물등을 최초로 표시한 경우. 이 경우 「건축법」 제22조에 따른 사용승인을 받아야 하는 게시시설에 대한 최초의 안전점검은 같은 법에 따른 사용승인으로 갈음한다.
2. 허가 또는 신고 사항 중 광고물등의 규격 · 사용자재 · 위치 또는 장소를 변경한 경우
3. 허가받거나 신고한 표시기간을 연장받으려는 경우
4. 시장등이 공중에 대한 위해를 방지하기 위하여 특히 필요하다고 인정하여 시 ·

군 · 구 심의위원회의 심의를 거쳐 결정한 경우

③ 제2항에 따라 안전점검을 받으려는 자는 다음 각 호의 구분에 따른 기일 내에 별지 제5호서식의 신청서를 시장 등에게 제출하여야 한다.

1. 제2항제1호 전단 및 같은 항 제2호에 해당하는 경우: 표시 또는 변경일부터 15일 이내(제2항제1호 전단에 해당 하는 경우에는 광고물등의 설계도서를 첨부하여야 한다)
2. 제2항제3호에 해당하는 경우: 허가받거나 신고한 표시기간의 만료일 전후 30일 이내

④ 시장등은 안전점검에 합격한 광고물등에 대해서는 별지 제6호서식의 안전점검증명서를 발급하여야 한다.

[전문개정 2011.10.10] [제39조에서 이동, 종전 제37조는 제29조로 이동 〈2011.10.10〉]

제38조(안전점검 업무의 위탁 등)

① 법 제9조제2항에서 "대통령령으로 정하는 자"란 다음 각 호의 어느 하나에 해당하는 자로서 시 · 군 · 구 조례로 정하는 자를 말한다.

1. 「건축사법」에 따른 건축사
2. 건축사 관련 단체 또는 비영리법인
3. 건축 · 옥외광고 관련 기술자격을 취득한 자의 사업자단체 또는 비영리법인
4. 그 밖에 제1호부터 제3호까지의 자와 같은 수준의 안전점검능력을 갖춘 것으로 인정되는 단체 또는 비영리법인

② 제1항에 따라 안전점검 업무를 위탁받을 수 있는 자의 검사 시설 및 장비, 검사자의 자격 및 인원, 검사요령, 그 밖에 안전점검에 필요한 사항은 시 · 군 · 구 조례로 정한다.

[전문개정 2011.10.10] [제40조에서 이동, 종전 제38조는 제36조로 이동 〈2011.10.10〉]

제10장 불법 광고물등의 제거 등 〈신설 2011.10.10〉

제39조(청소년보호위원회에 대한 심의요청 절차) 시장등은 법 제10조제6항에 따라 광고내용에 대하여 청소년보호위원회에 심의를 요청하려면 미리 시 · 군 · 구 심의위원회의 심

의를 거쳐야 한다.

[본조신설 2011.10.10] [종전 제39조는 제37조로 이동 〈2011.10.10〉]

제40조(제거된 광고물등의 보관 및 처리)

① 시장등은 법 제10조의2제1항에 따라 광고물등을 제거한 경우에는 시 · 군 · 구 조례로 정하는 바에 따라 다음 각 호의 자(이하 "관리자등"이라 한다)가 쉽게 그 광고물등의 보관 장소를 알 수 있도록 조치하여야 한다. 다만, 벽보 · 전단 · 현수막 등 재활용할 수 없거나 보관하기 곤란한 광고물등은 즉시 폐기 할 수 있다.

1. 해당 광고물등을 표시하거나 설치한 자
2. 해당 광고물등을 관리하는 자
3. 광고주
4. 옥외광고업자

② 시장등은 법 제10조의2제1항에 따라 제거한 광고물등을 보관하는 경우에는 시 · 군 · 구 조례로 정하는 바에 따라 해당 시 · 군 · 구의 게시판에 그 사실을 15일 이상 공고하여야 하며, 보관하고 있는 광고물등의 목록을 작성하여 관계자가 열람할 수 있도록 갖추어 두어야 한다.

③ 시장등은 법 제10조의2제1항에 따라 제거한 광고물등이 파손 또는 훼손되거나, 반환할 경우 계속하여 불법으로 표시될 우려가 있을 때에는 그 광고물등을 매각하여 매각대금을 보관할 수 있다. 이 경우 제2항을 준용하여 공고하여야 한다.

④ 제3항에 따라 광고물등을 매각하는 경우에는 다음 각 호의 어느 하나에 해당하는 경우를 제외하고는 「지방자치 단체를 당사자로 하는 계약에 관한 법률」에 따른 일반입찰의 방법으로 하여야 한다.

1. 일반입찰에 부쳐도 응찰자가 없을 것으로 인정되는 경우
2. 해당 광고물등의 재산적 가치가 아주 낮은 경우 등 일반입찰에 부치는 것이 부당하다고 인정되는 경우

[전문개정 2011.10.10] [제40조의2에서 이동, 종전 제40조는 제38조로 이동 〈2011.10.10〉]

제41조(광고물등의 반환 등)

① 시장등은 제40조에 따라 보관한 광고물등(매각대금을 포함한다)을 관리자등에게

반환하려는 경우에는 반환받는 사람의 성명 · 주소 및 주민등록번호와 정당한 권리자인지를 확인하여야 한다.

② 시장등은 제1항에 따라 광고물등을 반환할 때에는 과태료 부과, 광고물등의 제거 · 운반 · 보관 또는 매각 등에 든 비용을 관리자등으로부터 징수할 수 있다.

[전문개정 2011.10.10] [제40조의3에서 이동, 종전 제41조는 제44조로 이동 〈2011.10.10〉]

제42조(미반환 광고물등의 귀속) 제40조제2항에 따른 공고기간 마지막 날부터 1개월이 지나도 그 광고물등을 반환받을 관리자등을 알 수 없거나 반환요구가 없을 때에는 그 광고물등은 그 시 · 군 · 구에 귀속된다.

[전문개정 2011.10.10] [제40조의4에서 이동, 종전 제42조는 제49조로 이동 〈2011.10.10〉]

제43조(이행강제금의 부과 · 징수)

① 법 제10조의3에 따른 이행강제금의 부과기준은 별표 5의 범위에서 시 · 군 · 구 조례로 정한다.

② 제1항에 따른 이행강제금의 부과 및 징수 절차(과오납 및 결손처분을 포함한다)에 관하여는 국고금 관리법령을 준용한다. 이 경우 납입고지서에는 이의신청방법 및 이의신청기간을 함께 기재하여야 한다.

[전문개정 2011.10.10] [제47조에서 이동, 종전 제43조는 제50조로 이동 〈2011.10.10〉]

제11장 옥외광고업의 등록 및 교육 등 〈신설 2011.10.10〉

제44조(옥외광고업의 등록기준 및 등록절차)

① 법 제11조제1항 본문에서 "대통령령으로 정하는 기술능력과 시설 등"이란 별표 6의 기술능력 및 시설기준을 말한다.

② 법 제11조제1항에 따라 옥외광고업을 등록하려는 자는 별지 제7호서식의 신청서에 다음 각 호의 서류를 첨부하여 시장등에게 제출하여야 한다.

1. 별표 6에 따른 기술능력 및 시설기준을 갖추었음을 증명하는 서류(「국가기술자격법」에 따른 국가기술자격증은 제외한다)
2. 법 제12조에 따른 교육을 이수하였음을 증명하는 서류

③ 시장등은 제2항에 따른 신청서를 받은 경우에는 「전자정부법」 제36조제1항에 따른 행정정보의 공동이용을 통하여 별표 6에 따른 국가기술자격 취득자의 자격증을 확인하여야 한다. 다만, 신청인이 그 확인에 동의하지 아니하는 경우에는 그 사본을 첨부하도록 하여야 한다.

④ 시장등은 제2항에 따른 등록 신청이 다음 각 호의 어느 하나에 해당하는 경우를 제외하고는 등록을 해주어야 한다.

1. 별표 6에 따른 기술능력 및 시설기준을 갖추지 못한 경우
2. 등록을 신청한 자(법인인 경우에는 그 대표자를 말한다)가 법 제11조의2에 따른 결격사유에 해당하는 경우
3. 법 제12조에 따른 교육을 이수하지 아니한 경우
4. 그 밖에 법, 이 영 또는 다른 법령에 따른 제한사항에 위배되는 경우

⑤ 시장등은 제4항에 따라 등록을 해주었으면 별지 제8호서식의 등록증을 신청인에게 발급하여야 하며, 옥외광고업자는 등록증을 영업장 안에 게시하여야 한다.

[전문개정 2011.10.10] [제41조에서 이동, 종전 제44조는 제52조로 이동 〈2011.10.10〉]

제45조(변경등록)

① 옥외광고업자는 등록한 사항을 변경할 사유가 발생한 경우에는 법 제11조제1항에 따라 변경등록의 사유가 발생한 날부터 30일 이내에 별지 제7호서식의 신청서에 등록증을 첨부하여 시장등에게 변경등록을 신청하여야 한다. 〈개정 2012.7.9〉

② 시장등은 제1항에 따라 변경등록을 하여준 경우에는 변경사항을 반영하여 등록증을 새로 발급하여야 한다.

[본조신설 2011.10.10] [종전 제45조는 제53조로 이동 〈2011.10.10〉]

제46조(등록증의 재발급 신청) 옥외광고업자는 발급받은 등록증을 잃어버리거나 등록증이 못쓰게 된 경우에는 별지 제10호서식의 신청서에 등록증을 첨부(등록증을 잃어버린 경우는 제외한다)하여 시장등에게 등록증의 재발급을 신청하여야 한다.

[본조신설 2011.10.10] [종전 제46조는 제55조로 이동 〈2011.10.10〉]

제47조(휴업 · 폐업 또는 재개업의 신고)

① 법 제11조제2항에 따라 옥외광고업의 휴업 · 폐업 또는 재개업의 신고를 하려는 자는 별지 제7호서식의 신고서에 다음 각 호의 구분에 따른 서류를 첨부하여 시장등에게 제출하여야 한다.

1. 휴업 또는 폐업의 경우: 등록증
2. 재개업의 경우: 별표 6에 따른 기술자격 취득자의 자격증(「국가기술자격법」에 따른 국가기술자격증은 제외한다) 사본

② 제1항에 따른 재개업 신고에 관하여는 제44조제3항 및 제45조제2항을 준용한다.

[본조신설 2011.10.10] [종전 제47조는 제43조로 이동 〈2011.10.10〉]

제48조(옥외광고 사업자단체의 정관) 법 제11조의3제1항에 따라 설립되는 옥외광고 사업자단체(이하 "단체"라 한다)의 정관에는 같은 조 제5항에 따라 다음 각 호의 사항이 포함되어야 한다.

1. 목적
2. 명칭
3. 사무소의 소재지
4. 임원 선임에 관한 사항
5. 회원자격의 취득 · 상실 및 회원의 권리 · 의무에 관한 사항
6. 총회 및 이사회에 관한 사항
7. 사업에 관한 사항
8. 회비에 관한 사항
9. 재산 및 회계에 관한 사항
10. 단체 및 지부 · 지회의 설치 · 운영에 관한 사항
11. 정관의 변경에 관한 사항
12. 해산에 관한 사항
13. 그 밖에 단체의 운영에 관하여 중요한 사항

[전문개정 2011.10.10] [제41조의2에서 이동 〈2011.10.10〉]

제49조(옥외광고업 종사자 등에 대한 교육)

① 다음 각 호의 어느 하나에 해당하는 자는 법 제12조에 따른 교육을 받아야 한다.

1. 신규로 옥외광고업에 종사하려는 자
2. 옥외광고업 종사자
   가. 관계 법령의 제정 또는 개정에 따라 시장등이 보수교육을 할 필요가 있다고 인정하는 경우
   나. 시장등이 특히 필요하다고 인정하여 시 · 군 · 구 심의위원회의 심의를 거쳐 교육을 하는 경우
3. 법에 따라 행정처분을 받은 옥외광고업자

② 제1항에 따른 교육을 위한 계획에 관하여 필요한 사항은 시 · 군 · 구 조례로 정한다.

[전문개정 2011.10.10] [제42조에서 이동 〈2011.10.10〉]

제50조(교육의 위탁 등)

① 법 제12조제4항에서 "대통령령으로 정하는 자"란 제49조에 따른 교육을 실시할 능력이 있다고 인정되는 교육기관 등으로서 시 · 군 · 구 조례로 정하는 시설기준에 맞는 자를 말한다.

② 법 제12조에 따른 교육의 위탁에 관한 사항과 교육의 실시방법, 수강절차, 교육비용의 징수 등에 관하여 필요한 사항은 시 · 군 · 구 조례로 정한다.

[전문개정 2011.10.10] [제43조에서 이동 〈2011.10.10〉]

제51조(행정처분기준) 법 제14조에 따른 등록취소 또는 영업정지 처분의 기준은 별표 7과 같다.

[전문개정 2011.10.10] [제43조의2에서 이동 〈2011.10.10〉]

제52조(행정처분의 통보) 시장등은 법 제14조에 따라 옥외광고업자에 대하여 등록취소 또는 영업정지 처분을 하였을 때에는 15일 이내에 그 사실을 다른 시장등에게 통보하여야 한다.

[전문개정 2011.10.10] [제44조에서 이동 〈2011.10.10〉]

제53조(관할구역 외의 옥외광고업자에 대한 제재 등)

① 시장등은 법 제14조에 따른 등록취소 또는 영업정지 처분의 대상인 옥외광고업자가 다른 시장등의 관할구역에서 옥외광고업 등록을 한 자인 경우에는 위반사실 및 증명서류를 첨부하여 관할 시장등에게 등록취소 또는 영업정지 처분을 해 줄 것을 요청하여야 한다.

② 제1항에 따른 요청을 받은 시장등은 특별한 사유가 없으면 등록취소 또는 영업정지 처분을 하고 그 결과를 15일 이내에 제1항에 따른 요청을 한 시장등에게 통보하여야 한다.

[전문개정 2011.10.10] [제45조에서 이동 〈2011.10.10〉]

제12장 규제의 재검토 〈신설 2011.10.10〉

제54조(규제의 재검토) 행정안전부장관은 제12조에 따른 광고물등의 일반적 표시방법이 적절한지를 2014년 12월31일까지 검토하여 개선 등의 조치를 하여야 한다.

[전문개정 2012.7.9]

제13장 과태료 〈신설 2011.10.10〉

제55조(과태료의 부과) 법 제20조제3항에 따른 과태료의 부과기준은 별표 8의 범위에서 시 · 군 · 구 조례로 정한다.

[전문개정 2011.10.10] [제46조에서 이동 〈2011.10.10〉]

부칙 〈제23939호,2012.7.9〉

제1조(시행일) 이 영은 공포한 날부터 시행한다.

제2조(종전 서식 사용에 관한 경과조치) 이 영 시행 당시 종전의 규정에 따른 별지 제7호 서식 및 별지 제9호 서식은 2013년 6월 30일까지 이 영에 따른 서식과 함께 사용할 수 있다.

REFERENCE

참 고 문 헌

[제1장] 옥외광고의 이해

- 서범석(2001). 옥외광고론. 나남출판.
- 서범석, 이명희, 김영배, 김정수(2004). 옥외광고학 원론. 위드북스.
- 서울시정개발연구원(1995). 서울시 옥외광고물 정책관리 방향(Ⅰ). 옥외광고물의 효율적 관리방안연구 - 옥외광고물의 법령의 개선을 중심으로.
- 송기수(2010). 마케팅의 시작은 옥외광고다. 팝사인.
- 심성욱, 박현(2012). 서울경제경영.
- 염성원, 신동진(2010). 옥외광고정책 이슈의 동향과 특성에 관한 연구 : 옥외광고 관련 기사를 중심으로. 옥외광고학연구, 7(3), 171-201.
- 옥외광고물등관리법 시행령(대통령령 제 23939호, 2012.07.09. 일부개정)
- 이정교, 이예승, 강미성, 구은연(2004). 옥외광고물 분류체계에 관한 연구 : 국내 외 분류사례를 중심으로. 옥외광고학연구, 1(2), 93-116.
- 임태윤, 강경봉(1999). 옥외광고가 도시환경에 미치는 영향에 관한 연구. 한국디자인포럼, 4, 36-47.
- 제일기획(1995). 'SP Media 가이드북'. 제일기획 SP 미디어팀.
- 차유철(2007). 새로운 광고 매체의 분류를 어떻게 할 것인가? : 옥외광고 매체를 중심으로. 한국광고홍보학보, 9(4), 105-134.
- 최민욱(2006). 옥외광고 효과에 관한 이론적 연구. 옥외광고학연구, 3(2). 35-54.
- 한국방송광고공사(1993). 도시옥외광고물2.
- HS애드 내부자료.
- http://blog.naver.com/jeaneegina(과거 옥외광고의 이미지 참조)

[제3장] 옥외광고의 가치

- 서이명천, 김요한 (2010). 광고학개론. 커뮤니케이션북스.
- Sissors, J. & Baron, R. (2010). Advertising Media Planning, Seventh Edition. McGraw-Hill.

[제7장] 옥외광고의 효과

- 김재홍(1995), "옥외광고 효과측정을 위한 실증연구", 광고연구 26, 339-355.

- 김진숙 · 김재영(2011), “수용자의 인구학적 요인과 모바일 쿠폰 사용경험에 따른 디지털사이니지 광고효과”, 옥외광고학연구, 8(4), 61-90.
- 김현애(2010),「옥외광고의 실제」, 신성출판사
- 서범석(1996), “OHM의 광고 효과에 관한 연구:전광판 광고를 중심으로”, 광고학연구, 7(3), 103-124.
- 서범석(2001), “옥외광고 효과측정모델에 관한 연구:대형 옥외광고 효과측정 항모목 개발을 중심으로”, 광고학연구, 12(2), 191-206.
- 서범석(2001),「옥외광고론」, 나남.
- 서범석 · 박현수 · 심성욱 · 은재일외(2006),「옥외광고 효과와 유통구조」, 한국언론재단
- 서우범 · 심성욱 · 한상필(2009), “옥외광고 측면에서 승강장 광고 접촉형태에 관한 연구”, 옥외광고학연구,6(2), 47-76.
- 신일기 · 심성욱(2011), “인터랙티브 옥외광고 수용에 관한 연구-디지털사이니지 Stikus Wall 사례를 중심으로”, 한국광고홍보학보, 13(4), 390-432.
- 심성욱 · 고아한(2012), “디지털사이니지와
- 심성욱 · 박현(2012),「新옥외광고론」, 서울경제경영.
- 심성욱 · 양병화(2007), “옥외광고 효과측정 개선방안 연구”, 행정차지부연구보고서.
- 염성원 · 장우성(2009), “국내 옥외광고 관련 연구동향에 관한 탐색적 연구”, 한국디자인문화학회, 17(2), 502-517.
- 이하나(2011), “광고매체로서 디지털사이니지(Digital Signage) 활성화 방안에 관한 실험연구”, 광고홍보학보, 17(2),
- 이후종(2011), “복합요소를 통한 디지털사이니지 사례연구”, 디자인연구, 24(3), 153-164.
- 전종우 · 박현 · 천용석(2012), “광고매체로서 디지털사이니지의 효과측정 지표에 관한 고찰”, 한국광고학회 특별세미나 발제집, 49-65.
- 팝사인(2010), 디지털사이니지 옥외광고의 핵으로 부상 : 옥외광고 시장을 재편하라, 월간 팝사인, 4월호, 79-81.

[제8장] 옥외광고 관련 법규

- 권수미, 김성훈(2010). 옥외광고물 허가완화 특례에 대한 한국과 미국 그리고 영국 법규의 비교 연구. 옥외광고학연구, 7(2), 107-134.
- 김동희(2006). 행정법 Ⅱ. 박영사; 서울. 310-318.
- 김현애(2010). 옥외광고의 실제. 신설출판사 ; 서울.
- 박종민, 이명희, 김영배, 심성욱(2005). 문화적 환경조성을 위한 옥외광고물 제도의 개선방안 연구. 옥외광고학연구, 2(1), 123-161.
- 서범석(2001). 옥외광고론. 나남; 서울.
- 손봉숙(2006). 특별법 옥외광고물의 실태와 개선방안. 정책보고서.
- 심성욱, 박현(2012). 신옥외광고론. 서울경제경영; 서울.
- 이명희(2005). 공공 교통기관의 유니버셜 디자인. 옥외광고학연구, 2(2), 119-131.

- 이명희(2007). 바람직한 광고경관 형성을 위한 옥외광고물 관련 제도의 연구. 옥외광고학연구, 4(1), 75-88.
- 이훈동(2004). 옥외광고특별법의 문제점. 한국옥외광고학회 학술대회, 발제자료.
- 조정찬(1998). 한시법에 관한 연구. 법제연구(15), 256.
- 옥외광고물등관리법 [법률 제10466호, 2011.3.29, 일부개정]
- 옥외광고물등관리법시행령 [대통령령 제23939호, 2012.7.9, 일부개정]
- 서울특별시 옥외광고물 등 관리조례 [조례 제 5362호, 2012.9.28, 제정]

[제9장] 디지털사이니지

- 김윤화(2010). N스크린 전략 및 추진 동향 분석. KISDI, 22(20), 1-22.
- DMC미디어 (2012). 디지털 OOH 미디어 및 광고에 대한 사용자 인식조사 보고서. 박상현 (2012). 스마트미디어 시대의 디지털사이니지. 2012년 10월 한국광고학회 특별세미나 자료집.
- 심성욱, 박현 (2012). 신옥외광고론. 서울경제경영.
- 양윤직 (2010). 디지털 시대의 광고 미디어 전략. 커뮤니케이션북스.
- 유승철 (2011) 디지털사이니지 마케팅. 팝사인.
- 전종우 (2012). 광고매체로서 디지털사이니지의 효과측정 지표에 관한 고찰. 2012년 10월 한국광고학회 특별세미나 자료집.
- 채송화 (2012). 디지털사이니지 기반 콘텐츠산업의 현황과 전망. 코카포커스, 54호, 1-22.
- KT경제경영연구소 (2010). 새로운 디지털코드: 'Digital Signage' 시장현황 및 분석.
- Burke, R.R. (2009). Behavioral effects of digital signage. Journal of Advertising Research, 49(2), 180-185.
- Yim, M.Y., Yoo, S., Till, B.D., & Eastin, M.S. (2010). In-store video advertising effectiveness: Three new studies provide in-market field data. Journal of Advertising Research, 50(4), 386-402.

[제10장] 디지털사이니지를 활용한 IMC

- 김상훈, 안대천 (2011). SNS를 활용한 효과적인 감성광고 전략: 현대자동차그룹 'Gift-Car' 기업PR 캠페인 사례 연구. 광고학연구, 22(5), 273-290.
- Edelman, David C. (2010). Branding in the digital age: You're spending your money in all the wrong places. Harvard Business Review, 12/1, 2010.
- eMarketer (2102). New forecast: US mobile ad spending soars past expectations. http://www.emarketer.com/newsroom/
- Newhagen, J.E. & Rafaeli, S. (1996) 'Why communication scholars should study the Internet: a dialogue,' *Journal of Communication*, 46(1), 4-13.

국 문 색 인

저·자·소·개

■ 안 대 천 인하대학교 경영대학 경영학부 교수

미국 아이오와 주립대(Iowa State University) 경제학과를 졸업하고, 시라큐스대(Syracuse University)에서 광고학석사와 사우스캐롤라이나 주립대(University of South Carolina)에서 광고전공으로 박사학위를 취득하였다. 박사학위 취득 후 약 3년 반 동안 미국 볼스테이트대학(Ball State University)과 북텍사스주립대학(University of North Texas)에서 마케팅 커뮤니케이션 전공교수로 IMC, 광고론, 연구방법론, 마케팅조사론, 뉴미디어광고론, 국제광고론, 소비자행동론 등을 강의하였고 홍익대학교 광고홍보학부를 거쳐 현재 인하대학교 경영학부에서 마케팅 전공교수로 재직 중이다.

관심분야는 온라인 소비자행동, 인터넷과 양방향TV광고, 매체기획, 국제광고 및 마케팅 등으로 연구활동의 결과는 International Marketing Review, International Journal of Advertising, Journal of International Consumer Marketing 등 국외저널과 광고연구, 광고학연구, 광고홍보학보, 소비자정책교육연구, 관광연구저널, 방송학보 등 국내저널 및 각종 국내외 학술대회를 통하여 60여 편의 연구논문을 발표하였다. 사우스캐롤라이나대학(University of South Carolina)에서 Best Doctoral Student & Dissertation Award를 수상하였고, 미국광고학회(American Academy of Advertising) 연구위원 및 학술대회 심사위원, 미국광고연구재단(Advertising Research Foundation) 연구이사, 한국광고학회 및 마케팅학회 이사, 광고홍보학보 편집위원, AEJMC 학술대회 심사위원, SSCI급 저널인 Cyberpsychology and Behavior와 Sex Roles의 논문심사위원을 역임하였다. 업계에서는 KT, 현대홈쇼핑, SK Planet 등의 자문을 수행한 바 있다.

■ 주 호 일 홍익대학교 광고홍보학부 겸임교수

한양대학교 광고홍보학과를 졸업하고, 연세대학교 언론홍보대학원에서 광고홍보전공 석사학위를 취득하였다. 이후 홍익대학교 광고홍보학부 겸임교수로 옥외광고론과 뉴미디어 광고론을 강의하고 있다. 또한 한국광고협회의 BTL커뮤니케이션 과정에서 옥상전광판 및 디지털사이니지 광고관련 강의를 진행하였으며, 온라인 교육인 스마트 OOH 과정에서 옥외광고의 이해와 전광판에 대한 강의를 진행하였다.

주요 관심분야는 교통광고를 중심으로 한 옥외광고 전반과 IPTV 등 뉴미디어 전반이며, 특히 주업이었던 옥외광고의 학계 및 업계의 전반적 이해도 제고와 광고효과연구 등이다. 코리아사인닷컴, 팝사인, 월간 이벤트, 광고계 동향 등에 옥외광고 매체와 관련한 글을 기고하였었고, 향후 옥외광고 및 뉴미디어에 대한 연구를 지속하여 관련 논문을 발표할 예정이다.

현재, 나스미디어에서 옥외광고 및 뉴미디어 광고 업무를 담당하고 있다.

디지털시대의 옥외광고론

2013년 6월 30일 1쇄 인쇄
2013년 7월 5일 1쇄 발행

저 자 안대천 · 주호일
발행인 류재식 · 조승옥
발행처 도서출판 북넷

서울시 용산구 효창동 5-3 대신빌딩 2층
등 록 2010년 6월 7일(제2010-000069호)
전 화 (02) 395-2341
팩 스 (02) 395-2303

정가 28,000원

ISBN 978-89-98581-05-3 (93320)
e-mail : book2341@naver.com